Karl Eckart

Veränderungen der agraren Nutzungsstruktur
in den beiden Staaten in Deutschland

FORSCHUNGEN ZUR DEUTSCHEN LANDESKUNDE

Herausgegeben von den Mitgliedern des Zentralausschusses
für deutsche Landeskunde e. V. durch Gerold Richter

FORSCHUNGEN ZUR DEUTSCHEN LANDESKUNDE

Band 227

Karl Eckart

Veränderungen der agraren Nutzungsstruktur in den beiden Staaten in Deutschland

1985

Zentralausschuß für deutsche Landeskunde, Selbstverlag,
5500 Trier

Zuschriften, die die Forschungen zur deutschen Landeskunde betreffen, sind zu richten an:

Prof. Dr. G. Richter, Zentralausschuß für deutsche Landeskunde, Universität Trier, Postfach 3825, D-5500 Trier

Schriftleitung: Manfred J. Müller

ISBN: 3—88143—028—8

Alle Rechte vorbehalten

Composersatz: Satz & Text, Inh.: Hedwig M. Kapp, Trier, Telefon (06 51) 3 66 05
Reproduktion und Druck: Paulinus-Verlag, Fleischstraße, Trier
Umschlag und Titel: Matthias Kapp, Trier

VORWORT

In den letzten Jahren sind Veränderungen in der Landwirtschaft in den beiden Staaten in Deutschland immer mehr ins Blickfeld der öffentlichen Diskussion getreten. Dabei konzentrierten sich die Diskussionen unter Geographen häufig nur auf zwei Prolembereiche: Produktion bzw. Produktivität und Umweltbelastung. Aufgrund der unterschiedlichen Wirtschaftssysteme und agrarpolitischen Ziele hatte innerhalb der DDR die Umweltdiskussion jahrelang nur geringe Bedeutung, während sie in der Bundesrepublik Deutschland seit langem heftig betrieben wird. Über Produktion und Produktivität jedoch wird in den beiden Staaten in Deutschland in gleichem Maße seit Jahren diskutiert. Aber während in der Diskussion der Bundesrepublik Deutschland generell die Überproduktion den Schwerpunkt bildet, ist es in der DDR die permanent viel zu geringe pflanzliche und tierische Produktion.
In der Bundesrepublik Deutschland wird durch zahlreiche gesetzgeberische Maßnahmen die Überproduktion in vielen Bereichen in Grenzen zu halten versucht, während in der DDR, besonders seit dem Scheitern des agrarpolitischen Kurses Ende der siebziger Jahre, vielfältige Korrekturen vorgenommen und Maßnahmen ergriffen werden, um die Produktivität zu steigern (vgl. ECKART 1985).
Diese Tatsachen haben mich dazu veranlaßt, für einen Teil der Landwirtschaft, nämlich den Bereich der pflanzlichen Produktion auf dem Ackerland, die regionalen und strukturellen Unterschiede darzustellen und die Ertragsunterschiede herauszuarbeiten.
Da bekanntermaßen zwischen Ackerland und Grünland über die Futterbereitstellung für die Viehwirtschaft enge Verbindungen und Wechselwirkungen bestehen, ist es auch notwendig, auf regionale und strukturelle Veränderungen in diesem Bereich einzugehen.
Unter Verwendung des amtlichen statistischen Materials sollen in zahlreichen Karten und Kartogrammen nicht nur die zum Teil unterschiedlichen Entwicklungen, sondern auch die regionalen Veränderungen festgehalten werden. Abgesehen von zahlreichen Untersuchungen, die seit Mitte der fünfziger Jahre am Lehrstuhl für Agrarpolitik und -statistik der TU Berlin von Prof. Dr. K. Merkel und seinen Mitarbeitern durchgeführt worden sind, handelt es sich bei dieser Arbeit um den ersten umfassenden Versuch, von agrargeographischer Seite einen Vergleich von Agrarstrukturen der beiden Staaten in Deutschland vorzunehmen, nachdem vom Verfasser bereits kleinere Zeitschriftenbeiträge zu agrargeographischer Problematik publiziert worden sind.
Für anregende Diskussionen bin ich besonders Herrn Prof. Dr. K. Merkel und seinem Mitarbeiter, Herrn K. Hohmann, zu Dank verpflichtet. Wertvolle Hinweise gaben mir auch Prof. Dr. G. Richter und Prof. Dr. W. Sperling sowie Dr. M. J. Müller. Mein Dank gilt ebenso dem Zentralausschuß für deutsche Landeskunde, der diese Arbeit in die „Forschungen zur deutschen Landeskunde" aufgenommen hat sowie dem Bundesministerium für innerdeutsche Beziehungen, das den Druck dieser Untersuchung mit finanzieller Unterstützung ermöglichte.

INHALT

	Vorwort	5
1.	Einführung	13
2.	Ziel der Untersuchung und Materialbasis	19
3	Veränderungen im Getreidebau	26
3.1	Die Gerstenfläche	39
3.2	Die Weizenfläche	47
3.3	Die Haferfläche	54
3.4	Die Roggenfläche	58
3.5	Der Körnermaisanbau	63
3.6	Getreideerträge	71
4	Veränderungen im Hackfruchtbau	90
4.1	Die Kartoffelfläche	95
4.2	Die Zuckerrübenfläche	101
4.3	Die Futterhackfruchtfläche	107
4.4	Hackfruchterträge	111
5	Veränderungen im Feldfutterpflanzenbau	124
5.1	Die Grün- und Silomaisfläche	128
5.2	Die Luzernefläche	132
5.3	Die Kleefläche	136
5.4	Erträge der Feldfutterpflanzen	142
6.	Veränderungen der Dauergrünlandflächen	149
6.1	Die Viehweiden	152
6.2	Die Wiesen	154
6.3	Erträge des Grünlandes	156
7.	Zusammenfassung und Ausblick	160
8.	Literatur	164

VERZEICHNIS DER FIGUREN

1	Abnahme der landwirtschaftlichen Nutzfläche (%) von 1958 bis 1978 für die Bundesrepublik Deutschland, von 1960 bis 1980 für die DDR (ohne Berlin und die Stadtstaaten Bremen und Hamburg)	14
2	Prozentualer Anteil der landwirtschaftlichen Nutzfläche in den Bezirken der DDR und der landwirtschaftlich genutzten Fläche in den Regierungsbezirken der Bundesrepublik Deutschland an der jeweiligen Gesamtfläche (1981)	15
3	Ackerfläche (Mio. ha)	17
4	Anteil der Ackerfläche an der landwirtschaftlichen Nutzfläche bzw. landwirtschaftlich genutzten Fläche (%)	17
5	Anteil des Ackerlandes an der landwirtschaftlichen Nutzfläche bzw. landwirtschaftlich genutzten Fläche 1979 (%)	18
6	Die zugrundegelegten Verwaltungseinheiten	20
7	Entwicklung der Getreidefläche (Mio. ha)	27
8	Anteil der Getreidefläche an der Ackerfläche (%)	28
9	Anteil der Getreidefläche an der Ackerfläche 1960 und 1979 (%)	29
10	Rinderbesatz (Tiere/100 ha LN)	31
11	Schweinebesatz (Tiere/100 ha LN)	32
12	Anteil der Tiere in Bestandsgrößenklassen in der Bundesrepublik Deutschland (%)	34
13	Schweine pro Halter (1982)	35
14	Milchkühe pro Halter (1982)	36
15	Legehennen pro Halter (1982)	37
16	Entwicklung der Gerstenfläche (Mio. ha)	40
17	Anteil der Gerstenfläche an der Getreidefläche (%)	40
18	Anteil der Gerstenfläche an der Getreidefläche 1960 und 1979 (%)	41
19	Anteil der Sommergerstenfläche an der gesamten Gerstenfläche (%)	43
20	Anteil der Sommergerstenfläche an der gesamten Gerstenfläche 1960, 1971, 1983 (%)	44
21	Getreideimporte (ohne Mais) der Bundesrepublik Deutschland (in Mio. t)	45
22	Getreideimporte (außer Hafer und Mais) der DDR (in Mio. t)	45
23	Entwicklung der Weizenfläche (Mio. ha)	48
24	Anteil der Weizenfläche an der Getreidefläche (%)	49
25	Anteil der Weizenfläche an der Getreidefläche 1960 und 1979 (%)	50
26	Anteil der Sommerweizenfläche an der gesamten Weizenfläche (%)	51
27	Anteil der Sommerweizenfläche an der gesamten Weizenfläche 1960, 1971, 1983 (%)	52
28	Entwicklung der Haferfläche (1000 ha)	54
29	Anteil der Haferfläche an der Getreidefläche (%)	55
30	Anteil der Haferfläche an der Getreidefläche 1960 und 1979 (%)	56
31	Entwicklung der Roggenfläche (1000 ha)	59

32	Anteil der Roggenfläche an der Getreidefläche (%)	59
33	Anteil der Roggenfläche an der Getreidefläche 1960 und 1979 (%)	60
34	Anteil der Sommerroggenfläche an der gesamten Roggenfläche (%)	62
35	Entwicklung der Körnermaisfläche (1000 ha)	64
36	Körnermaisfläche in den Bundesländern (ohne Schleswig-Holstein und Saarland) (1000 ha)	66
37	Anteil der Körnermaisfläche an der Getreidefläche (%)	67
38	Anteil der Körnermaisfläche an der gesamten Getreidefläche in der Bundesrepublik Deutschland 1971 und 1983 (%)	67
39	Maisimporte (in Mio t)	70
40	Entwicklung der Getreideerträge (dt/ha)	72
41	Getreideerträge 1960 und 1979 (dt/ha)	73
42	Entwicklung der Gerstenerträge (dt/ha)	74
43	Gerstenerträge 1960 und 1981 (dt/ha)	75
44	Vergleich der Erträge zwischen Sommer- und Wintergetreide (dt/ha)	76
45	Entwicklung der Weizenerträge (dt/ha)	77
46	Weizenerträge 1960 und 1981 (dt/ha)	78
47	Entwicklung der Hafererträge (dt/ha)	79
48	Hafererträge 1960 und 1981 (dt/ha)	80
49	Entwicklung der Roggenerträge (dt/ha)	81
50	Roggenerträge 1960 und 1981 (dt/ha)	82
51	Entwicklung der Körnermaiserträge (dt/ha)	83
52	Entwicklung der Körnermaiserträge (dt/ha) in den Ländern der Bundesrepublik Deutschland	84
53	Körnermaiserträge in der Bundesrepublik Deutschland 1981 (dt/ha)	85
54	Vergleich der Entwicklung aller Getreideerträge (dt/ha) in der Bundesrepublik Deutschland	86
55	Vergleich der Entwicklung aller Getreideerträge (dt/ha) in der DDR	87
56	Entwicklung der Hackfruchtfläche (Mio. ha)	91
57	Anteil der Hackfruchtfläche an der Ackerfläche (%)	91
58	Anteil der Hackfruchtfläche an der Ackerfläche 1960, 1979 und 1983 (%)	92
59	Dominanz der Hackfrucht an der gesamten Hackfruchtfläche mit Anteilen von mehr als 50 % (1960 und 1979)	94
60	Entwicklung der Kartoffelfläche (1000 ha)	96
61	Anteil der Kartoffelfläche an der Hackfruchtfläche (%)	96
62	Anteil der Kartoffelfläche an der Hackfruchtfläche 1960 und 1979 (%)	97
63	Anteil der Frühkartoffelfläche an der gesamten Kartoffelfläche (%)	98
64	Anteil der Anbaufläche von Frühkartoffeln an der gesamten Kartoffelanbaufläche 1960, 1971 und 1979 (%)	99
65	Pro-Kopf-Verbrauch von Kartoffeln (kg/Jahr)	100
66	Entwicklung der Kartoffelimporte (1000 t)	102
67	Frühkartoffeleinfuhr der Bundesrepublik Deutschland (1000 t)	103

68	Entwicklung der Zuckerrübenfläche (1000 ha)	104
69	Anteil der Zuckerrübenfläche an der Hackfruchtfläche (%)	105
70	Anteil der Zuckerrübenfläche an der Hackfruchtfläche 1960 und 1979 (%)	106
71	Entwicklung der Futterhackfruchtfläche (1000 ha)	108
72	Anteil der Futterhackfruchtfläche an der gesamten Hackfruchtfläche (%)	108
73	Anteil der Futterhackfruchtfläche an der gesamten Hackfruchtfläche 1960 und 1979 (%)	109
74	Entwicklung der Futterrüben-/Runkelrübenfläche (1000 ha)	110
75	Anteil der Futter- bzw. Runkelrübenfläche an der gesamten Futterhackfruchtfläche in der Bundesrepublik Deutschland (%)	111
76	Entwicklung der Kartoffelerträge (dt/ha)	112
77	Entwicklung der Erträge von Früh- sowie mittelfrühen und Spätkartoffeln (dt/ha)	112
78	Kartoffelerträge 1960 und 1981 (dt/ha)	114
79	Erträge von Frühkartoffeln 1960 (dt/ha)	115
80	Ertragsdifferenz zwischen Früh- sowie mittelfrühen und Spätkartoffeln in der Bundesrepublik Deutschland 1960 (dt)	116
81	Erträge von Frühkartoffeln in der Bundesrepublik Deutschland 1971 (dt/ha)	118
82	Ertragsdifferenz von Früh- sowie mittelfrühen und Spätkartoffeln in der Bundesrepublik Deutschland 1971 (dt)	119
83	Entwicklung der Zuckerrübenerträge (dt/ha)	120
84	Zuckerrübenerträge 1960 und 1983 (dt/ha)	121
85	Entwicklung der Erträge von Runkel- bzw. Futterrüben (dt/ha)	122
86	Entwicklung der Fläche der Feldfutterpflanzen (1000 ha)	124
87	Anteil der Feldfutterpflanzenfläche an der Ackerfläche (%)	125
88	Anteil der Feldfutterpflanzen am Ackerland 1960 und 1979 (%)	126
89	Entwicklung der Grün- und Silomaisfläche (1000 ha)	129
90	Anteil der Grün- und Silomaisfläche an der Fläche der Feldfutterpflanzen (%)	130
91	Anteil des Grün- und Silomaisanbaus (als Hauptfrucht) an der gesamten Fläche der Feldfutterpflanzen 1960 und 1979 (%)	131
92	Entwicklung der Luzernefläche (1000 ha)	133
93	Anteil der Luzernefläche an der gesamten Feldfutterpflanzenfläche (%)	134
94	Anteil der Luzernefläche an der gesamten Fläche der Feldfutterpflanzen 1960 und 1979 (%)	135
95	Entwicklung der Kleeanbaufläche (1000 ha)	137
96	Anteil der Kleeanbaufläche an der gesamten Feldfutterpflanzenfläche (%)	138
97	Anteil der Kleeanbaufläche an der gesamten Feldfutterpflanzenfläche 1960 und 1979 (%)	139
98	Gemischter Anbau verschiedener einjähriger und mehrjähriger Feldfutterpflanzen in der DDR (1000 ha)	141

99	Entwicklung der Erträge von Feldfutterpflanzen ohne Mais (Grünmasse) in der DDR (dt/ha)	142
100	Entwicklung der Grün- und Silomaiserträge (dt/ha)	143
101	Entwicklung der Erträge von Grün- und Silomais in den Ländern der Bundesrepublik Deutschland (dt/ha) in Grünmasse	144
102	Entwicklung der Erträge von Grün- und Silomais in den Bezirken der DDR (dt/ha)	145
103	Entwicklung der Hektarerträge von Luzerne (umgerechnet auf Heuertrag) dt/ha	147
104	Ertrag von Luzerne 1971 (dt/ha) Heuertrag	147
105	Entwicklung der Dauergrünlandfläche (Mio. ha)	150
106	Anteil der Dauergrünlandfläche an der landwirtschftlichen Nutzfläche bzw. landwirtschaftlich genutzten Fläche 1971 und 1979 (%)	151
107	Entwicklung der Weidenfläche (Mio. ha)	153
108	Entwicklung der Wiesenfläche (Mio. ha)	154
109	Anteil der Wiesen an der Dauergrünlandfläche 1971 und 1979 (%)	155
110	Entwicklung der Wiesenerträge in Heuwert (dt/ha)	157
111	Erträge der Wiesen 1960 und 1983 in Heuwert (dt/ha)	158
112	Entwicklung der Erträge von Wiesen und Weiden (in Grünmasse) in der DDR	159
113	Entwicklung des Grün- und Silomaisanbaus im Vergleich zu den konkurrierenden Ackerfutterpflanzen	162

VERZEICHNIS DER TABELLEN

1	Einwohner pro Hektar Ackerland	16
2	Mindestkonzentrationen bei industriemäßigen Anlagen der Viehwirtschaft in der DDR	38
3	Massentierhaltungen in der DDR und in der Bundesrepublik Deutschland (1979)	38
4	Bezüge von Braugerste (ohne Saatgut) der Bundesrepublik Deutschland aus der DDR	46
5	Pro-Kopf-Verbrauch von Weizenmehl (kg/Jahr)	53
6	Pro-Kopf-Verbrauch von Roggenmehl (kg/Jahr)	61
7	Verbrauch von Roggen im Mischfutter in der Bundesrepublik Deutschland	63
8	Maiseinfuhr (t) der Bundesrepublik Deutschland nach Herkunftsländern	69
9	Hektarerträge von Getreide in den Bezirken der DDR (dt/ha)	74
10	Erzeugerpreise ausgewählter Getreidearten in der DDR	89

ABKÜRZUNGEN

ACZ	Agrochemisches Zentrum
KIM	Kombinat industrieller Mast
KfL	Kreisbetrieb für Landtechnik
LF	Landwirtschaftlich genutzte Fläche
LN	Landwirtschaftliche Nutzfläche
LPG	Landwirtschaftliche Produktionsgenossenschaft
LPG(P)	Landwirtschaftliche Produktionsgenossenschaft Pflanzenproduktion
LPG(T)	Landwirtschaftliche Produktionsgenossenschaft Tierproduktion
VEG	Volkseigenes Gut
VEG(P)	Volkseigenes Gut Pflanzenproduktion
VEG(T)	Volkseigenes Gut Tierproduktion

1 EINFÜHRUNG

Der landwirtschaftlich genutzte Teil der beiden Staaten in Deutschland beträgt gegenwärtig rund 18,5 Millionen ha, rund 6,3 Millionen ha in der DDR, rund 12,2 Millionen ha in der Bundesrepublik Deutschland (Stat. Jahrb. d. BRD 1983, S. 32 und Stat. Jahrb. d. DDR 1983, S. 34). Der für die Landwirtschaft zur Verfügung stehende Raum der Bundesrepublik Deutschland ist somit etwa doppelt so groß wie der der DDR. In der Bundesrepublik Deutschland ist das ein Anteil von 55,3 Prozent, in der DDR ein Anteil von 57,8 Prozent von der jeweiligen Gesamtfläche. Jeweils mehr als die Hälfte der Gesamtfläche der beiden Staaten in Deutschland wird also landwirtschaftlich genutzt.

Dieser Raum war in der Vergangenheit wesentlich größer als er heute ist. In den letzten Jahren wurde er beträchtlich verringert (Fig. 1). Es ist das Ergebnis ständiger Flächenbeanspruchung durch Siedlungen, Straßenbau, Abgrabungen etc. Der prozentuale Anteil der landwirtschaftlich genutzten Fläche[1] an der jeweiligen gesamten Regierungsbezirksfläche in der Bundesrepublik Deutschland war 1981 (Fig. 2 und 6) besonders hoch in Niedersachsen und in Nordrhein-Westfalen (Regierungsbezirke Weser-Ems, Hannover, Münster und Detmold) sowie in Bayern (Regierungsbezirke Schwaben und Niederbayern). Er ist vergleichbar mit den Anteilen der landwirtschaftlichen Nutzfläche[2] in den Bezirken Rostock, Schwerin und Neubrandenburg sowie Magdeburg, Halle, Erfurt und Leipzig in der DDR. In all diesen Bezirken bzw. Regierungsbezirken betrug der Anteil der landwirtschaftlichen Nutzfläche bzw. landwirtschaftlich genutzten Fläche an der jeweiligen gesamten Fläche mehr als 60 Prozent.

Nicht nur die landwirtschaftliche Nutzfläche bzw. landwirtschaftlich genutzte Fläche insgesamt veränderte sich, sondern auch der Anteil der Ackerfläche.[3] Sie

---

1 Die landwirtschaftlich genutzte Fläche (LF) enthält Ackerland, Haus- und Nutzgärten, Baumschulflächen, Dauergrünland, Rebland, Korbweiden-, Pappelanlagen, Weihnachtsbaumkulturen außerhalb des Waldes (Stat. Jahrbuch d. BRD 198, S. 136). „Im Jahre 1970 wurden die Erhebungen über Flächen in landwirtschaftlichen Betrieben in Anlehnung an die EG-Methodik von der landwirtschaftlichen Nutzfläche (LN) auf die landwirtschaftlich genutzte Fläche (LF) umgestellt. In der landwirtschaftlich genutzten Fläche sind die „nicht mehr landwirtschaftlich genutzten Flächen" sowie private Parkanlagen, Rasenflächen und Ziergärten nicht enthalten" (Stat. Jahrb. üb. ELuF d. BRD 1982, S. 31).
2 Sie umfaßt „Ackerland (einschl. Erwerbsgartenland und Flächen unter Glas), Wechselnutzung, Haus- und Kleingärten, Obstanlagen, Weingärten, Baumschulen, Wiesen (einschl. Streuwiesen), Viehweiden (einschl. Hutungen), Korbweidenanlagen" (Stat. Jahrb. d. DDR 1962, S. 423).
3 Für die Bundesrepublik Deutschland ist Ackerland wie folgt definiert: „Flächen der landwirtschaftlichen Feldfrüchte einschließlich Hopfen, Grasanbau (zum Abmähen oder Abweiden) sowie Gemüse, Erdbeeren, Blumen und sonstige Gartengewächse im feldmäßigen Anbau und im Erwerbsgartenbau, auch unter Glas. Ferner Ackerflächen mit Obstbäumen, bei denen das Obst nur die Nebennutzung, Ackerfrüchte aber die Hauptnutzung darstellen, sowie Schwarzbrache. Nicht zum Ackerland rechnen die Ackerflächen mit Obstbäumen, bei denen das Obst die Hauptnutzung darstellt, sowie die Ackerflächen die aus sozialen, wirtschaflichen oder anderen Gründen brachliegen (Sozialbrache)" (SJB 1981, S. 137). Für die DDR gibt es keine detaillierten Angaben zum Ackerland.

Figur 1: Abnahme der landwirtschaftlichen Nutzfläche (%) von 1958 bis 1978 für die Bundesrepublik Deutschland, von 1960 bis 1980 für die DDR (ohne Berlin und die Stadtstaaten Bremen und Hamburg)

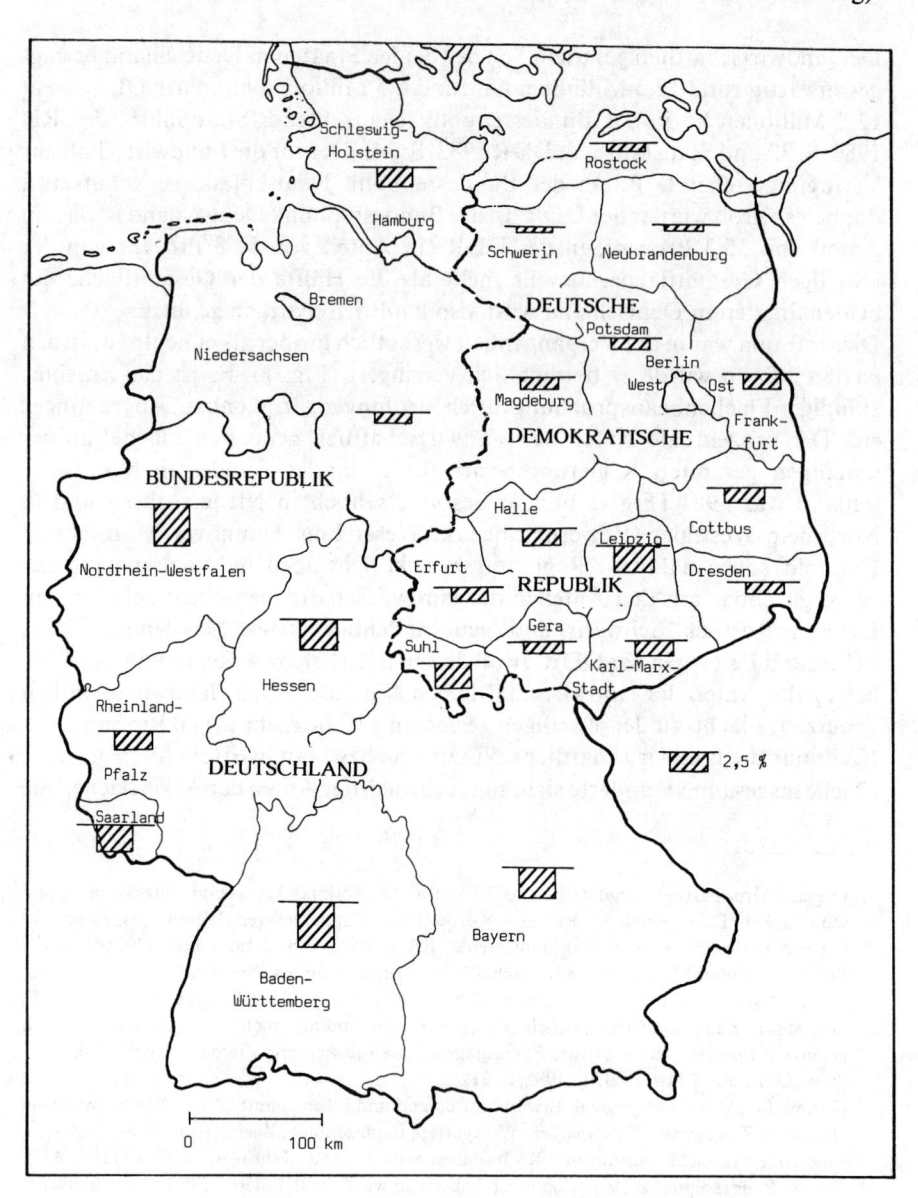

Quelle: nach Buchhofer 1982, S. 23 und Hoffmann 1982, S. 46.

Figur 2: Prozentualer Anteil der landwirtschaftlichen Nutzfläche in den Bezirken der DDR und der landwirtschaftlich genutzten Fläche in den Regierungsbezirken der Bundesrepublik Deutschland an der jeweiligen Gesamtfläche (1981)

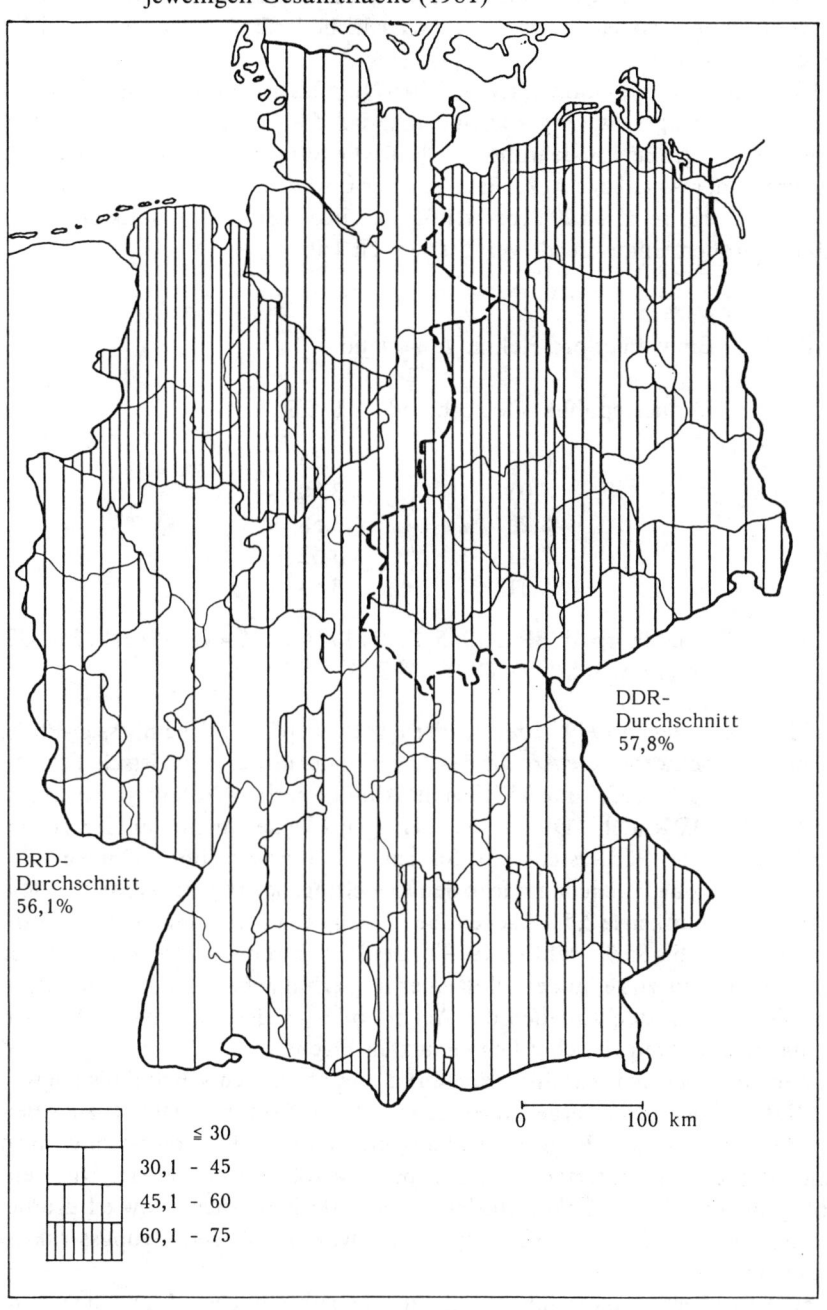

DDR-
Durchschnitt
57,8%

BRD-
Durchschnitt
56,1%

0   100 km

≤ 30
30,1 - 45
45,1 - 60
60,1 - 75

Quelle: nach „Bodennutzung und pflanzliche Erzeugung 1981", S. 12—13; Stat. Jahrb. d. DDR 1982, S. 1, 168.

ist bis heute in der Bundesrepublik Deutschland wesentlich größer als in der DDR (Fig. 3). Während sie in der Bundesrepublik Deutschland in der Zeit von 1960 bis 1982 erheblich eingebüßt hat, erfolgte in der DDR nach kontinuierlichem Rückgang bis Ende der siebziger Jahre eine stetige Ausweitung bis in die Gegenwart hinein, so daß die absolute Ackerfläche 1982 etwa wieder die gleiche Größe wie 1960 hatte.

Doch in Beziehung zur landwirtschaftlichen Nutzfläche bzw. landwirtschaftlich genutzten Fläche gesetzt (Fig. 4) zeigt sich, daß die Ackerfläche für die DDR eine wesentlich größere Bedeutung hat als für die Bundesrepublik Deutschland. Bis heute ist der Anteil der Ackerfläche an der LN bzw. LF in der DDR, bis auf die letzten Jahre, um zirka 20 Prozent höher als in der Bundesrepublik Deutschland. Die großen Unterschiede vermittelt auch Tab. 1.

Tabelle 1: Einwohner pro Hektar Ackerland

Jahr	Bundesrepublik Deutschland	DDR
1960	6,90	3,55
1970	8,05	3,70
1975	8,20	3,58
1980	8,47	3,52
1982	8,51	3,53

Quelle: Stat. Jahrb. d. BRD 1965, S. 21; 1971, S. 15—16; 1983, S. 31—32 und Stat. Jahrb. d. DDR 1983, S. 1, 34

Wie Fig. 5 zeigt, lagen 1979 in den Regierugsbezirken Trier, Rheinhessen-Pfalz, Freiburg und Schwaben die Anteile des Ackerlandes an der landwirtschaftlichen Nutzfläche zwischen 35,1 und 45 Prozent. Ähnlich geringe Anteile gab es in den Bezirken der DDR nicht. Diesen sehr geringen Flächenanteilen in den Regierungsbezirken des Südwestens und Südens der Bundesrepublik Deutschland standen sehr große Flächenanteile in den Regierungsbezirken Oberbayern (84,8 %) und Unterfranken (82,5 %) gegenüber. Nach der vorgenommenen Klasseneinteilung (75,1 bis 85 %) zählten 1979 in der Bundesrepublik Deutschland nur zwei Regierungsbezirke, in der DDR aber immerhin acht Bezirke zu den Räumen mit den höchsten Anteilen des Ackerlandes an der landwirtschaftlichen Nutzfläche bzw. landwirtschaftlich genutzten Fläche .

Auf den Ackerflächen sowohl in der Bundesrepublik Deutschland als auch in der DDR wurden bzw. werden verschiedene Nutzpflanzen angebaut, zum Beispiel Gerste, Weizen, Roggen, Hafer (mit weiterer Differenzierung nach Sommer- und Wintergetreide), Zuckerrüben, Kartoffeln (mit weiterer Differenzierung nach Früh- und Spätkartoffeln) und Futterhackfrüchte sowie Luzerne, Klee und andere. Diese Vielfalt im Anbau wird als Ackernutzungsstruktur bezeichnet.

Neben der Ackerfläche veränderte sich auch in beträchtlichem Maße die Grünfläche. Diese Veränderungen korrespondierten in der Vergangenheit häufig direkt mit den Veränderungen der Ackerfläche.

Figur 3: Ackerfläche (Mio. ha)

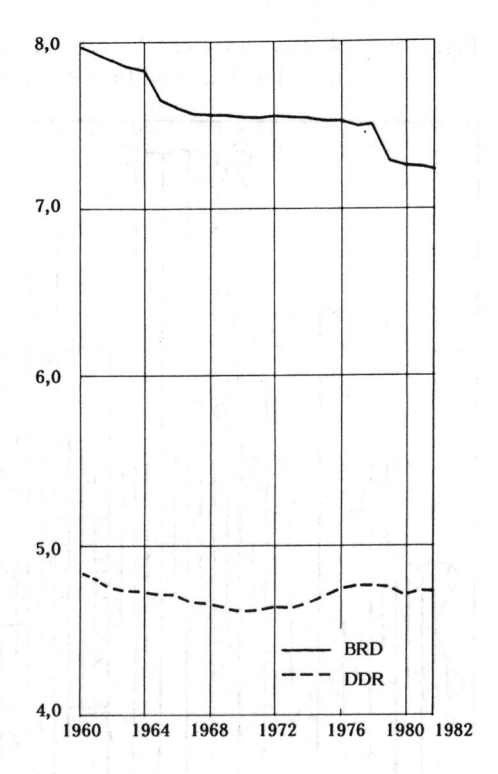

Quelle: nach „ZMP Bilanz Getreide-Futtermittel 1982/83", S. 15 und Stat. Jahrb. d. DDR 1983, S. 34.

Figur 4: Anteil der Ackerfläche an der landwirtschaftlichen Nutzfläche bzw. landwirtschaftlich genutzten Fläche (%)

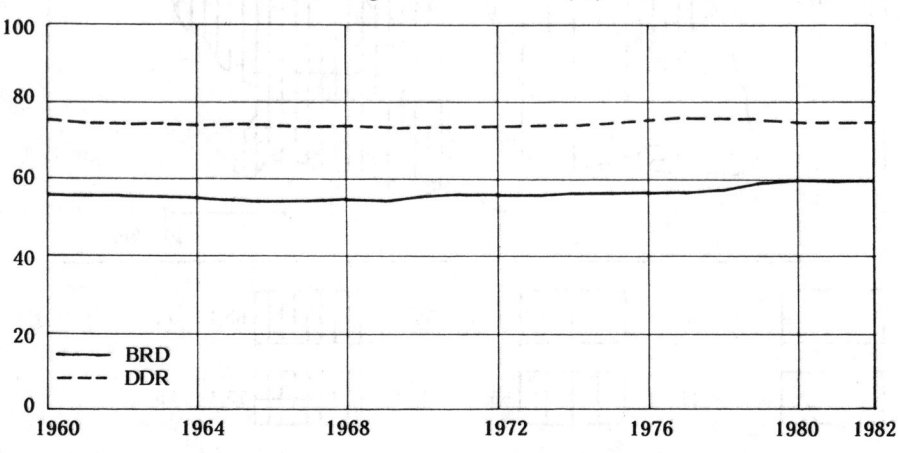

Quelle: nach „Bodennutzung der Betriebe 1977", S. 164; Stat. Jahrb. d. BRD 1983, S. 32 und Stat. Jahrb. d. DDR 1983, S. 34.

Figur 5: Anteil des Ackerlandes an der landwirtschaftlichen Nutzfläche bzw. landwirtschaftlich genutzten Fläche 1979 (%)

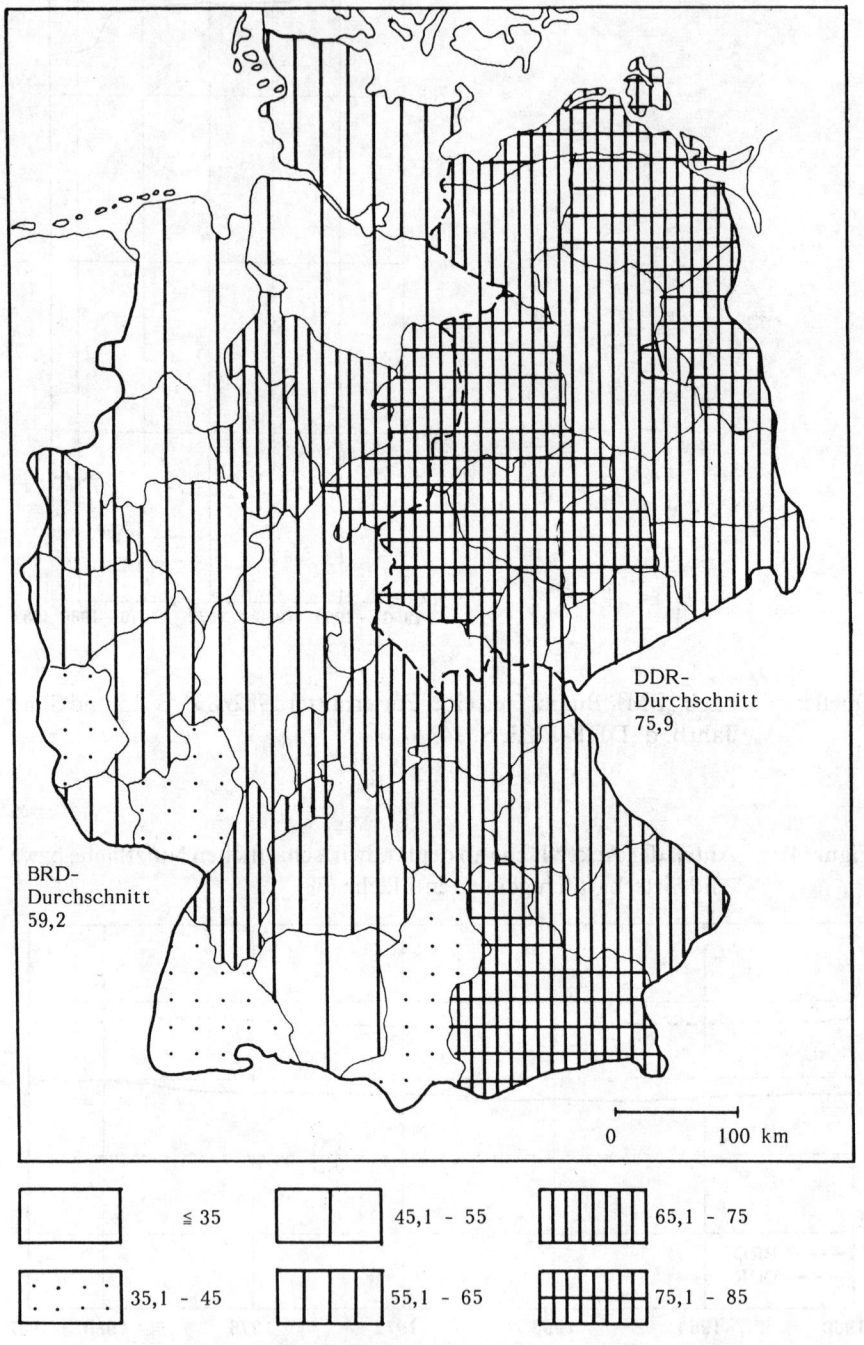

Quelle: nach „Bodennutzung und pflanzliche Erzeugung 1979", S. 16 und Stat. Jahrb. d. DDR 1980, S. 157.

2. ZIEL DER UNTERSUCHUNG UND MATERIALBASIS

Das Ziel der vorliegenden Untersuchung ist es, regionale und strukturelle Veränderungen in der Acker- und Grünlandnutzung in den beiden Staaten in Deutschland darzustellen. Es wird besonders Wert auf die Erfassung der Unterschiede nicht nur zwischen der Bundesrepublik Deutschland und der DDR, sondern auch innerhalb der beiden Staaten gelegt.
Berücksichtigt werden die Hauptnutzungsgruppen Getreide, Hackfrüchte und Feldfutterpflanzen sowie Dauergrünland, Wiesen und Weiden. Aber nicht nur die Flächenveränderungen und räumlichen Anbauschwerpunkte werden erfaßt, sondern auch die Veränderungen in den Ertragsentwicklungen sowie deren räumliche Ausprägungen. Es wird jedoch keine agrarräumliche Typisierung vorgenommen.
Ausgangsbasis für diese Untersuchung ist das Jahr 1960. Damit die Bezugsbasis in den beiden Staaten in Deutschland in etwa vergleichbar ist, wurden für die DDR die Bezirke, für die Bundesrepublik Deutschland die Regierungsbezirke (für 1960 noch die Verwaltungsbezirke) gewählt[4]. Da in der Bundesrepublik Deutschland seit 1960 Gebietsreformen durchgeführt wurden, haben sich einige Veränderungen der Flächengröße und damit Bezugsbasen ergeben (Fig. 6). So umfaßt zum Beispiel der heutige (1984) Regierungsbezirk Weser-Ems in Niedersachsen die damaligen Regierungsbezirke Osnabrück und Aurich und den Verwaltungsbezirk Oldenburg. Der heutige Regierungsbezirk Köln bestand 1960 aus den Regierungsbezirken Köln und Aachen.
Aber auch nach 1979 erfolgten noch Veränderungen. So gab es bis 1979 im Bundesland Hessen die beiden Regierungsbezirke Darmstadt (11 562,39 km^2) und Kassel (9550,85 km^2) (Stat. Jahrb. d. BRD 1980, S. 51). Seit 1981 allerdings bestehen in Hessen drei Regierungsbezirke (Kassel mit 8288,17 km^2, Darmstadt mit 7445,50 km^2 und Gießen mit 5380,35 km^2) (Stat. Jahrb. d. BRD 1984, S. 53). Der neue Regierungsbezirk Gießen ist zum allergrößten Teil aus der Fläche des Regierungsbezirkes Darmstadt hervorgegangen.
In der DDR hat es keine mit der Bundesrepublik Deutschland vergleichbare Gebietsreform gegeben. Es sind im Untersuchungszeitraum keine neuen Bezirke entstanden. Doch haben Neuvermessungen von Bezirksgrenzen im Laufe der Zeit zu zahlreichen geringfügigen Veränderungen der Katasterfläche geführt. So umfaßte zum Beispiel der Bezirk Erfurt am 31. 12. 1960 eine Katasterfäche von 7317 km^2. Am 31. 12. 1979 betrug dagegen die Fläche 7349 km^2. Der Bezirk Suhl, der noch 1960 3876 km^2 ausmachte, hatte 1970 eine um 20 km^2 geringere Fläche, nämlich 3856 km^2 (Stat. Jahrb. d. DDR 1960/61, S. 17; 1971, S. 3; 1980, S. 1).

---

4 Auf kleinere Verwaltungseinheiten (z. B. Landkreise) könnte zwar in den meisten Fällen in der Bundesrepublik Deutschland zurückgegriffen werden, da dafür statistisches Material zur Verfügung steht. Für die DDR fehlt jedoch entsprechendes Material. Ein sinnvoller Vergleich ist deshalb nur auf der Ebene von Bezirken bzw. Regierungsbezirken möglich.

Figur 6: Die zugrundegelegten Verwaltungseinheiten

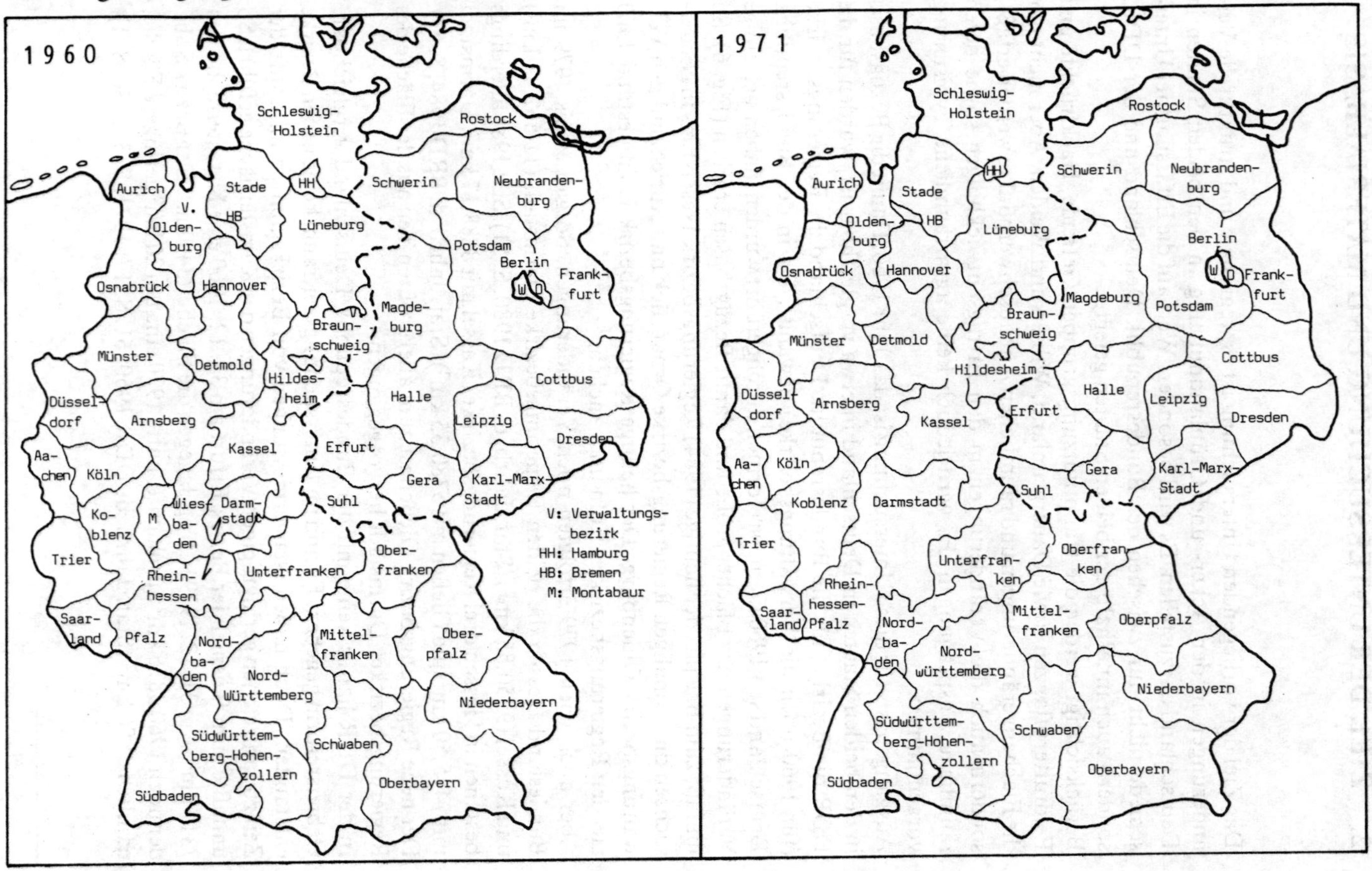

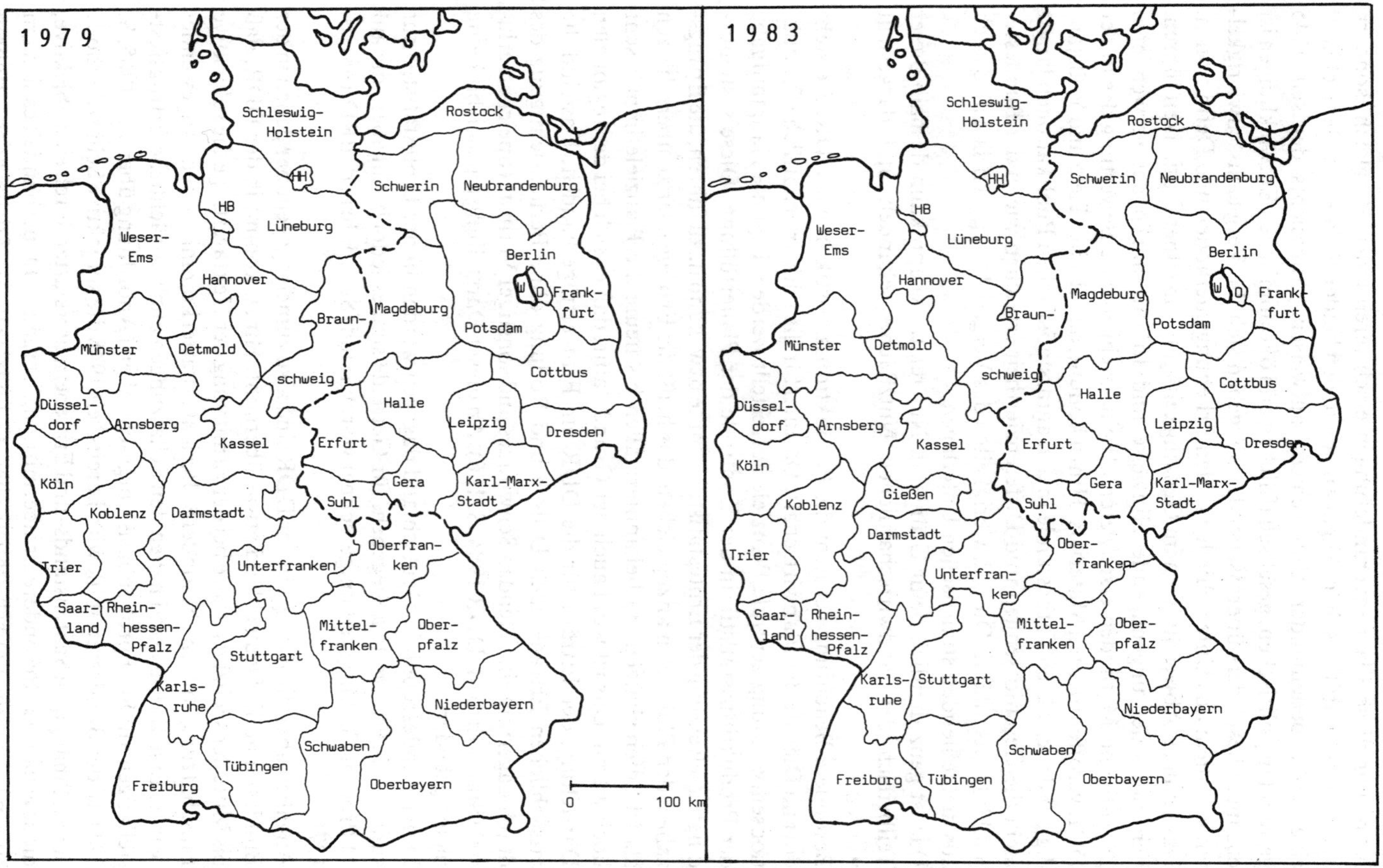

Quelle: nach Unterlagen der Bundesforschungsanstalt für Landeskunde und Raumordnung, Bonn und „Atlas für Jedermann", 2. Aufl., Gotha/Leipzig, 1978.

Nicht nur diese Flächenveränderungen erschweren einen Vergleich, sondern auch die agrarstatistischen Angaben, die in den beiden Staaten in Deutschland eine Reihe bedeutender Unterschiede aufweisen. Angesichts der seit 1945 getrennten politischen, gesellschaftlichen und ökonomischen Entwicklungen ist das nicht besonders überraschend. Es ergeben sich die Vergleichsschwierigkeiten vor allem aus Unterschieden in den Erhebungsmethoden und Definitionen. Das kann zu Abweichungen im Genauigkeitsgrad einzelner Statistiken führen. Fehlende oder ungenügende Hinweise und Erläuterungen der verwendeten Begriffe und Methoden erschweren oft eine sachgerechte Bewertung des in der DDR veröffentlichten Materials. Hinzu kommt, daß Breite, Tiefe und Vollständigkeit der erfaßten Tatbestände in den agrarstatistischen Publikationen längst nicht die Geschlossenheit und Differenziertheit erreichen wie in der Bundesrepublik Deutschland. Die Schwierigkeiten des Vergleichs ergeben sich also auch aus den fehlenden statistischen Unterlagen.
Das ist ganz deutlich beim Grünland. Nur relativ knapp kann deshalb dieser Teilbereich der landwirtschaftlichen Nutzfläche behandelt und dargestellt werden.
Besondere Beachtung verdient die Produktionsstatistik in der DDR. Sie steht dort im Dienste der Planwirtschaft. Da auch für die feldwirtschaftliche Produktionsentwicklung zentrale Planziele aufgestellt werden, liegt die Hauptaufgabe der Produktionsstatistik in der Kontrolle der Planerfüllung. Diese systembedingte Zielsetzung der Erntestatistik konnte bzw. kann dazu führen, die Ertragszahlen den Planzielen anzugleichen, das heißt die Erträge eher zu überschätzen als zu unterschätzen, da bekanntermaßen bis heute die Planziele immer sehr hoch waren. Das ist wohl auch der Grund dafür, daß es sich bei der regionalen Darstellung der Erträge für die DDR um Ernteerträge handelt. Das sind die tatsächlichen Erträge nach Drusch und Rodung ohne Berücksichtigung des durch Lagerung eintretenden Schwundes und sonstiger Verluste (Speicherverluste) (Stat. Jahrb. d. DDR 1984, S. 186). An dieser Darstellung hat sich bis heute nichts geändert.
In der Bundesrepublik Deutschland dagegen werden in der Erntestatistik nur zum Teil Bruttowerte angegeben, für Getreide sind es jedoch Angaben, die auf 14 Prozent Feuchtigkeit umgerechnet worden sind (Stat. Jahrb. d. BRD 1981, S. 137).
Angaben über die Erträge in der DDR sind also zumeist gegenüber denen in der Bundesrepublik Deutschland etwas überhöht. Hinzu kommt in der DDR, daß bis Mitte der sechziger Jahre bei der Ermittlung der Hektarerträge die subjektive Einschätzung durch besondere Berichterstatterkommissionen angewendet wurde. Erst ab 1965 sind neben den Schätzungen auch tatsächliche Ertragsfeststellungen auf Stichprobenbasis vorgeschrieben (Anordnung über . . . 1965, S. 321). In der Bundesrepublik wird bereits seit 1948 die subjektive Schätzmethode der unabhängigen Saatenstands- und Ernteberichterstatter durch eine objektive, die sogenannte „Besondere Ernteermittlung", ergänzt. Dabei handelt es sich um eine nach mathematisch-statistischen Grundsätzen als Stichprobenverfahren aufgebaute und nach dem Zufallsprinzip arbeitende Erntemessung (MERKEL 1969, S. 200).
Trotz mannigfacher Einschränkungen und nur bedingter Vergleichbarkeit sollte

mit dieser Untersuchung ein Schritt unternommen werden, um die zum Teil recht unterschiedlichen Entwicklungen in der Acker- und Grünlandnutzung in den beiden Staaten in Deutschland zu erfassen. Deshalb wurde das zur Verfügung stehende amtliche statistische Material ausgewertet. Im einzelnen sind folgende Statistiken benutzt worden:

BUNDESMINISTERIUM FÜR ERNÄHRUNG, LANDWIRTSCHAFT- UND FORSTEN (Hrsg.): Statistisches Jahrbuch über Ernährung, Landwirtschaft und Forsten der Bundesrepublik Deutschland, Münster-Hiltrup, versch. Jge.

STAATLICHE ZENTRALVERWALTUNG FÜR STATISTIK (Hrsg.): Statistisches Jahrbuch der Deutschen Demokratischen Republik, Berlin (O)., Jge. 1961/61 bis 1983.

STATISTISCHES BUNDESAMT (Hrsg.): Statistisches Jahrbuch für die Bundesrepublik Deutschland, Stuttgart und Mainz, Jge. 1961 bis 1983.

STATISTISCHES BUNDESAMT (Hrsg.): Bodennutzung und Ernte 1960. Statistik der Bundesrepublik Deutschland, Band 262, Stuttgart und Mainz 1961.
Viehwirtschaft 1961. Fachserie B. Land- und Forstwirtschaft und Fischerei, Reihe 3, Stuttgart und Mainz 1962.
Bodennutzung und Ernte 1971. Fachserie B. Land- und Forstwirtschaft, Fischerei, Reihe 1, Stuttgart und Mainz 1972.
Bodennutzung der Betriebe 1977. Fachserie 3. Land- und Forstwirtschaft, Fischerei. Reihe 2.1.2, Stuttgart und Mainz 1979.
Pflanzliche Erzeugung 1979, Fachserie 3. Land- und Forstwirtschaft, Fischerei. Reihe 3, Stuttgart und Mainz 1980.
Bodennutzung und pflanzliche Erzeugung 1979. Fachserie 3. Land- und Forstwirtschaft, Fischerei. Reihe 3, Stuttgart und Mainz 1980.
Bodennutzung und pflanzliche Erzeugung 1981. Fachserie 3. Land- und Forstwirtschaft, Fischerei. Reihe 3. Stuttgart und Mainz 1982.
Viehbestand und tierische Erzeugung 1981. Fachserie 3. land- und Forstwirtschaft, Fischerei. Reihe 4, Stuttgart Mainz 1982.
Viehbestand und tierische Erzeugung 1982. Fachserie 3. Land- und Forstschaft, Fischerei. Reihe 4, Stuttgart und Mainz 1983.
Bodennutzung und pflanzliche Erzeugung 1983. Fachserie 3. Land- und Forstwirtschaft, Fischerei. Reihe 3, Stuttgart und Mainz 1984.
Warenverkehr mit der DDR und Berlin (O). Fachserie 6. Handel, Gastgewerbe, Reiseverkehr. Reihe 6, Stuttgart und Mainz, Jge. 1979 bis 1983.

ZENTRALE MARKT- UND PREISBERICHTSSTELLE FÜR ERZEUGNISSE DER LAND-, FORST- UND ERNÄHRUNGSWIRTSCHAFT (Hrsg.):
ZMP Bilanz Getreide-Futtermittel 1976/77, Bonn-Bad Godesberg 1978.
— 1978/79, Bonn-Bad Godesberg 1980.
— 1982/83, Bonn-Bad Godesberg 1984.
ZMP Bilanz Kartoffeln 1976/77, Bonn-Bad Godesberg 1977.
— 1977/78, Bonn-Bad Godesberg 1978.
— 1978/79, Bonn-Bad Godesberg 1979.
— 1979/80, Bonn-Bad Godesberg 1980.
— 1980/81, Bonn-Bad Godesberg 1981.

— 1981/82, Bonn-Bad Godesberg 1982.
— 1982/83, Bonn-Bad Godesberg 1983.

Das zur Verfügung stehende statistische Material legte es nahe, in erster Linie die Jahre 1960 und 1979, teilweise auch 1971, für regionale Vergleiche heranzuziehen. In diesen Jahren nämlich wurden Bodennutzungshaupterhebungen in der Bundesrepublik Deutschland durchgeführt, und für die DDR stand ebenfalls in den meisten Fällen vergleichbares Zahlenmaterial zur Verfügung.

Aus technischen Gründen werden in den Karten, Kartogrammen und im Text die Quellen für die Statistiken nur in abgekürzter Form angegeben. So bedeutet zum Beispiel Stat. Jahrb. d. BRD = Statistisches Jahrbuch für die Bundesrepublik Deutschland, Stat. Jahrb. d. DDR = Statistisches Jahrbuch der DDR, Stat. Jahrb. üb. ELuF d. BRD = Statistisches Jahrbuch über Ernährung, Landwirtschaft und Forsten, ZMP = Zentrale Markt- und Preisberichtstelle für Erzeugnisse der Land-, Forst- und Ernährungswirtschaft. Für die vom Statistischen Bundesamt Wiesbaden herausgegebenen Bodennutzungshaupterhebungen und Viehzählungen werden ebenfalls nur Kurztitel als Quelle angegeben, zum Beispiel „Pflanzliche Erzeugung 1979".

Zur vergleichenden Deutschlandforschung insgesamt ist zu dem hier behandelten Themenkomplex bisher wenig Literatur erschienen. Trotzdem sollte auf nützliche Publikationen in diesem Zusamenhang hingewiesen werden: MERKEL, K.: Agrarproduktion im zwischenwirtschaftlichen Vergleich — Auswertungsprobleme der Statistik am Beispiel des geteilten Deutschland, Berlin 1963; TÜMMLER, E., MERKEL, K. und BLOHM, G.: Die Agrarpolitik in Mitteldeutschland und ihre Auswirkung auf Produktion und Verbrauch landwirtschaftlicher Erzeugnisse, Bd. 3 Wirtschaft und Gesellschaft in Mitteldeutschland, herausgegeben vom Forschungsbeirat für Fragen der Wiedervereinigung Deutschlands beim Bundesminister für gesamtdeutsche Fragen, Berlin 1969. Eine ausführliche und erstmals auch regional differenzierende Analyse der Bodennutzung in der DDR aus jüngerer Zeit findet sich in der als Heft 204 der Schriftenreihe Landwirtschaft — Angewandte Wissenschaft, Münster-Hiltrup 1977 publizierte Arbeit „Die industriemäßig betriebene pflanzliche Agrarproduktion in der DDR — Organisationsformen, Produktionsverfahren und ökonomische Effizienz — mit vergleichenden Betrachtungen zur Pflanzenproduktion in der Landwirtschaft der Bundesrepublik Deutschland", die im Auftrag vom Bundesministerium für Ernährung, Landwirtschaft und Forsten unter der Leitung von K. MERKEL erstellt worden ist. Zu erwähnen ist auch: BUNDESMINISTERIUM FÜR INNERDEUTSCHE BEZIEHUNGEN (Hrsg.): Zahlenspiegel. Bundesrepublik Deutschland/DDR — Ein Vergleich, Bonn (mehrere Jge.) und K. C. THALHEIM: Die wirtschaftliche Entwicklung der beiden Staaten in Deutschland, Opladen 1978. In den beiden letzten Publikationen werden in erster Linie Kartogramme und Tabellen gegenübergestellt.

Instruktive kartographische Darstellungen zur räumlichen Verteilung von Nutzpflanzen und Viehbeständen in der Bundesrepublik Deutschland sind in den letzten Jahren im Institut für Strukturforschung der Bundesforschungsanstalt für Landwirtschaft in Braunschweig-Völkenrode von E. NEANDER und H. DOLL angefertigt worden. Sie benutzen zum Teil Landkreise als Bezugsflächen und schaffen damit eine noch feinere räumliche Differenzierung, als sie in dieser Untersuchung angestrebt wird.

Von den Agrargeographen der Bundesrepublik Deutschland muß in diesem Zusammenhang E. OTREMBA genannt werden. In seiner Arbeit „Der Agrarwirtschaftsraum der Bundesrepublik Deutschland" (= Geographische Zeitschrift, Beihefte) legte der Verfasser 1970 eine knappe Abhandlung vor. Sowohl über die Bundesrepublik Deutschland als auch über die DDR entstanden seit 1950 grundlegende Kartenwerke über die Agrarstruktur. Unter der Federführung von E. OTREMBA wurde in der Zeit von 1962 bis 1971 der „Atlas zur deutschen Agrarlandschaft" zusammengestellt. Die Agrarstruktur der DDR hat W. ROUBITSCHEK zum Teil in „Standortkräfte in der Landwirtschaft der DDR" (1969) erfaßt. Für die beiden Staaten in Deutschland liegen damit Karten vor, die jedoch in ihrer Zielsetzung und Aussagefähigkeit nur zum Teil vergleichbar sind.

Agrargeographische Untersuchungen zur vergleichenden Deutschlandforschung sind bisher nur von K. ECKART publiziert worden. Unter dem Titel „Neuere Entwicklungen in den Agrarräumen in den beiden Staaten in Deutschland" erschien in „deutsche Studien" 1984 ein längerer Beitrag, in dem erstmals versucht wurde, das vorhandene statistische Material zur Bodennutzung und zur Viehwirtschaft auszuwerten und die Ergebnisse kartographisch darzustellen. Ebenfalls in „deutsche Studien" erschien von demselben Autor 1985 ein Beitrag über „Die Entwicklung des Maisanbaus in den beiden Staaten in Deutschland". Auch hierfür wurden die amtlichen Statistiken ausgewertet.

3 VERÄNDERUNGEN IM GETREIDEBAU

Neben den vier Hauptgetreidearten Gerste, Weizen, Hafer und Roggen wird auch der Körnermais berücksichtigt und zum Teil auch noch eine Unterscheidung nach Sommer- und Wintergetreide vorgenommen.
Die gesamte Getreidefläche war in der Bundesrepublik Deutschland 1960 mit 4 873 186 ha mehr als doppelt so groß wie in der DDR (2 319 069) (Fig. 7).[5] In den beiden Staaten hat sich im Laufe der Zeit die Fläche vergrößert. In der Bundesrepublik Deutschland gab es die größte Getreideanbaufläche im Jahre 1978 (5 333 116 ha). Sie hatte sich bis dahin also um etwa 460 000 ha ausge-
Seit dieser Zeit nahm sie jedoch wieder ab (um zirka 246 000 ha).[6] Doch trotz dieses Rückgangs kann die Zunahme bis Mitte der siebziger Jahre nicht übersehen werden. Gleiches gilt auch für die DDR, wo von 1960 bis 1982 eine Ausdehnung um etwa 200 000 ha erfolgte.
Während sich in der Bundesrepublik Deutschland die gesamte Ackerfläche von 7 982 057 ha (1960) um etwa 740 000 ha auf 7 243 900 ha (1982) verringert hat, ist der prozentuale Anteil der Getreidefläche an dieser Ackerfläche von 61,1 Prozent auf 70,0 Prozent gestiegen (Fig. 8). Auch in der DDR wurde die gesamte Ackerfläche eingeschränkt. Von 4 847 831 ha (1960) ging sie auf 4 730 756 ha (1982), also um etwa 110 000 ha zurück. Auch hier vergrößerte sich der deflächenanteil am Ackerland, und zwar von 48,1 Prozent (1960) auf 52,2 Prozent (1982).
Vergleicht man die Entwicklung der prozentualen Anteile der Getreidefläche an der Ackerfläche in den beiden Staaten in Deutschland, dann kann man sehen, daß der Anteil in der Bundesrepublik Deutschland bis heute wesentlich größer ist als in der DDR.
Diese unterschiedlichen Entwicklungen spiegeln sich auch in der regionalen Verteilung wider (Fig. 9). Bis heute ist zwischen der Bundesrepublik Deutschland und der DDR der regionale Gegensatz erkennbar. 1960 kann man für die Bundesrepublik Deutschland eine große Differenzierung erkennen. Im Regierungsbezirk Hannover lag mit 70,8 Prozent der größte Anteil der Getreidefläche an der Ackerfläche. Der überwiegende Teil der Regierungsbezirke hatte jedoch Werte zwischen 60,1 und 70 Prozent. Das Saarland (42,2 %) und der Regie-

---

5 In der Bundesrepublik Deutschland wurde die Saatfläche (= Anbaufläche) statistisch erfaßt, in der DDR nur die Erntefläche. In der Bundesrepublik Deutschland erfolgte damit die Berücksichtigung der Auswinterungsflächen, die sehr stark von Jahr zu Jahr schwankten und zum Beispiel bei Wintergerste 1977/78 nur 0,4 Pozent der Aussaatfläche betrug, 1981/82 aber 26,8 Prozent! Bei Winterweizen waren es entsprechend 0,6 bzw. 9,9 Prozent („ZMP Bilanz Getreide-Futtermittel 1982/83", S. 20).
6 Da mit der Neufassung des Gesetzes über Bodennutzungs- und Ernteerhebung vom 21. 8. 1978 in der Bundesrepublik Deutschland Betriebe mit einer Fläche von weniger als einem Hektar Betriebsfläche nicht mehr in die Erhebung einbezogen werden, kann der Flächenrückgang nicht ganz so drastisch sein, wie hier angegeben. Auch in Fig. 8 ist diese Tatsache zu berücksichtigen.

Figur 7: Entwicklung der Getreidefläche (Mio. ha)

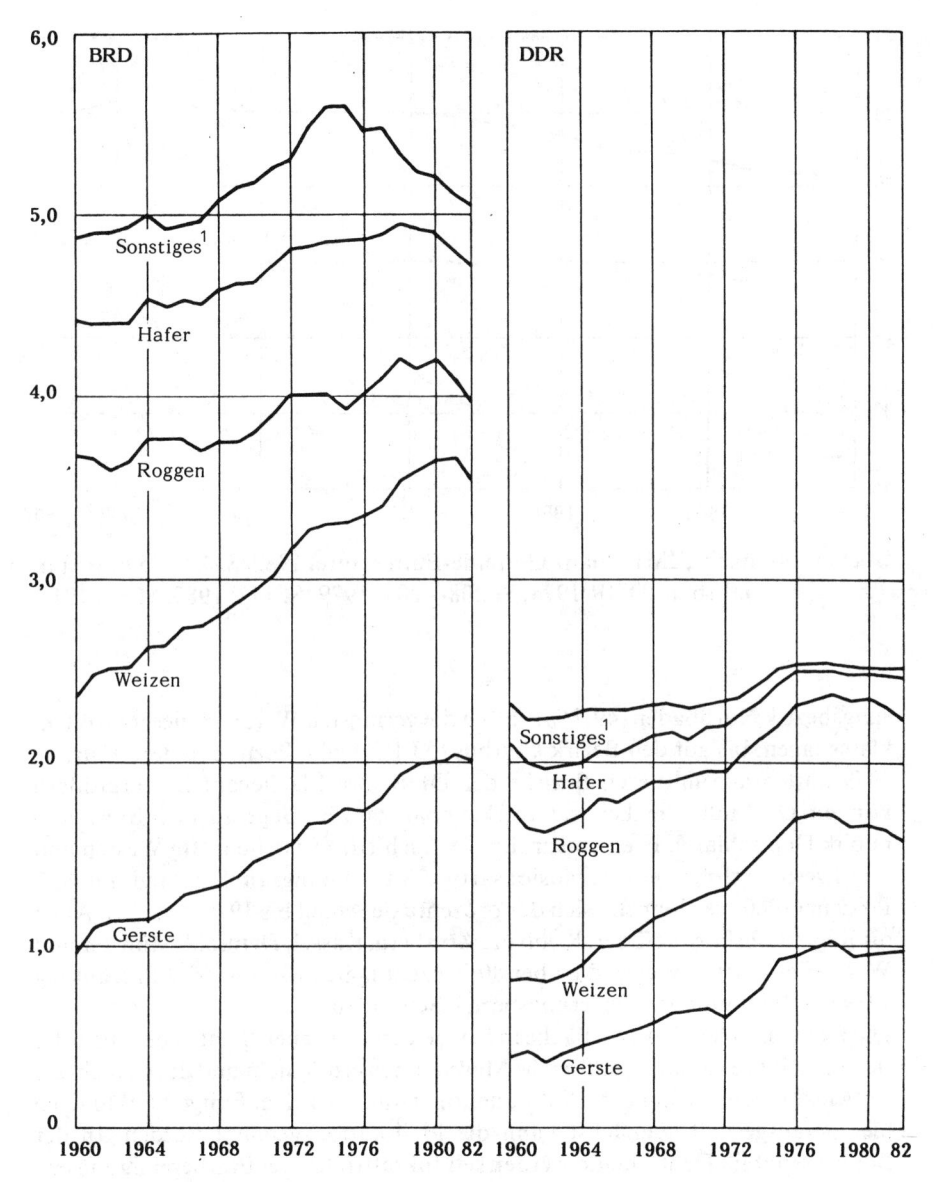

[1] Körnermais, Wintermenggetreide (= Weizen und Gerste), Sommermenggetreide (= Roggen und Hafer)

Quelle: nach „Bodennutzung der Betriebe 1977", S. 164; „ZMP Bilanz Getreide-Hackfrüchte 1982/83", S. 16—20 und
Stat. Jahrb. d. DDR 1974, S. 208—209; 1979, S. 173; 1983, S. 191

Figur 8: Anteil der Getreidefläche an der Ackerfläche (%)

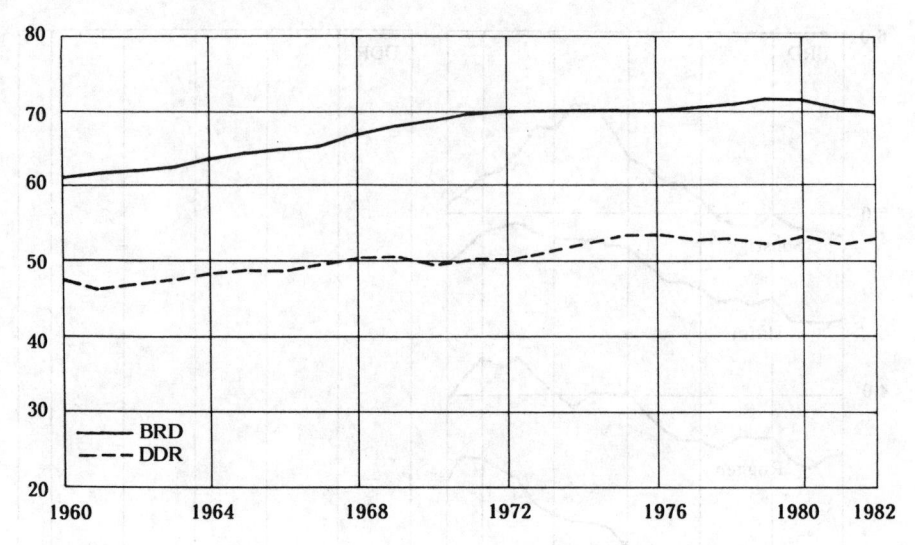

Quelle: nach „ZMP Bilanz Getreide-Futtermittel 1982/83", S. 15 und Stat. Jahrb. d. DDR 1974, S. 208—209; 1979, S. 173; 1983, S. 34, 191

rungsbezirk Nordbaden (49,7 %) hatten die geringsten Werte. In dieser Größenklasse lagen, bis auf den Bezirk Cottbus (53,1 %), alle Bezirke in der DDR.
1979 hatten alle mittleren Bezirke der DDR ihre Flächenanteile vergrößern können. Die Einheitlichkeit ist unverkennbar, ganz im Gegensatz zur Bundesrepublik Deutschland. Hier sind große Unterschiede feststellbar. Im Westen und Nordwesten erfolgte eine explosionsartige Ausdehnung. Im Saarland mit 42,2 Prozent (1960) verdoppelte sich der prozentuale Anteil bis 1979 (84,4 %). Auch die Regierungsbezirke Trier, Koblenz, Arnsberg, Kassel, Detmold, Münster und Weser-Ems hatten Werte, die über 80 Prozent lagen. Mit nur 60,9 Prozent lag 1979 das Minimum im Regierungsbezirk Schwaben.
Die Expansion der Getreidefläche in den beiden deutschen Staaten bis Mitte der siebziger Jahre ist durch zahlreiche Maßnahmen ermöglicht und durch mehrere Entwicklungen günstig beeinflußt und unterstützt worden. Einige Punkte seien hier herausgestellt. Zunächst kann die Melioration genannt werden. In der Bundesrepublik Deutschland werden seit Inkrafttreten des Flurbereinigungsgesetzes 1953 verstärkt Meliorationen durchgeführt. Diese Tatsache ist hinreichend bekannt und soll deshalb nicht weiter ausgebreitet werden. Meliorationen in der DDR wurden in großem Umfang mit dem Beginn der Bildung von Kooperationen seit Mitte der sechziger Jahre in der Feldwirtschaft notwendig. Die Verbesserung der technologischen Eignung der Wirtschaftsflächen war zur Erreichung der agrarpolitischen Ziele unumgänglich. Eine viel größere Rolle als in der Bundesrepublik Deutschland spielte die Be- und Entwässerung. Gerade in den siebziger Jahren waren die jährlich neu geschaffenen be- und entwässerten Flächen sehr groß, so wurden zum Beispiel allein 1971 114 646 ha neu entwäs-

Figur 9: Anteil der Getreidefläche an der Ackerfläche 1960 und 1979 (%)

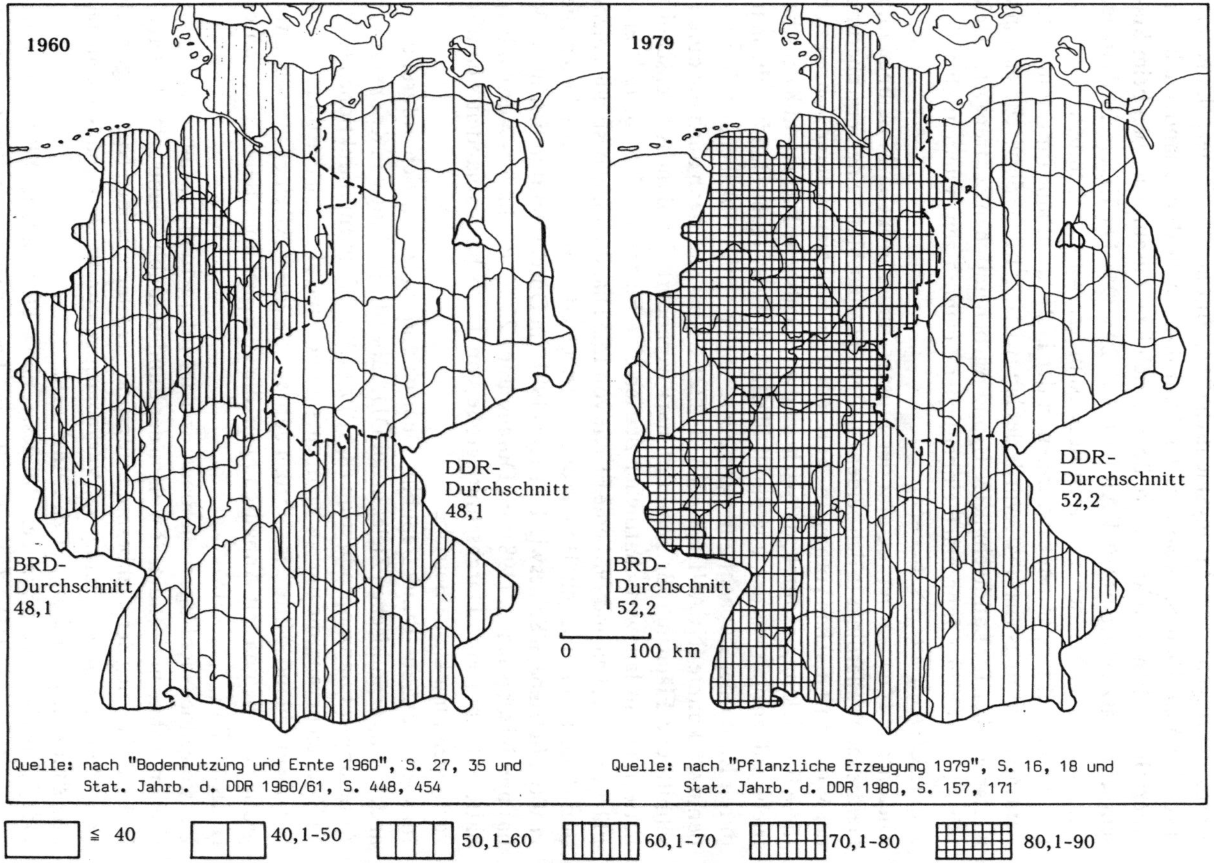

sert, 1977 84 955 ha bewässert (Stat. Jahrb. d. DDR 1983, S. 35). Weiterhin war die zunehmende Mechanisierung von Bedeutung. Auch sie hat die dargestellte Entwicklung wesentlich beeinflußt und zum Teil erst ermöglicht. In der Bundesrepublik war es die vielfältige überbetriebliche Maschinenverwendung in Maschinenringen, Maschinengemeinschaften, durch Lohnunternehmer etc. (ISERMEYER 1980, S. 2). Sowohl der Bund als auch die Bundesländer haben in unterschiedlichem Umfange diese überbetriebliche Zusammenarbeit beim Maschineneinsatz gefördert (ECKART 1983, S. 293-294). Die Unterschiede in der Förderung zwischen den einzelnen Bundesländern waren beachtlich.

Diese Unterschiede traten bzw. treten in der DDR nicht auf. Im Rahmen der Zentralverwaltungswirtschaft wurde der landwirtschaftliche Servicebereich mit Kreisbetrieben für Landtechnik (KfL) und Agrochemischen Zentren (ACZ) seit Mitte der sechziger Jahre nach einheitlichen Grundsätzen systematisch aufgebaut (ECKART 1977, S. 62—72).

Zuehmende Mechanisierung und der Einsatz immer größerer Maschinen und Geräte setzte allerdings in den beiden Staaten in Deutschland eine Vergrößerung der Wirtschaftsflächen voraus. In der Bundesrepublik Deutschland vollzog sich diese Entwicklung dadurch, daß viele landwirtschaftliche Klein- und Kleinstbetriebe aufgegeben wurden und damit Flächen zur Verfügung standen, die man durch Kauf oder Zupacht zur Vergrößerung der noch verbleibenden Betriebe benutzen konnte (NEANDER 1983, S. 222). So hat sich denn auch die durchschnittliche Flächengröße zum Teil stark verändert. Im Bundesdurchschnitt hatte 1960 ein landwirtschaftlicher Betrieb eine Fläche von 7,5 ha, 1971 eine Fläche von 12,4 ha und 1981 eine Fläche von 15,52 ha. Regional bestanden nicht nur 1960, sondern auch 1981 große Unterschiede. Nach wie vor liegen die größten Betriebe in Schleswig-Holstein (1981: im Durchschnitt immerhin 33,36 ha) und Niedersachsen (1981: im Durchschnitt 22,56 ha). Baden-Württemberg hatte 1981 nur eine Durchschnittsgröße von 11,26 ha. Es handelt sich also vorwiegend um kleine Betriebe.

Im Gegensatz zur Bundesrepublik Deutschland vollzogen sich aufgrund des anderen agrarpolitischen Zieles in der DDR über die Bildung von Kooperativen Abteilungen Pflanzenproduktion (KAP) zu LPG Pflanzenproduktionen (LPG P) Flächen heraus, die um ein Vielfaches größer sind als die in der Bundesrepublik Deutschland. Mitte der siebziger Jahre hatte eine KAP eine Durchschnittsgröße von 3675 ha mit Anbauschlägen, die zum Teil über 100 ha groß waren (ECKART 1977, S. 29).

Die steigende Nachfrage insbesondere nach Futtergetreide machte eine Expansion im Anbau notwendig. Sowohl in der Bundesrepublik Deutschland als auch in der DDR stieg der Viehbestand aufgrund der zunehmenden Nachfrage nach tierischen Produkten ständig an. Veränderungen im Rinder- und Schweinebesatz sind Fig. 10 und Fig. 11 zu entnehmen.

Der Rinderbesatz war in der Bundesrepublik Deutschland 1961 wesentlich höher als in der DDR (Fig. 10). Räume besonders hohen Besatzes in der Bundesrepublik Deutschland (mehr als 100 Tiere/100 ha LN) gab es im Norden und Süden, in Ostfriesland, auf der Schwäbischen Alb und in Schwaben. In der DDR gab es keine vergleichbare Dichte. Der gesamte Süden, die Bezirke Gera, Karl-Marx-Stadt und Dresden, also das Erzgebirge, unterscheiden sich in ihrer

Figur 10: Rinderbesatz (Tiere/100 ha LN)

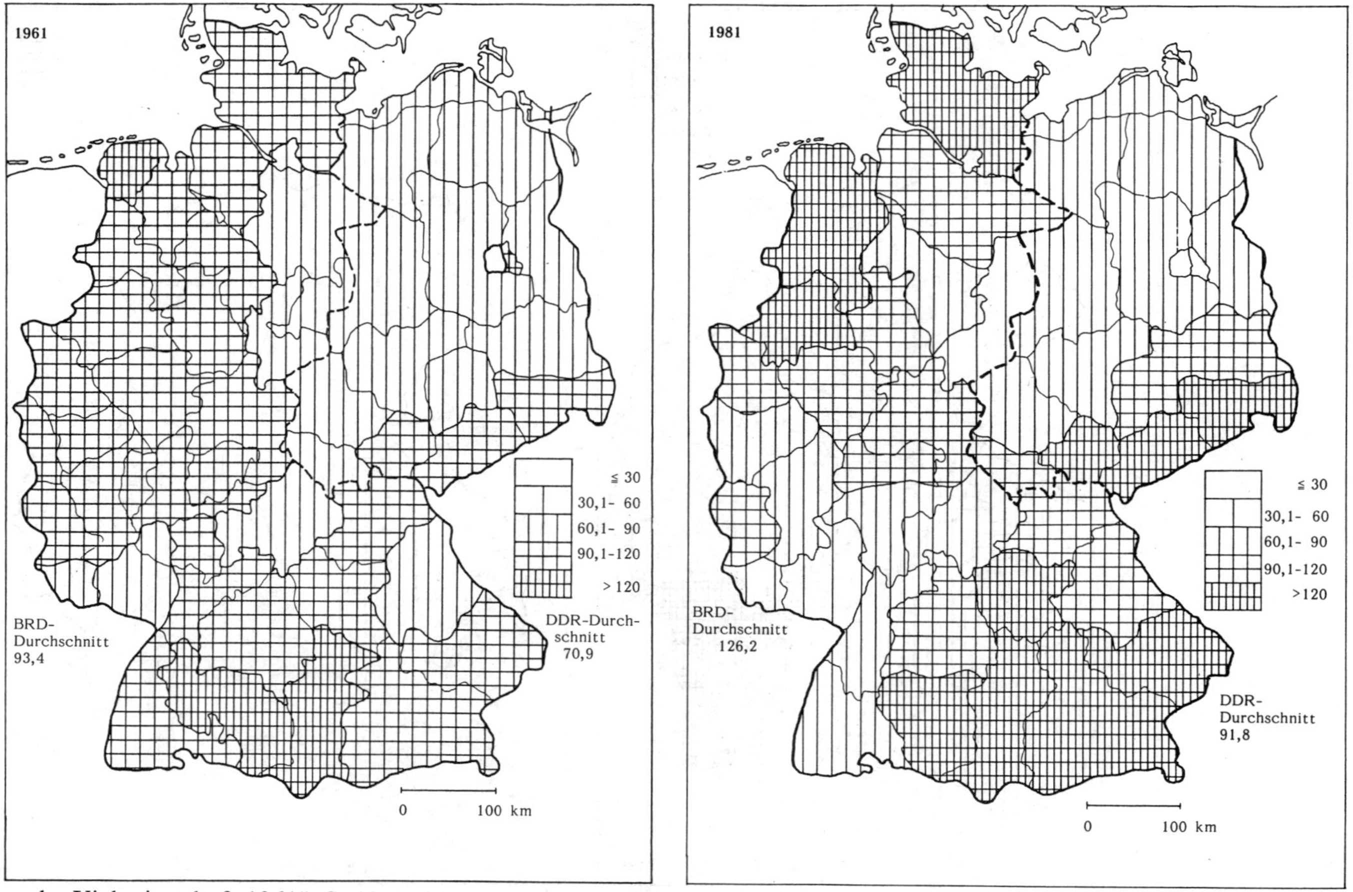

Quelle: nach „Viehwirtschaft 1961", S. 10 und Stat. Jahrb. d. DDR 1962, S. 462.
„Viehbestand und tierische Erzeugung 1981", S. 30 und Stat. Jahrb. d. DDR 1982, S. 193

Figur 11: Schweinebesatz (Tiere/100 ha LN)

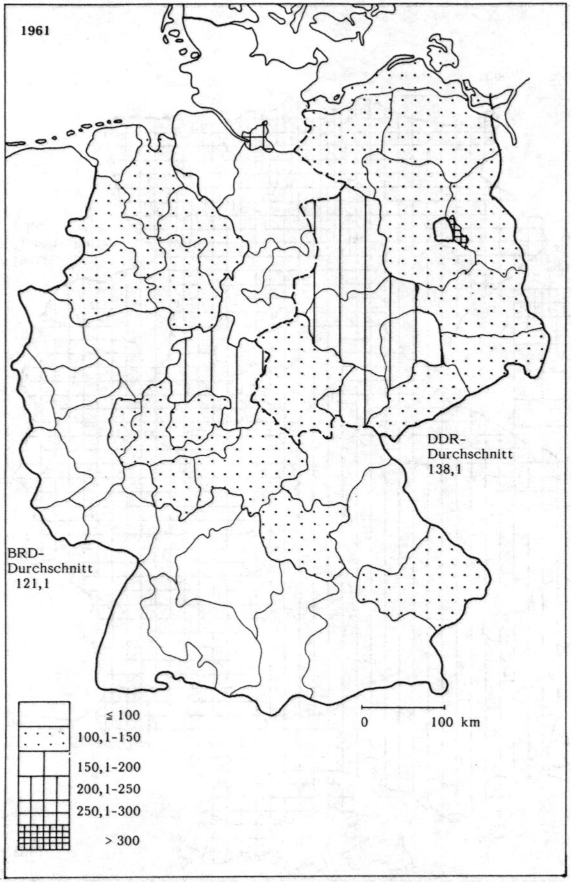

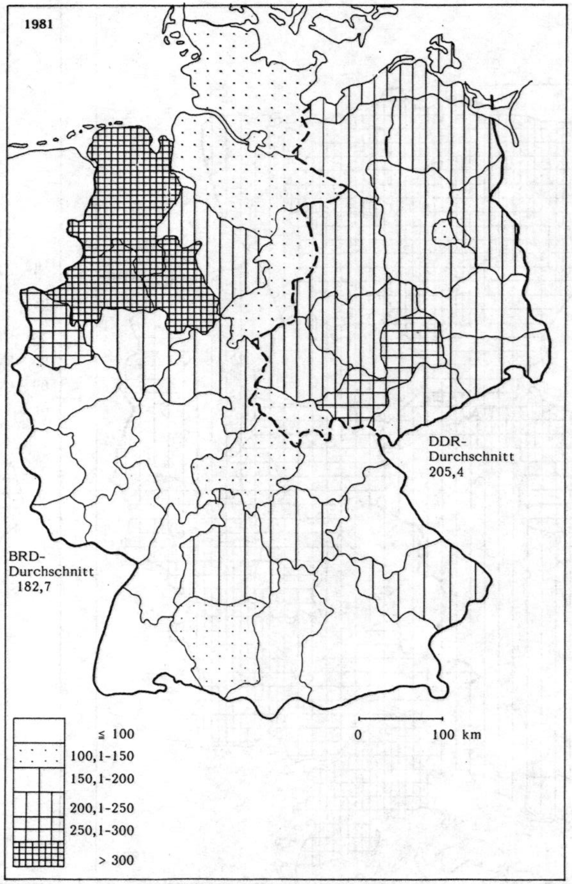

Quelle: nach „Viehwirtschaft 1961", S. 11; Stat. Jahrb. d. DDR 1962, S. 462. „Viehbestand und tierische Erzeugung 1981", S. 10; Stat. Jahrb. d. DDR 1982, S. 193

Dichte wesentlich von dem übrigen Gebiet der DDR. In beiden Staaten in Deutschland hat sich seit 1961 die Rinderdichte erhöht. Diese Entwicklung wirkte sich auf die Agrarräume aus. Die größten Veränderungen vollzogen sich im Agrarraum der Bundesrepublik Deutschland. Der Norden und der Süden, die natürlichen Grünlandstandorte (Fig. 106), erhielten besonders hohe Zuwächse. Auch in der DDR profitierte der Süden von der zunehmenden Verdichtung des Rinderbestandes.

Neben dem Rindviehbesatz hat sich auch in beiden Staaten in Deutschland der Schweinebestand und damit der Schweinebesatz verändert. 1961 (Fig. 11) war der Durchschnitt in der DDR höher als in der Bundesrepublik Deutschland. Als Schwerpunkte galten in der DDR die Bezirke Magdeburg, Halle, Leipzig, Gera. In der Bundesrepublik Deutschland war es der Regierungsbezirk Kassel. Bis 1981 stieg der Besatz in beiden Staaten beachtlich an. In der Bundesrepublik Deutschland kann man erkennen, daß sich besonders der Norden durch hohen Schweinebesatz in den Regierungsbezirken Weser-Ems, Münster und Detmold auszeichnet. Aber auch in Süddeutschland kann man eine Zunahme des Viehbesatzes besonders in den Regierungsbezirken Stuttgart, Mittelfranken und Niederbayern feststellen. Konzentrationsräume des Schweinebesatzes in der DDR sind nach wie vor die Bezirke Leipzig und Gera, obwohl der Südwesten und der Nordosten ebenfalls dichtere Bestände als noch um 1961 aufweisen.

Zu diesen Veränderungen der Besatzdichte und der räumlichen Verschiebungen kommen Veränderungen in der Größe der Nutzviehbestände. Das wird an den folgenden Darstellungen für die Bundesrepublik Deutschland deutlich (Fig. 12), in denen für 1965 und 1979 Angaben zur Milchkuhhaltung, zur Schweinehaltung und auch zur Legehennenhaltung gemacht werden. Angegeben ist die Zahl der Halter mit 100 Prozent, außerdem der prozentuale Anteil der Tiere in einigen Größenklassen. Zum Beispiel hatte 1965 der überwiegende Teil der Milchkuhhalter einen Bestand von 3 bis 19 Tieren. 1979 war der Anteil wesentlich geringer. Stattdessen gab es viel mehr Bestände mit 20 bis 44 Tieren. Eine Konzentration der Tierbestände und eine Verschiebung in die größeren Betriebsgrößenklassen ist unverkennbar.

Aber die regionalen Unterschiede sind beträchtlich. Beim Schweinebestand finden wir relativ große Bestände in Schleswig-Holstein und im Regierungsbezirk Münster (Fig. 13). Auch die Darstellung der Zahl der Milchkühe pro Halter (Fig. 14) weist Schleswig-Holstein als einen Raum mit großen Tierbeständen aus. Schließlich gibt es räumliche Konzentrationen in der Verteilung der Legehennen (Fig. 15). Der Regierungsbezirk Weser-Ems tritt dabei als Schwerpunktraum besonders hervor.

Auch in der DDR hat es in der Vergangenheit Verschiebungen der Bestandsgrößen in größere Einheiten gegeben. Dazu trugen unter anderem die Kombinate industrieller Mast (KIM) bei. Diese befinden sich in den meisten Fällen in der Nähe von Bezirks- bzw. Großstädten, also in unmittelbarer Nähe der großen Verbraucherzentren. Insbesondere trifft das für die transportempfindlichen und weniger lange haltbaren Produkte zu. 1982 gab es insgesamt 34 KIM. Ein Beispiel zur Verdeutlichung der Größenordnungen: Das KIM Königs Wusterhausen (südöstlich von Berlin) ist auf Frischeier- und Broilerproduktion spezialisiert. Es verfügte 1972 über 270 000 Plätze in der Aufzucht, 676 000 Plätze in

Figur 12: Anteil der Tiere in Bestandsgrößenklassen in der Bundesrepublik Deutschland (%)

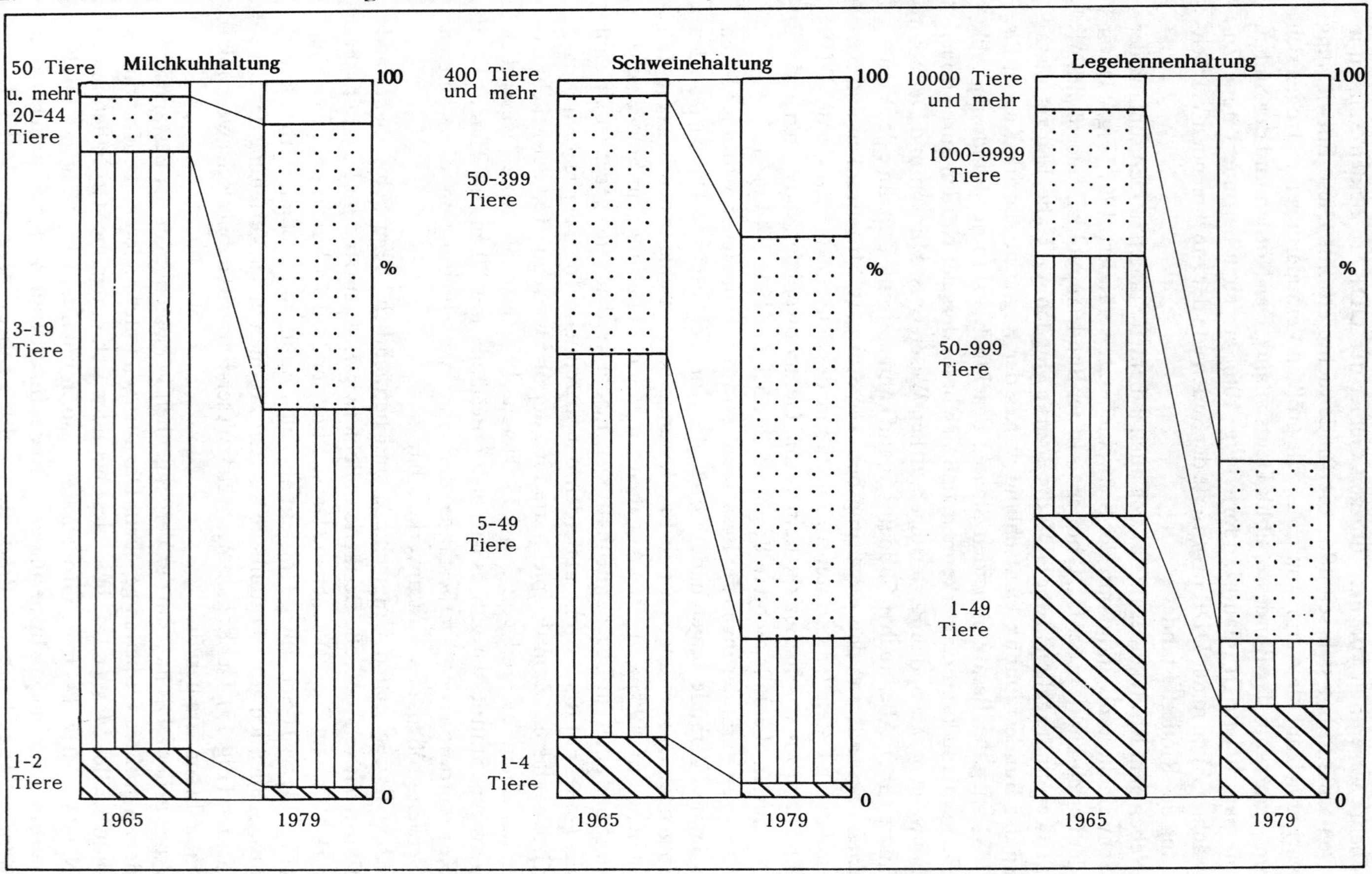

Quelle: nach Stat. Jahrbuch über Ernährung, Landwirtschaft und Forsten 1966, 1982, S. 150

Figur 13: Schweine pro Halter (1982)

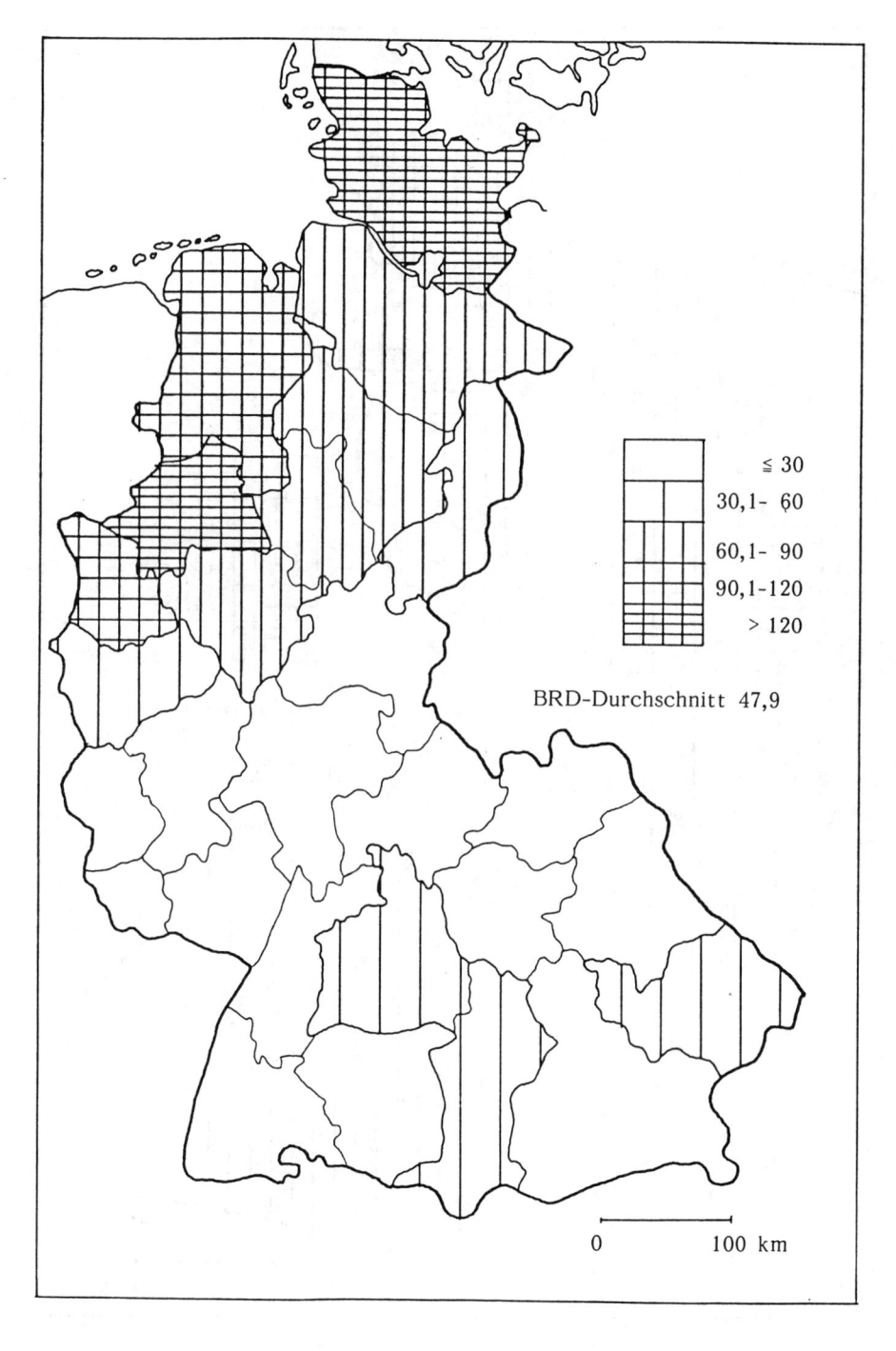

≤ 30
30,1 - 60
60,1 - 90
90,1 - 120
> 120

BRD-Durchschnitt 47,9

0   100 km

Quelle: nach „Viehbestand und tierische Erzeugung 1982", S. 9

Figur 14: Milchkühe pro Halter (1982)

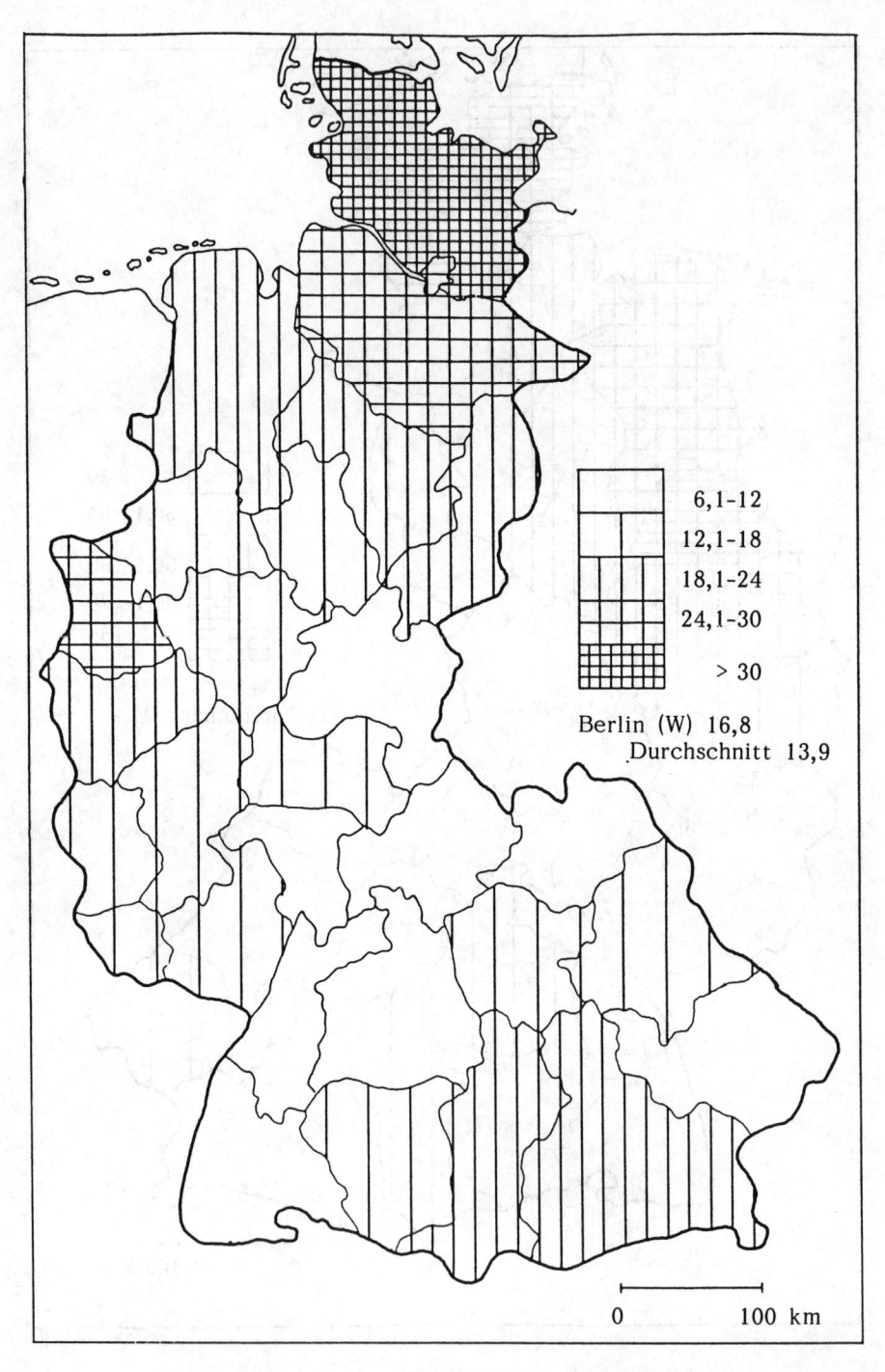

Legende	
	6,1-12
	12,1-18
	18,1-24
	24,1-30
	> 30

Berlin (W) 16,8
Durchschnitt 13,9

0   100 km

Quelle: nach „Viehbestand und tierische Erzeugung 1982", S. 32

Figur 15: Legehennen pro Halter (1982)

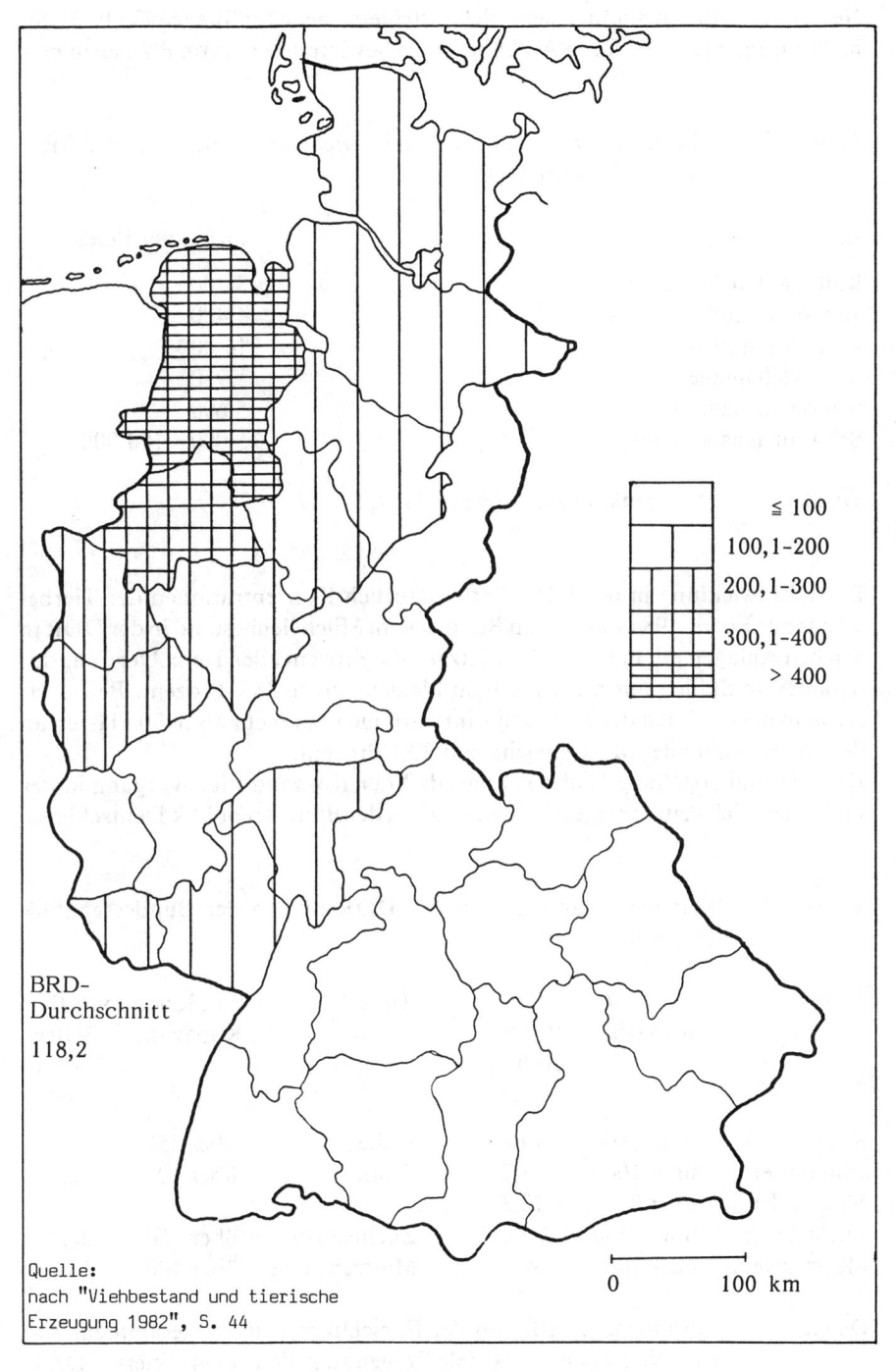

BRD-Durchschnitt 118,2

≦ 100
100,1-200
200,1-300
300,1-400
> 400

0   100 km

Quelle:
nach "Viehbestand und tierische Erzeugung 1982", S. 44

Quelle: nach „Viehbestand und tierische Erzeugung 1982", S. 44

der Legehennenhaltung sowie über 4000 Plätze in der Elterntierhaltung, 300 000 Brutplätze und 600 000 Mastplätze (KREUZ 1974, S. 512—514).
Neben den KIM entstanden sehr viele „kleinere" neue Stallungen (Tab. 2). Sie mußten, entsprechend ihren Aufgaben, eine bestimmte Zahl von Plätzen haben.

Tabelle 2: Mindestkonzentration bei industriemäßigen Anlagen der Viehwirtschaft in der DDR

Art der Anlage	Anzahl der Plätze
Kälberaufzuchtanlage	3 200
Jungrinderaufzuchtanlage	4 480
Rindermastanlage	16 000
Milchviehanlage	1 930
Schweinezuchtanlage	5 600
Schweinemastanlage	25 000—100 000

Quelle: Autorenkollektiv, Fragen 1974, S. 117

Diese Entwicklung in der DDR hatte natürlich Konzentrationen der Tierbestände zur Folge. 1984 waren zum Beispiel vom Milchviehbestand in der DDR in solchen Anlagen mit mehr als 800 Plätzen 14,8 Prozent aller Tiere. Der Jungrinderanteil in Ställen mit mehr als 1000 Plätzen betrug 38,7 Prozent. Bei Mastschweinen belief sich der Anteil in Einrichtungen mit mehr als 3000 Plätzen an der Gesamtzahl aller Mastschweine auf 30,5 Prozent.
Die Gegenüberstellung (Tab. 3) zeigt, daß der Konzentrationsvorgang in der DDR sehr viel weiter fortgeschritten ist als in der Bundesrepublik Deutschland.

Tabelle 3: Massentierhaltungen in der DDR und in der Bundesrepublik Deutschland (1979)

Tierart	DDR Kapazität	% der Bestände	Tierart	Bundesrepublik D. Kapazität	% der Bestände
Kühe	über 800	14,8	Kühe	über 50	5,9
Jungrinder	über 1000	38,7	Rinder	über 100	12,7
Mastrinder	über 2000	10,3			
Zuchtsauen	über 600	22,8	Zuchtsauen	über 50	26,3
Mastschweine	über 3000	30,5	Mastschweine	über 400	13,2

Quelle: Zusammengestellt von der Forschungsstelle für gesamtdeutsche wirtschaftliche und soziale Fragen zum 30. 1. 1984, zitiert in DAJ, Nr. 2 vom 15. 2. 1984, S. 17

Vergleicht man die regionalen Veränderungen im Viehbesatz mit den regionalen Veränderungen im Getreidebau, dann wird in der Bundesrepublik Deutschland besonders die räumliche Konzentration auf Nordwestdeutschland deutlich. Zwischen Viehwirtschaft und Getreideanbau besteht gerade hier ein enger Zusammenhang.

Der in der Fig. 7 erkennbare Rückgang der Geteideanbaufläche in der Bundesrepublik Deutschland und die Stagnation in der DDR zeigen wohl an, daß die Vergetreidung zunächst einmal stagniert bzw. abnimmt. Offensichtlich ist man hier in beiden Staaten an Grenzen gestoßen, die mit Fruchtfolgeproblemen unter anderem in Zusammenhang zu bringen sind. Für die Bundesrepublik Deutschland spielt besonders aber auch die Wettbewerbskraft gegenüber Getreidesubstituten auf dem EG- und Weltmarkt eine Rolle.

Nach diesem generellen Überblick über Veränderungen der Getreidefläche sind nun Differenzierungen vorzunehmen. Innerhalb des gesamten Getreideanbaus haben sich die vier Hauptgetreidearten (Weizen, Gerste, Roggen, Hafer) und Körnermais unterschiedlich entwickelt. Auf sie soll im einzelnen eingegangen werden.[7]

3.1 DIE GERSTENFLÄCHE

Wie Fig. 16 zeigt, betrug 1960 die Gerstenfläche in der Bundesrepublik Deutschland 979 853 ha. Sie ist 1983 bis auf 2 034 786 ha angestiegen, also verdoppelt worden. Auch in der DDR fand eine Verdoppelung der Anbaufläche statt, allerdings von einem viel geringeren Niveau (1960: 389 344 ha; 1982: 981 508 ha). Jedoch kann man in Fig. 17 erkennen, daß die prozentualen Anteile der Gerstenfläche an der Getreidefläche ähnlich hohe Werte aufweisen. Die Vergrößerung der prozentualen Anteile der Gerstenfläche an der Getreidefläche seit 1960 ist in den einzelnen Regierungsbezirken der Bundesrepublik Deutschland und den Bezirken der DDR in unterschiedlichem Maße verlaufen. 1960 gab es sowohl in der Bundesrepublik Deutschland als auch in der DDR Regierungsbezirke bzw. Bezirke, in denen der Anteil weniger als 10 Prozent betrug (Montabaur, Kassel, Münster, Osnabrück, Stade, Verwaltungsbezirk Oldenburg sowie Cottbus, Potsdam und Schwerin) (Fig. 18). Damals war innerhalb der DDR der Schwerpunktraum der Bezirk Erfurt mit 30,7 Prozent, in der Bundesrepublik Deutschland waren es die Bezirke Nordbaden (33,1 %), Mittelfranken (31,8%), Oberfranken (32,8 %) und Unterfranken (37,6 %).

---

7 Die in der Agrarstatistik (besonders der Bundesrepublik Deutschland) gebräuchliche Bezeichnung „Brotgetreide" für Weizen und Roggen und „Futtergetreide" für Gerste, Hafer und Körnermais wird in der vorliegenden Untersuchung nicht verwendet. Sie hat mehr traditionelle Gründe, denn heute werden Weizen und Roggen nicht mehr nur als Brotgetreide, sondern fast zur Hälfte auch als Futtergetreide verwendet (IMA 1984, S. 12).

Figur 16: Entwicklung der Gerstenfläche (Mio. ha)

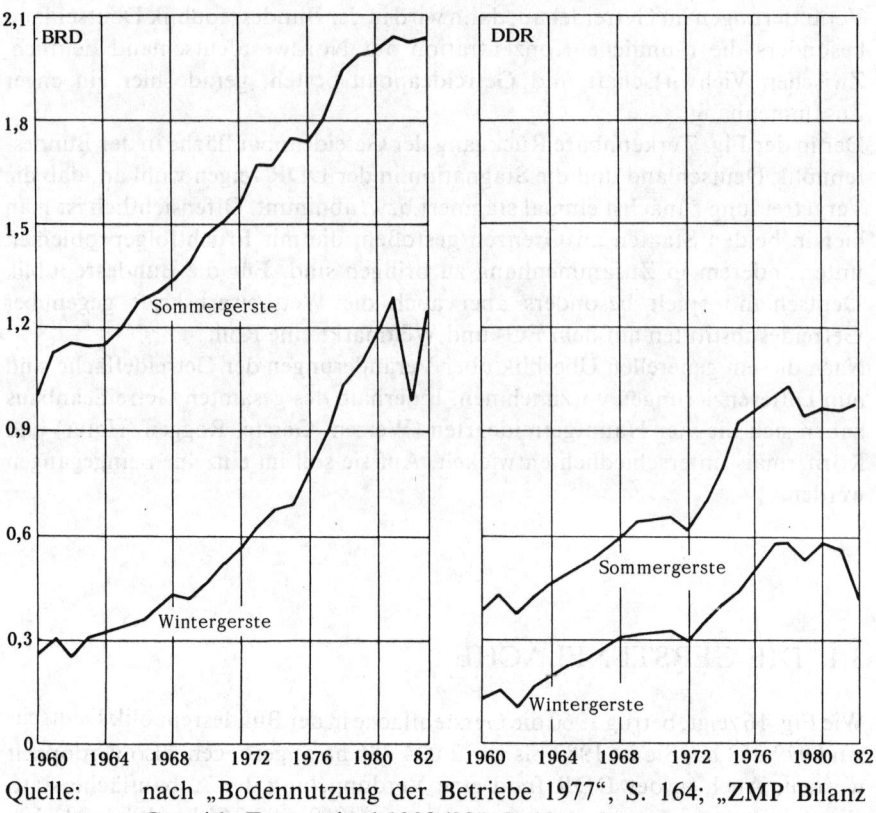

Quelle: nach „Bodennutzung der Betriebe 1977", S. 164; „ZMP Bilanz Getreide-Futtermittel 1982/83", S. 18 und
Stat. Jahrb. d. DDR 1976, S. 190—191; 1979, S. 173; 1983, S. 191

Figur 17: Anteil der Gerstenfläche an der Getreidefläche (%)

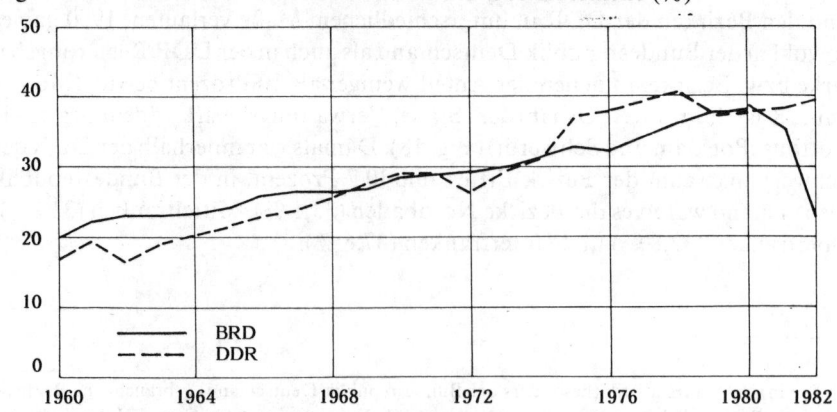

Quelle: nach „Bodennutzung der Betriebe 1977", S. 164; „ZMP Bilanz Getreide-Hackfrüchte 1982/83", S. 16—20 und
Stat. Jahrb. d. DDR 1974, S. 208—209; 1979, S. 173; 1983, S. 191

Figur 18: Anteil der Gerstenfläche an der Getreidefläche 1960 und 1979 (%)

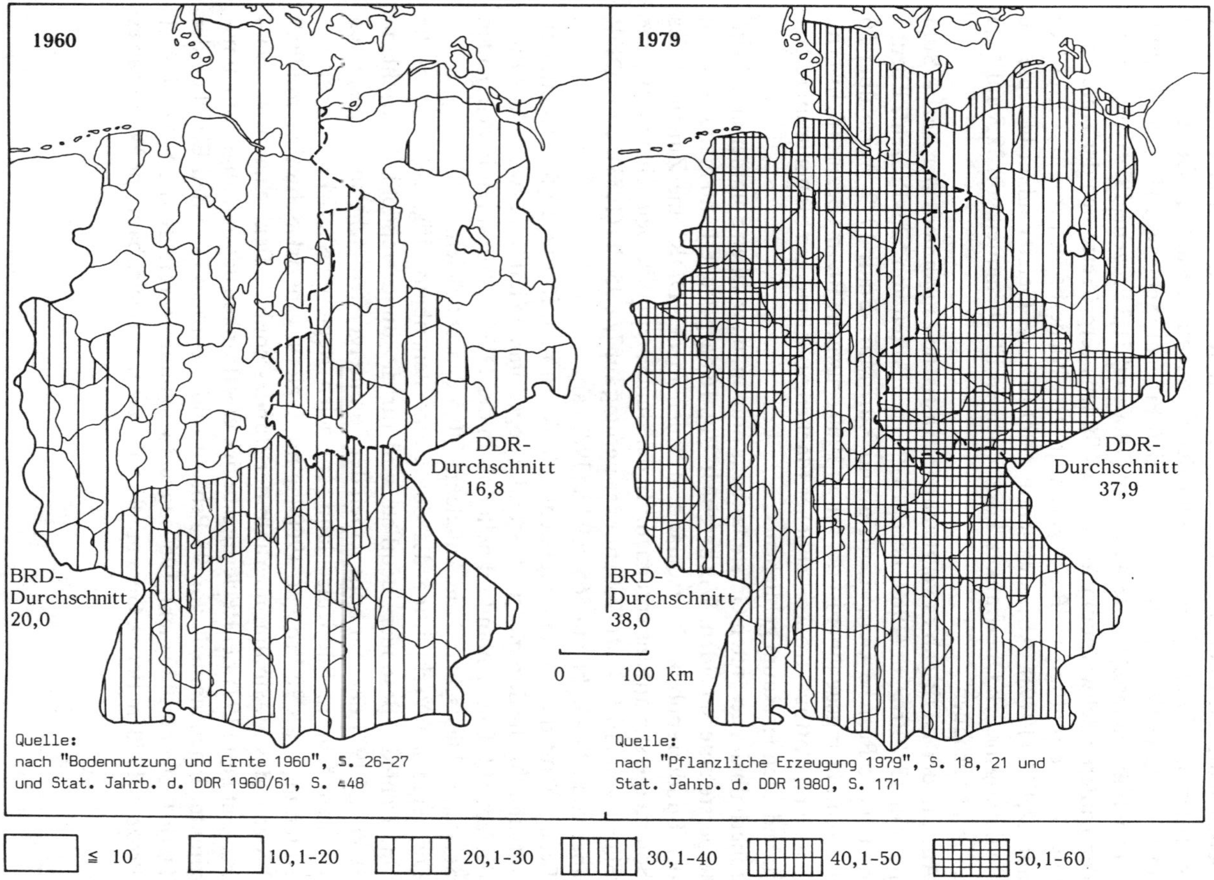

Quelle: nach „Bodennutzung und Ernte 1960", S. 26–27 und Stat. Jahrb. d. DDR 1960/61, S. 448.
„Pflanzliche Erzeugung 1979" S. 18, 21 und Stat. Jahrb. d. DDR 1980, S. 171

Regional große Unterschiede gab es somit generell in der Bundesrepublik Deutschland zwischen dem Norden und dem Süden, in der DDR zwischen dem Südwesten und Nordosten.

1979 sah die regionale Verteilung ganz anders aus. In der Bundesrepublik Deutschland hatte der Norden den Süden weit überholt. Der Regierungsbezirk Münster, der 1960 nur 9,7 Prozent der Gerstenfläche an der Getreidefläche aufwies, hatte 1979 einen Wert von 52,6 Prozent. Schleswig-Holstein konnte seinen Flächenanteil von 18,4 Prozent (1960) auf 31,3 Prozent (1979) steigern. In den früheren Schwerpunkträumen des Südens vergrößerte sich der Anteil nur zum Teil geringfügig (z. B. Regierungsbezirk Niederbayern von 21,5 % (1960) auf 22,4 % (1979)). Aber der schon 1960 für den Gerstenanbau bedeutende Regierungsbezirk Oberfranken konnte seinen Flächenanteil von 32,8 auf 51,6 Prozent ausbauen.

Auch in der DDR gab es vergleichbar drastische Zunahmen. Der Bezirk Suhl mit nur 13,7 Prozent (1960) hatte 1979 einen Anteil von 52,9 Prozent. Ebenso hatten die Bezirke Gera, Leipzig und Karl-Marx-Stadt 1979 Werte über 50 Prozent. Demgegenüber ist der schon 1960 schwache Raum (Bezirke Schwerin, Potsdam, Cottbus) trotz erheblicher Flächenausdehnungen bis heute ein relativ unbedeutender Raum geblieben.

Innerhalb des gesamten Gerstenanbaus muß man zwischen Sommer- und Wintergerste unterscheiden. Wie bereits in Fig. 16 dargestellt, kann man sowohl in der Bundesrepublik Deutschland als auch in der DDR eine Zunahme des Sommergerstenanbaus erkennen.[8] In der Bundesrepublik Deutschland stieg die Fläche von 716 604 ha (1960) nur geringfügig auf 774 950 ha (1983), in der DDR aber von 249 835 ha auf 565 269 ha (1982) an.

Bezogen auf die gesamte Gerstenfläche kann man in Fig. 19 feststellen, daß anteilmäßig die Sommergerste ständig abgenommen hat, und zwar in der Bundesrepublik Deutschland schneller als in der DDR. 1980 waren in den beiden Staaten in Deutschland die Anteile mit 40,5 Prozent gleich.

Die regionale Verbreitung des Sommergerstenanbaus (Fig. 20) zeigt große Unterschiede. Besonders deutlich wird für die Bundesrepublik Deutschland 1960 und 1971 der sehr hohe Anteil der Sommergerstenfläche an der gesamten Gerstenfläche in Süddeutschland. In vielen Regierungsbezirken betrug der Anteil mehr als 90 Prozent. 1960 lag im Regierungsbezirk Schwaben mit 99,9 Prozent das Maximum innerhalb der Bundesrepublik Deutschland. Mit 93,4 Prozent hatte 1971 der Regierungsbezirk Oberfranken das damalige Anbaumaximum. Flächenanteile von 95 Prozent und mehr gab es in den Bezirken der DDR 1960 und 1970 nicht. 1960 lag das Maximum dort im Bezirk Suhl mit 90,1 Prozent, 1970 im Bezirk Gera mit 81,5 Prozent. Vergleichbar hohe Werte gab es

---

[8] Während in den Statistiken für die Bundesrepublik Deutschland Angaben für 1960, 1971 und 1983 zur Verfügung stehen, wurde in den Statistischen Jahrbüchern der DDR letztmalig 1971 (für 1970) eine Aufschlüsselung der Gerstenflächen vorgenommen. Für die Entwicklung des Sommergerstenanbaus in der DDR nach 1970 liegen also keine Angaben vor. Gleiches trifft auch für die später zu behandelnde Sommerweizenfläche zu.

Figur 19: Anteil der Sommergerstenfläche an der gesamten Gerstenfläche (%)

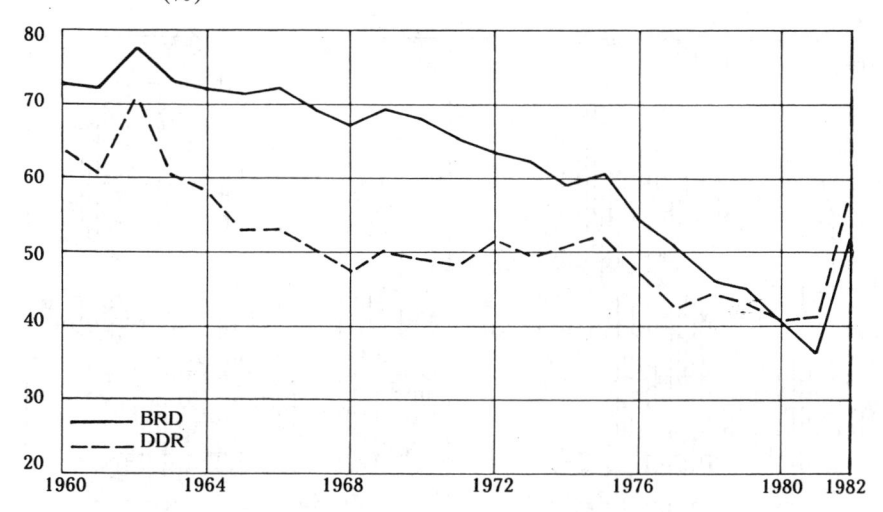

Quelle: nach Stat. Jahrb. d. BRD 1962, S. 183; 1965, S. 188; 1968, S. 154; 1971, S. 150; 1974, S. 170; 1977, S. 142; 1980, S. 142; 1983, S. 148 und Stat. Jahrb. d. DDR 1975, S. 190—191; 1983, S. 190—191

bis auf den Regierungsbezirk Stade mit 80,2 Prozent (1971) in Nordwestdeutschland nicht. Häufiger dagegen waren Regierungsbezirke vertreten mit Anteilen unter 20 Prozent. Die Angaben von 1983 für die Bundesrepublik Deutschland zeigen, daß der Gegensatz zwischen dem Norden und dem Süden erhalten geblieben ist, die Anteile generell jedoch abgenommen haben.

Die Ausdehnung des Gerstenanbaus in den beiden Staaten in Deutschland ist nach dem Vorausgegangenen in erster Linie durch Ausdehnung der Wintergerstenfläche erfolgt. Diese Notwendigkeit ergab sich zwangsläufig aus dem zunehmenden Viehbestand und dem ständig steigenden Bedarf an Futtergetreide. Mit zunehmender Konzentration der Tierhaltung in der Bundesrepublik Deutschland in Nordwestdeutschland hat sich besonders dort der Wintergerstenanbau ausgedehnt.

Hinzu kommt, daß aufgrund neuer Züchtungen relativ stabile Erträge erzielt werden, die es ermöglichen, eine stabile Futtergrundlage für den hohen Viehbestand zu liefern. Doch die Ausdehnung der Anbauflächen erfolgte nicht in dem Maße wie es aus futterwirtschaftlichen Gründen notwendig gewesen wäre, um die Selbstversorgung sicher zu stellen. Aus eigenem Aufkommen konnte weder in der Bundesrepublik Deutschland noch in der DDR der Bedarf gedeckt werden. Die Importe spielten eine große Rolle (Fig. 21 und Fig. 22).

Die Gerstenimporte in der Bundesrepublik Deutschland hatten im Wirtschaftsjahr 1976/77 ihr Maximum mit rund 2 Millionen Tonnen. Abgesehen von dieser Importspitze (bedingt durch den trockenen Sommer) nimmt bis in die Gegen-

Figur 20: Anteil der Sommergerstenfläche an der gesamten Gerstenfläche 1960, 1971, 1983 (%)

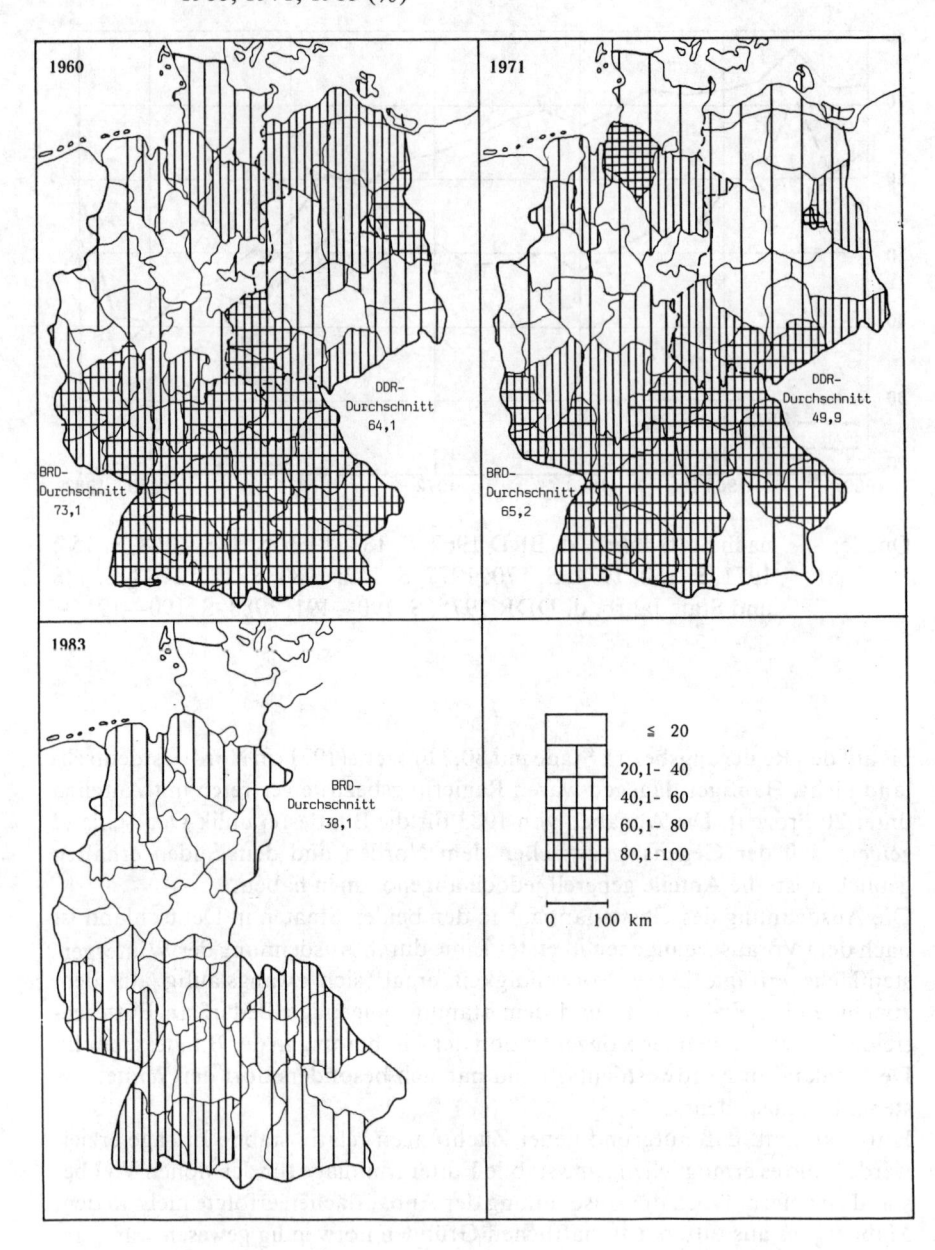

Quelle: nach „Bodennutzung und Ernte 1960", S. 26 und Stat. Jahrb. d. DDR 1960/61, S. 448. „Bodennutzung und Ernte 1971", S. 19 und Stat. Jahrb. d. DDR 1971, S. 207. „Bodennutzung und pflanzliche Erzeugung 1983", S. 19

Figur 21: Getreideimporte (ohne Mais) der Bundesrepublik Deutschland (Mio. t)

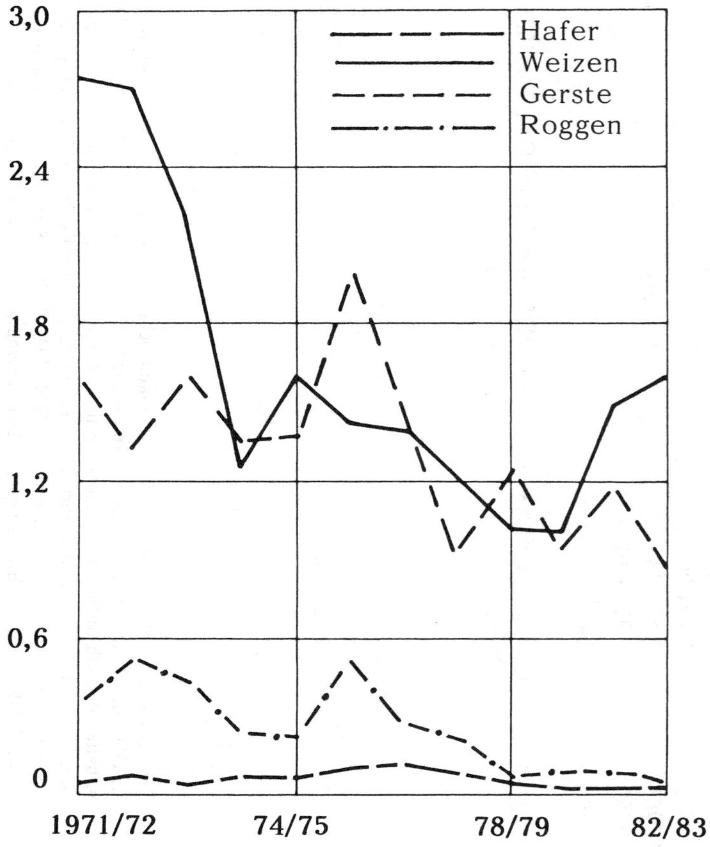

Figur 22: Getreideimporte (außer Hafer und Mais) der DDR (Mio. t)

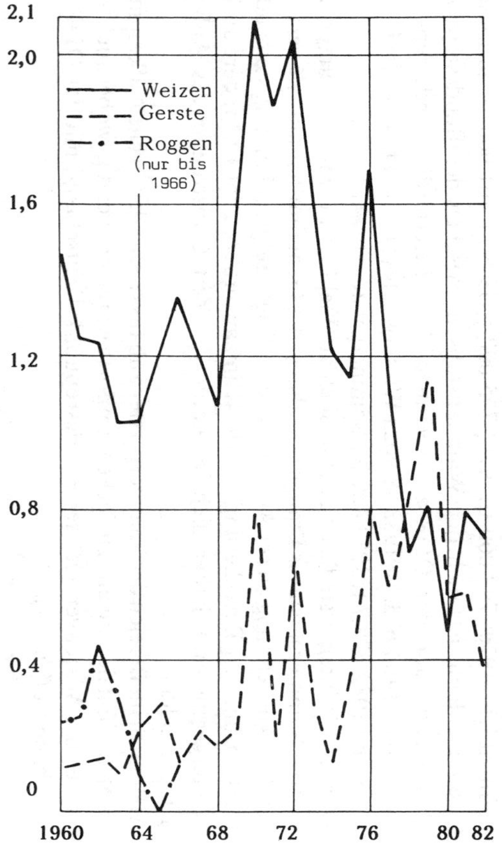

Quelle: nach „ZMP Bilanz Getreide-Futtermittel 1975/76", S. 42; 1978/79, S. 39; 1982/83, S. 62

Quelle: nach Stat. Jahrb. d. DDR 1965, S. 399; 1970, S. 317; 1976, S. 285; 1982, S. 234; 1983, S. 240 und Stat. Jahrb. d. BRD, mehrere Jge.

45

wart hinein der Import langsam ab. Auch in der DDR erreichten die Gerstenimporte 1982 einen sehr geringen Umfang. Doch zwischenzeitlich waren sie beträchtlich (1970: 799 000 t, 1976: 795 000 t, 1979: 1 161 000 t). In diesem Zusammenhang ist auch der Warenaustausch zwischen der Bundesrepublik Deutschland und der DDR zu erwähnen. 1982 lieferte die Bundesrepublik Deutschland 104 673,5 t, 1983 58 902 t Wintergerste (ohne Saatgut) in die DDR. Sie bezog 1982 628,7 t, 1983 420,3 t Sommergerste (zur Aussaat).[9]

Während Wintergerste fast ausschließlich als Viehfutter dient, wird ein großer Teil der Sommergerste als Braugerste, also in der Genußmittelindustrie verwendet. Die Ausdehnung dieser Anbauflächen erfolgte aufgrund ständig steigenden Bierkonsums der Bevölkerung. Da die Klimaansprüche zum Teil andere als bei Wintergerste sind, haben sich im Laufe der Zeit Gunsträume des Anbaus herausgebildet.

Aber auch im Bereich des Sommergerstenanbaus reichte das eigene Aufkommen nicht aus, um den Bedarf zu decken. Importe waren notwendig, wobei auch hier wieder der Warenverkehr der Bundesrepublik Deutschland mit der DDR zu erwähnen ist (Tab. 4).

Tabelle 4: Bezüge von Braugerste (ohne Saatgut) der Bundesrepublik Deutschland aus der DDR

Jahr	Menge (100 kg)
1979	1 790 867
1980	1 494 290
1981	1 536 488
1982	1 371 040
1983	1 528 425

Quelle: nach „Warenverkehr mit der DDR und Berlin (O)", Jge. 1979—1983, S. 50

---

[9] Die DDR wird in der Bundesrepublik Deutschland nicht als Ausland betrachtet. Dagegen ist für die DDR die Bundesrepublik Deutschland Ausland. Ex- und Importangaben über die DDR enthalten deshalb auch bezogene bzw. gelieferte Produkte aus bzw. in die Bundesrepublik Deutschland. In den Ex- und Importstatistiken der Bundesrepublik Deutschland dagegen ist der Warenverkehr mit der DDR nicht enthalten (THALHEIM 1978, S. 96). Über den Warenverkehr mit der DDR erstellt die Bundesrepublik Deutschland seit 1979 spezielle Statistiken.

3.2 DIE WEIZENFLÄCHE

Seit jeher hat der Weizenanbau in der Bundesrepublik Deutschland große Bedeutung. Seine Fläche belief sich 1960 auf 1 395 730 ha und vergrößerte sich, bis auf geringfügige Schwankungen, bis 1980 ständig (Fig. 23). Allerdings erfolgte die Flächenausdehnung seit 1972 nicht mehr so rapide wie gerade in der Zeit von 1966 bis 1972. Der Flächenrückgang seit 1980 ist ebenfalls unverkennbar. 1982 wurde in der Bundesrepublik Deutschland auf 1 577 744 ha Weizen angebaut.[10]

Bis heute ist die Weizenfläche in der DDR wesentlich kleiner als in der Bundesrepublik Deutschland. Sie betrug 1960 nur 417 957 ha (= zirka ein Drittel der Anbaufläche in der Bundesrepublik Deutschland). Auch hier läßt sich zunächst eine ständige Vergrößerung erkennen. Die starke Ausdehnung der Fläche erfolgte bis 1974 bzw. 1976. Mit 761 743 ha war es das Maximum der Weizenanbaufläche. Seit dieser Zeit ist der Flächenrückgang unübersehbar. 1982 belief sich die Erntefläche auf nurmehr 590 898 ha.

Ein ganz anderes Bild ergibt sich, wenn der Weizenflächenanteil auf die gesamte Getreidefläche bezogen wird (Fig. 24). Dann erkennt man die relativ geringfügige Zunahme in der Bundesrepublik Deutschland. In der DDR aber läßt sich die gewaltige Expansion der Weizenanbaufläche für die Zeit von 1961 bis 1972 erkennen. Der Anteil stieg von 16,9 (1961) auf 29,6 Prozent (1972), 1976 erreichte er sogar 30,0 Prozent. Seit 1976 entwickeln sich die Anteile der Weizenfläche an der Getreidefläche in den beiden Staaten in Deutschland wieder auseinander. Der Anteil der Weizenfläche an der Getreidefläche zeigt für 1960 in den Regierungsbezirken und Bezirken sehr große Unterschiede (Fig. 25). Für die Regierungsbezirke der Bundesrepublik Deutschland ist festzustellen, daß der Schwerpunkt (bis auf den Regierungsbezirk Aachen und den Verwaltungsbezirk Braunschweig) im Süden lag. Flächenanteile zwischen 40,1 und 48 Prozent hatten neben den oben genannten Verwaltungsgebieten die Regierungsbezirke Rheinhessen, Nordbaden, Südbaden, Nordwürttemberg, Südwürttemberg-Hohenzollern, Schwaben und Niederbayern.

In der DDR gab es zu dieser Zeit keinen Bezirk mit ähnlich hohen Anteilen. Mit 33 Prozent war es damals der Bezirk Erfurt, der den größten Weizenflächenanteil an der Getreidefläche ausmachte. Die geringsten Prozentwerte in der DDR lagen mit 5,5 Prozent im Bezirk Cottbus, 6,4 Prozent im Bezirk Potsdam und 7,4 Prozent im Bezirk Schwerin. In der Bundesrepublik Deutschland hatten vergleichbar geringe Anteile der Regierungsbezirk Osnabrück (4,4 %) und der Verwaltungsbezirk Oldenburg (5,9 %).

1979 hatte sich allerdings das regionale Bild vollständig gewandelt. Ohne Ausnahme war in allen Bezirken der DDR eine zum Teil drastische Zunahme

---

10 In der Statistik ist auch Spelz miterfaßt. Spelz ist eine Weizenform, bei der im Unterschied zum gewöhnlichen Weizen die Spelzen fest mit dem Korn verwachsen, ohne Spindelachse sind. Der Spelz wird als anspruchsloser und winterharter Weizen noch in rauhen Gebirgslagen angebaut (zum Beispiel Südwestdeutschland). Er wird hier bevorzugt für die Gewinnung von Mehl zur Bereitung der „Spätzle" verwendet.

Figur 23: Entwicklung der Weizenfläche (Mio. ha)

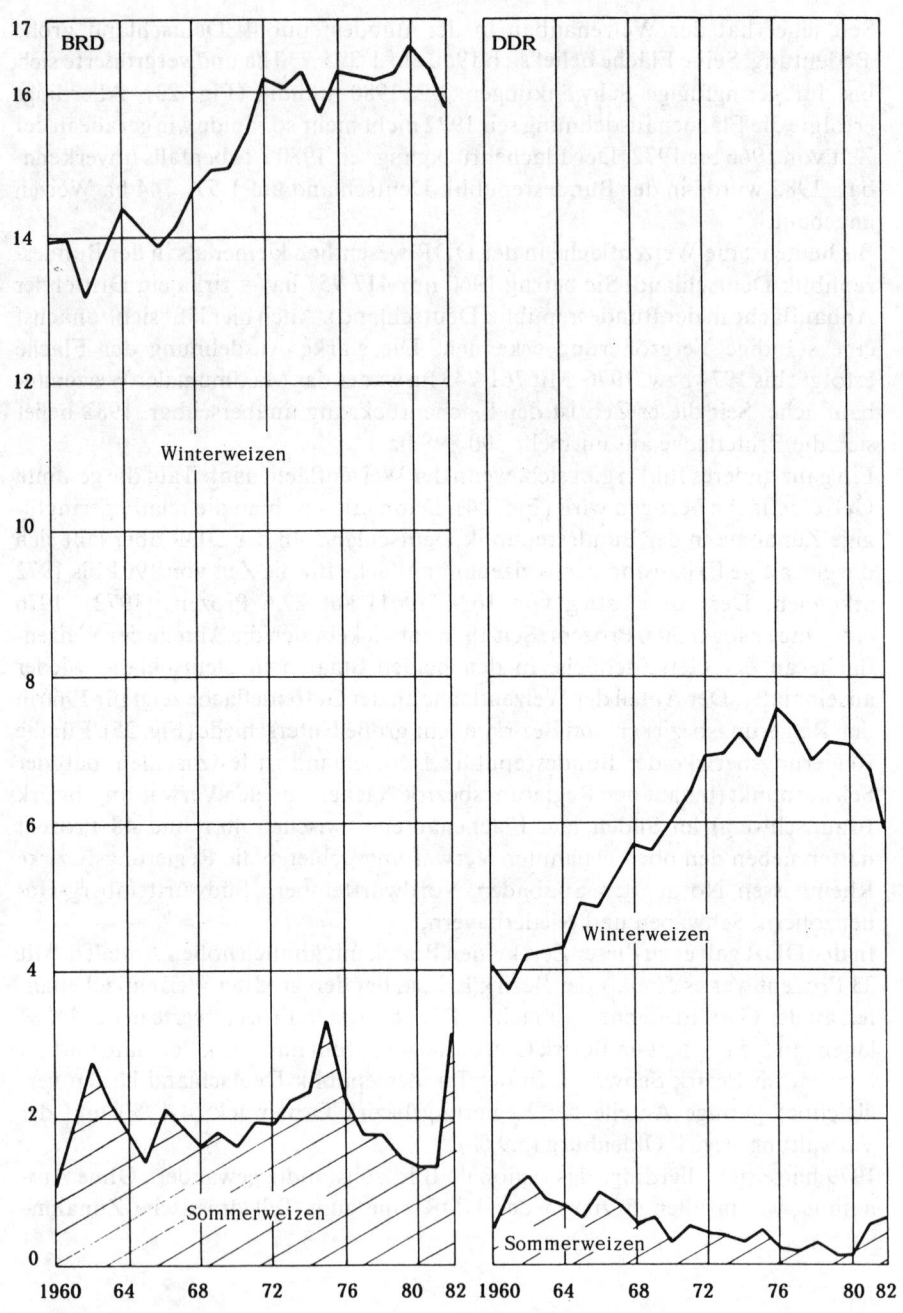

Quelle: nach „Bodennutzung der Betriebe 1977", S. 164; „ZMP Bilanz Getreide-Futtermittel 1982/83, S. 16 und
nach Stat. Jahrb. d. DDR 1974, S. 208—209; 1979, S. 173; 1983, S. 191

Figur 24: Anteil der Weizenfläche an der Getreidefläche (%)

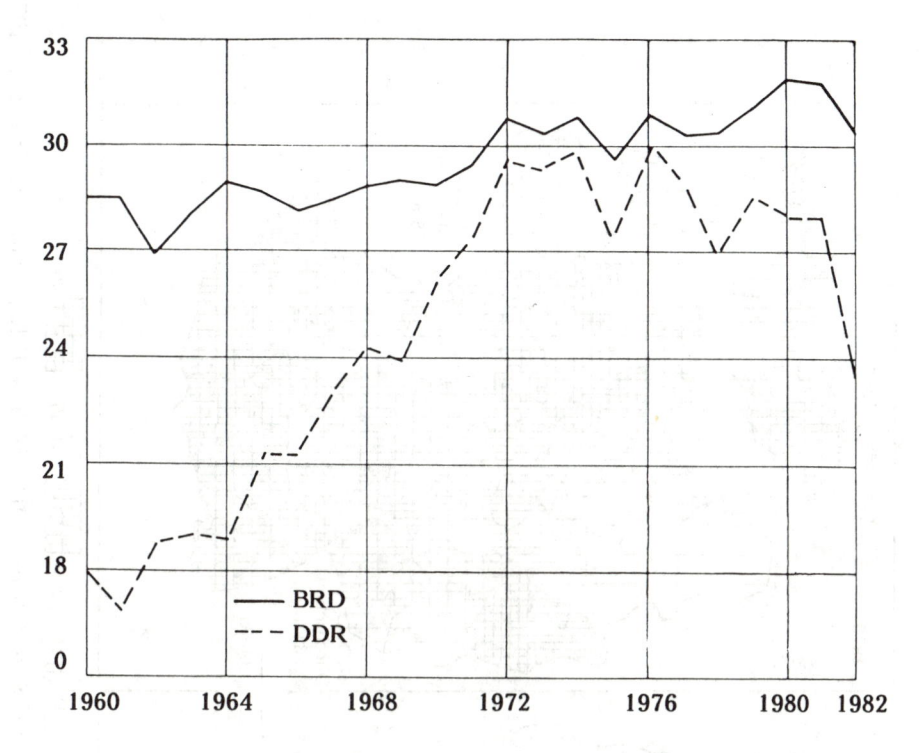

Quelle: nach „Bodennutzung der Betriebe 1977", S. 164; „ZMP Bilanz Getreide-Hackfrüchte 1982", S. 16—20 und
nach Stat. Jahrb. d. DDR 1974, S. 208—209; 1979, S. 173; 1983, S. 191

erfolgt, dagegen gab es in einigen Regierungsbezirken im Süden der Bundesrepublik Deutschland Abnahmen. So verringerte sich zum Beispiel im Regierungsbezirk Schwaben der Anteil von 45,1 (1960) auf 41,3 Prozent (1979).
Innerhalb der Weizenfläche muß zwischen Sommer- und Winterweizen unterschieden werden. Der Sommerweizenanbau war flächenmäßig immer relativ gering und schwankte zudem noch stark (Fig. 23). Drei Maxima der Flächenausdehnung lassen sich in der Bundesrepublik Deutschland erkennen (1961: 295 442 ha, 1975: 332 125 ha; 1982: 340 285 ha). Doch in den meisten Jahren lagen die Anbauflächen weit darunter (1965: 141 627 ha, 1980: 135 711 ha). Die Anbaufläche in der DDR war insgesamt noch wesentlich geinger (1962: 118 015 ha, 1980: 121 777 ha). Erst in allerjüngster Zeit macht sich hier, wie in der Bundesrepublik Deutschland, wieder eine Zunahme bemerkbar.

Figur 25: Anteil der Weizenfläche an der Getreidefläche 1960 und 1979 (%)

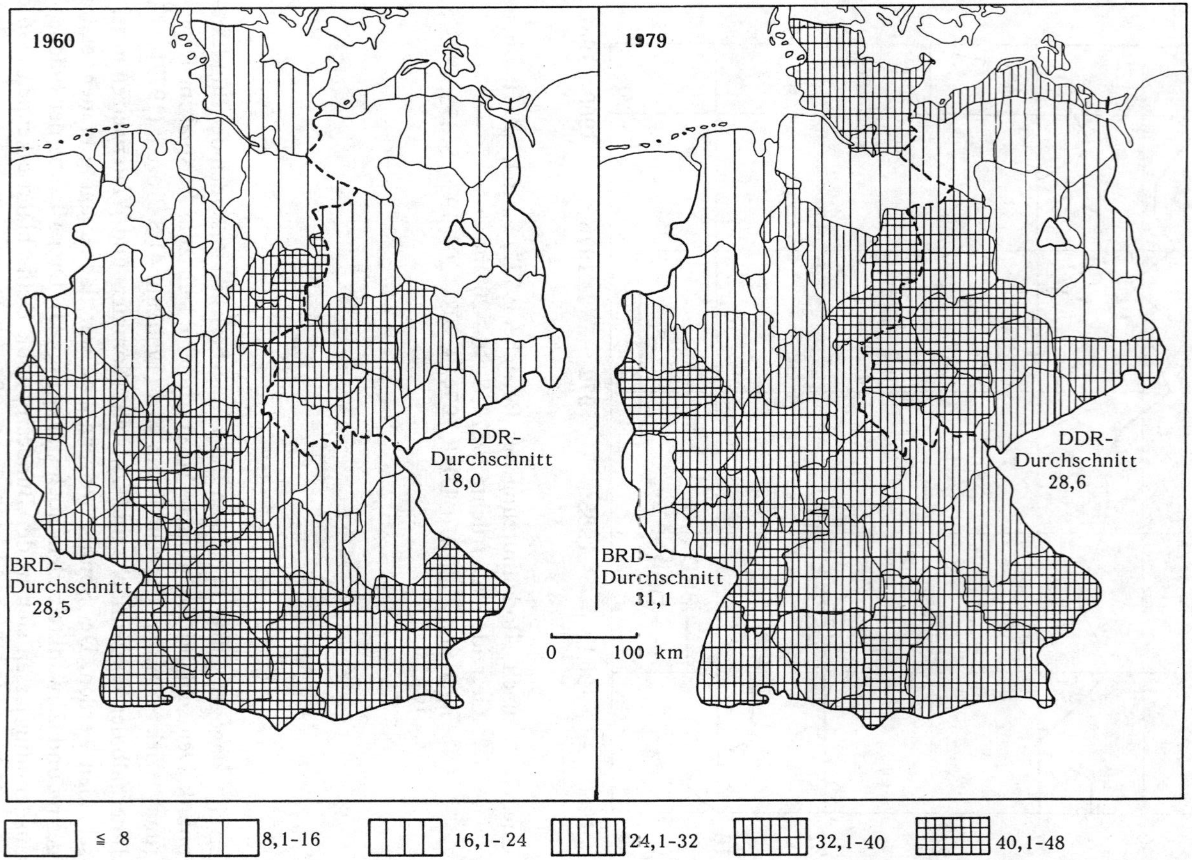

Quelle: nach „Bodennutzung und Ernte 1960", S. 25, 27 und Stat. Jahrb. d. DDR 1980, S. 171. „Pflanzliche Erzeugung 1979", S. 18–19 und Stat. Jahrb. d. DDR 1980, S. 171

Figur 26: Anteil der Sommerweizenfläche an der gesamten Weizenfläche (%)

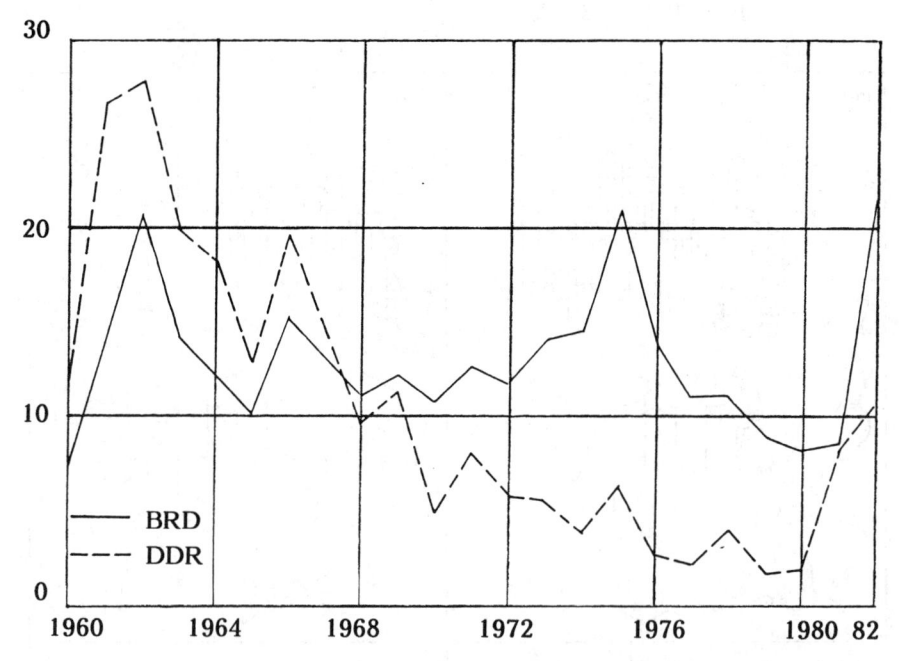

Quelle: nach „ZMP Bilanz Getreide-Futtermittel 1982/83", S. 16; „Bodennutzung der Betriebe 1977", S. 164; Stat. Jahrb. d. BRD 1964, S. 187; 1967, S. 172; 1970, S. 146; 1973, S. 172; Stat. Jahrb. d. DDR 1974, S. 208—209; 1977, S. 189; 1983, S. 190—191

Die sehr starken Schwankungen in der Größe der Anbauflächen schlagen sich auch auf die prozentualen Werte nieder (Fig. 26). Die Anteile der Sommerweizenfläche an der gesamten Weizenfläche schwankten deshalb sehr stark, zwischen 27,9 Prozent (1962) und 1,6 Prozent (1979) in der DDR sowie zwischen 21,6 Prozent (1982) und 7,2 Prozent (1960) in der Bundesrepublik Deutschland. Zu diesen Schwankungen kommt eine regionale Konzentration (Fig. 27). 1960 war in den beiden Staaten in Deutschland der Norden bevorzugt. Der Regierungsbezirk Lüneburg sowie die Bezirke Schwerin und Potsdam hatten mit 40,1 bis 50 Prozent die größten Anteile in den beiden Staaten in Deutschland. Zwar fehlt in der DDR eine vergleichbare Darstellung, aber für die Bundesrepublik Deutschland zeigt sich, daß der Norden seine Bedeutung für den Sommerweizenanbau vollständig verloren hat. Hatte Schleswig-Holstein 1960 noch einen Anteil von 15,9 Prozent, so war es 1983 nur noch ein solcher von 1,2 Prozent. Dagegen haben sich in einigen südlichen Regierungsbezirken die Anteile zum Teil beträchtlich erhöht (der Regierungsbezirk Schwaben erhöhte seinen Anteil von 3,4 auf 17,3 %, der Regierungsbezirk Oberbayern von 2,7 auf 10,6 %). Die Gründe für die Entwicklung der Weizenfläche sind vielfältig. Zunächst muß

Figur 27: Anteil der Sommerweizenfläche an der gesamten Weizenfläche 1960, 1971, 1983 (%)

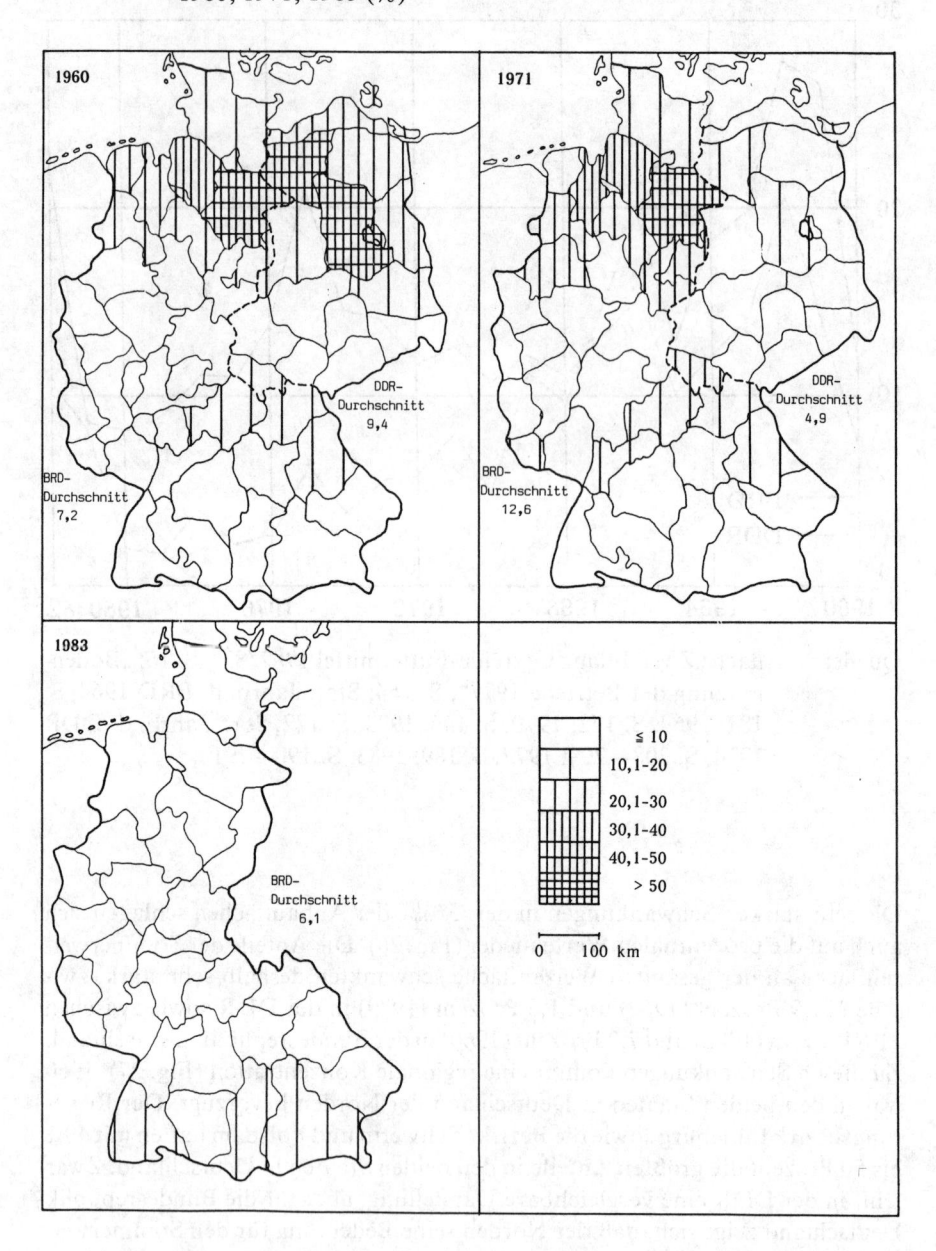

Quelle: nach „Bodennutzung und Ernte 1960", S. 25 und Stat. Jahrb. d. DDR 1960/61, S. 455; „Bodennutzung und Ernte 1971", S. 17 und Stat. Jahrb. d. DDR 1971, S. 206—207; „Bodennutzung und pflanzliche Erzeugung 1983", S. 17

dafür die ständig steigende Nachfrage des Nahrungsmittelsektors genannt werden. Der Pro-Kopf-Verbrauch in den beiden Staaten stieg an (Tab. 5) und stimulierte die Flächenausdehnung.

Tabelle 5: Pro-Kopf-Verbrauch von Weizenmehl (kg/Jahr)

Jahr[11]	BRD	DDR
1970	46,5	51,8
1975	47,7	54,0
1980	49,2	57,2
1982	50,8	58,9

Quelle: Stat. Jahrb. d. DDR 1972, S. 353; 1983, S. 278 und Stat. Jahrb. üb. ELuF d. BRD 1981, S. 155, Stat. Jahrb. d. BRD 1983, S. 462

Die Nachfrage nach Weizen und damit die Motivation zur Ausdehnung der Anbaufläche ergab sich jedoch nicht nur durch zunehmenden Verbrauch in Form von Weizenmehl. Heute spielt Weizen mehr und mehr auch als Futtergetreide eine Rolle. Während 1960/61 nur 188 600 t Weizen in der Bundesrepublik Deutschland im Mischfutter eingesetzt wurden, waren es 1981/82 schon 1 052 000 t (FACHVERBAND DER FUTTERMITTELINDUSTRIE o. J, Tab. 18). Aus eigenem Aufkommen konnte der Bedarf an Weizen nicht gedeckt werden, so daß Importe notwendig wurden, die teilweise beträchtliche Werte annahmen (Fig. 21 und Fig. 22).[12]

Bereits bei Gerste wurde festgestellt, daß sich die Ausdehnung der Anbaufläche in erster Linie durch Ausdehnung des Wintergetreides ergab. Eine vergleichbare Entwicklung zeigt sich auch beim Weizenanbau. Auch hier ist es der Winterweizen, der sich bis Mitte der siebziger Jahre stark ausgedehnt hat. Durch höhere Ertragsleistung ist er seit jeher dem Sommerweizen überlegen (Fig. 44) und deshalb auch ständig ausgedehnt worden.

---

11 Für die Bundesrepublik Deutschland liegen nur Zahlen für die einzelnen Wirtschaftsjahre vor, zum Beispiel bezieht sich die Angabe der DDR auf 1970, die Angabe der Bundesrepublik Deutschland auf das Wirtschaftsjahr 1970/71.

12 Für die Bundesrepublik Deutschland waren die Hauptlieferländer Frankreich, USA und Kanada. Auch die Niederlande und Großbritannien waren zeitweise bedeutende Weizenlieferanten („ZMP Bilanz Getreide-Futtermittel 1982/83", S. 62). Hinzu kommt noch der Sommerweizen, der im Rahmen des Warenverkehrs mit der DDR von dort bezogen wurde. 1979 waren das 55 231 Tonnen, 1983 aber 95 356,4 Tonnen („Warenverkehr . . . 1979", 1983, S. 50), wobei Saatgut nicht eingeschlossen war. In den Importen der DDR sind 1982 125 554,2 Tonnen, 1983 62 911,8 Tonnen Winterweizen und Spelz (ohne Saatgut) aus der Bundesrepublik enthalten („Warenverkehr . . . 1983", S. 50).

3.3. DIE HAFERFLÄCHE

Wie die Gersten- und Weizenfläche war auch die Haferfläche in der Bundesrepublik Deutschland wesentlich größer als in der DDR (Fig. 28). 1960 betrug die Anbaufläche von Hafer in der Bundesrepublik Deutschland mit 747 577 ha das Doppelte der Anbaufläche in der DDR (358 556 ha). In der Bundesrepublik Deutschland lag das Maximum der Anbaufläche 1975 mit 920 150 ha. In der DDR kann man bis 1979 eine mehr oder weniger langsam verlaufende Einschränkung der Anbaufläche feststellen. Sie betrug 1979 nur 136 109 ha. Seit dieser Zeit nimmt die Fläche wieder zu. Sie hatte 1982 immerhin mehr als 200 000 ha.

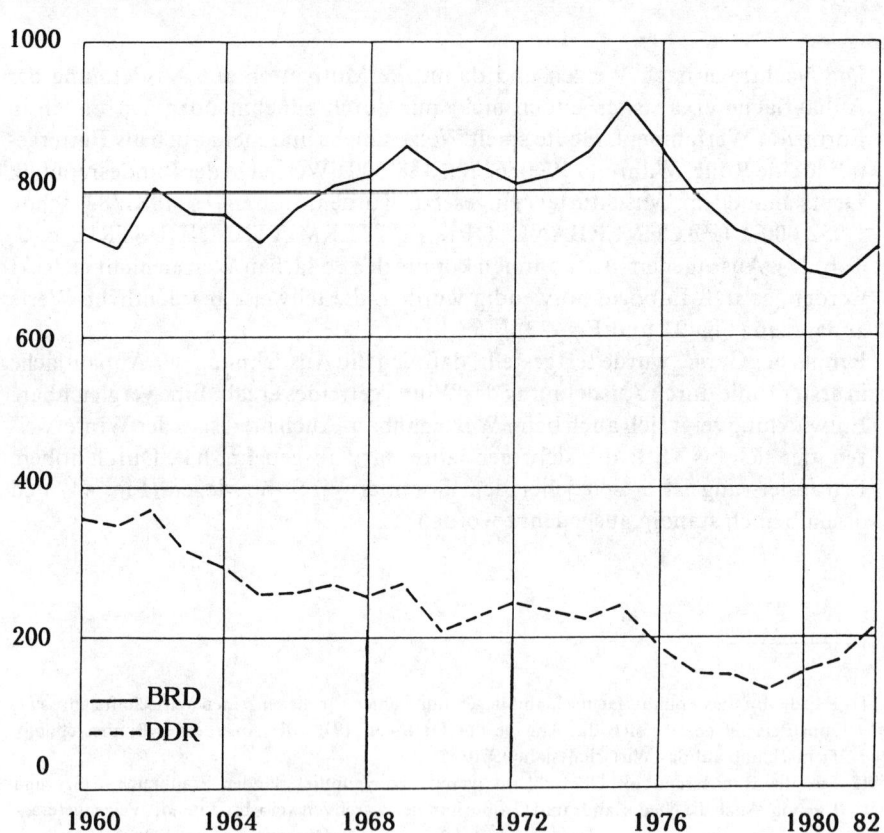

Figur 28: Entwicklung der Haferfläche (Mio. ha)

Quelle: nach „Bodennutzung der Betriebe 1977", S. 164; „ZMP Bilanz Getreide-Futtermittel 1982/83", S. 19 und Stat. Jahrb. d. DDR 1974, S. 208—209; 1979, S. 173; 1983, S. 191

Bezogen auf die gesamte Getreidefläche ergibt sich ein anderer Verlauf (Fig. 29). 1962 lag in den beiden Staaten in Deutschland der Anteil bei 16,4 bzw. 16,6 Prozent. Seit dieser Zeit allerdings nahmen die Anteile unterschiedliche Entwicklungen. Für die Bundesrepublik Deutschland kann man bis 1975 einen mehr oder weniger konstanten Anteil von etwa 16 Prozent erkennen, während er erst seit dieser Zeit stark abfällt. In der DDR dagegen gab es einen kontinuierlichen Rückgang bis 1979. Mit 5,5 Prozent an der gesamten Getreidefläche hatte damals Hafer kaum noch Bedeutung. Seit etwa 1980 ist ein Aufwärtstrend unverkennbar.

Die regionalen Unterschiedlichkeiten kann man aus Fig. 30 ablesen. Trotz fast gleicher Flächenanteile von 15,3 bzw. 15,5 Prozent gab es 1960 Gunst- und Ungunsträume für den Haferanbau. Zu den Gunsträumen zählten in der Bundesrepublik Deutschland die Regierungsbezirke Aurich (30,4 %), Montabaur (31,8 %) und Trier (31,6 %). Mit 29,3 Prozent hatte in der DDR der Bezirk Karl-Marx-Stadt einen vergleichbar hohen Anteil. Auch die Regierungsbezirke Wiesbaden und Koblenz sowie das Saarland wiesen Werte auf, die über 24 Prozent lagen. Die Konzentration auf den deutschen Mittelgebirgsstreifen ist unverkennbar.

Obwohl sich in der Bundesrepublik Deutschland der Durchschnittswert nur relativ geringfügig verändert hatte (von 15,3 % 1960 auf 13,9 % 1979) waren die regionalen Verschiebungen doch beträchtlich. Im Regierungsbezirk Trier zum Beispiel ging der Anteil von 31,6 Prozent (1960) auf 23,0 Prozent zurück. Der Regierungsbezirk Arnsberg dagegen vergrößerte seinen Anteil von 13,6 auf 18,7 Prozent. Nach wie vor liegen die Gebiete mit dem stärksten Haferanbau in den

Figur 29: Anteil der Haferfläche an der Getreidefläche (%)

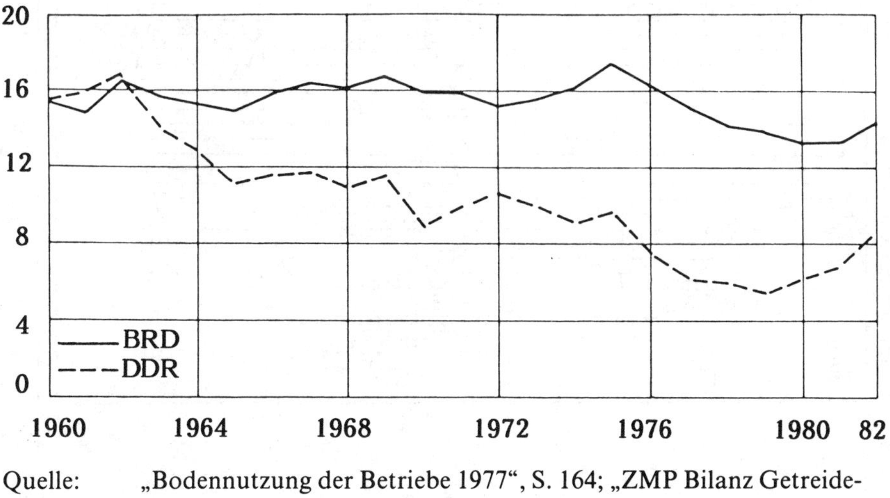

Quelle: „Bodennutzung der Betriebe 1977", S. 164; „ZMP Bilanz Getreide-Futtermittel 1982/83", S. 15, 19 und Stat. Jahrb. d. DDR 1974, S. 208—209; 1979, S. 173; 1983, S. 191

Figur 30: Anteil der Haferfläche an der Getreidefläche 1960 und 1979 (%)

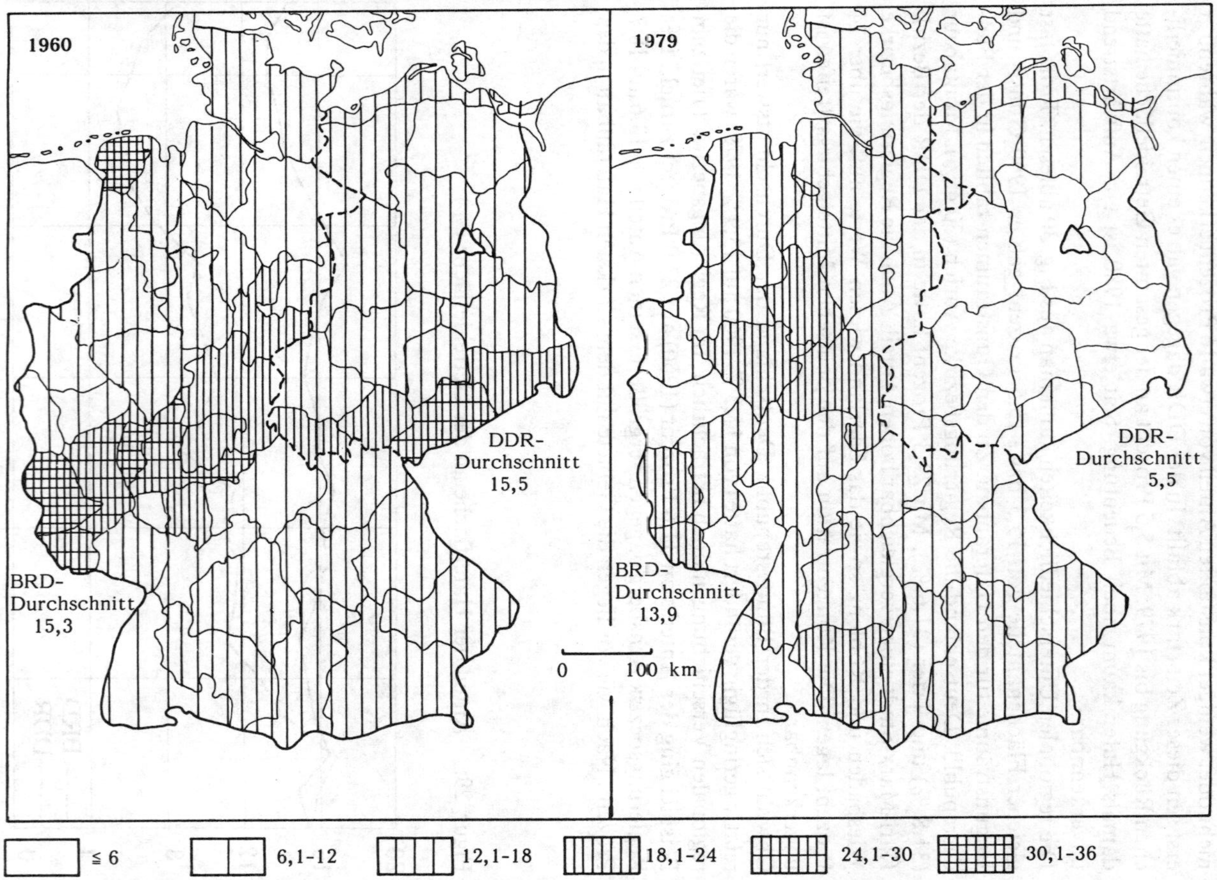

Quelle: nach „Bodennutzung und Ernte 1960", S. 26, 35 und Stat. Jahrb. d. DDR 1960/61, S. 448. „Pflanzliche Erzeugung 1979", S. 18, 22 und Stat. Jahrb. d. DDR 1980, S. 171

feuchten, kühlen regenreichen Lagen. Es ist der Grenzsaum zwischen den Bundesländern Niedersachsen und Nordrhein-Westfalen. Hinzu kommen die Vorlagen der Mittelgebirge und das tertiäre Hügelland südlich der Donau. Mittlere Niederschläge von 700—900 mm sind für diese Räume charakteristisch.
In der DDR waren die Veränderungen besonders gravierend. In allen 1960 bevorzugten Anbaugebieten im Süden ging der Anbau gewaltig zurück. Im Gebiet Karl-Marx-Stadt verringerte sich zum Beispiel der Anteil von 29,3 (1960) auf 10,7 Prozent (1979). Noch stärker verringerte sich der Anteil im Bezirk Dresden, nämlich von 21,7 (1960) auf 5,4 Prozent (1979).
Wie Gerste, so wurde in der Vergangenheit auch Hafer nur als Futtergetreide verwendet. Die Einsatzmöglichkeit war und ist beschränkt. Auch heute noch ist er in reinen Schweinemastbetrieben nur schlecht oder gar nicht verwertbar (STIBBE 1983, S. 63). Dagegen ist Hafer für Pferde und Schafe ein ideales Futter.[13] Da sich der Pferde- und Schafbestand ständig verringerte, nahm auch die Nachfrage nach Hafer ab. Erst in allerjüngster Zeit nimmt die Nachfrage, wohl aufgrund des immer beliebter werdenden Reitsports, des Einsatzes als Zugkräfte in Land- und Forstwirtschaft, der Nachfrage nach Lammfleisch in der Bundesrepublik Deutschland wegen des hohen Gastarbeiteranteils und nach Fleisch und Wolle in der DDR wieder zu. Die Flächenzunahme 1982 gegenüber 1981 war jedoch wohl nur eine vorübergehende Erscheinung. In diesem Jahr übernahm nämlich Hafer auf großen Flächen Lückenbüßerfunktionen für die ausgefallenen Wintergetreideflächen (PENTZ 1983, S. 75).
Im Herbst 1981 konnte in vielen Regionen der Bundesrepublik Deutschland die Wintergetreidebestellung nicht durchgeführt werden. Außerdem gab es regional starke Auswinterungsschäden (REINER u. a. 1983, S. 18).
In der Bundesrepublik Deutschland entwickelt sich zunehmend eine Nachfrage aus dem Nahrungsmittelsektor. Die Nahrungsmittelindustrie benötigt zur Zeit zirka 120 000 t Hafer mit Schälmühlenqualität, wovon jedoch nur etwa 20 Prozent aus eigener Erzeugung gedeckt werden (REINER u. a. 1983, S. 131).[14]
Ein weiterer Grund für den jahrelangen Rückgang der Haferfläche liegt auch in den Erträgen, die in den beiden Staaten in Deutschland stets gering waren (vgl. Fig. 47). Es gab jährlich starke Schwankungen, denn Hafer ist nach wie vor eine „unsichere" Geteideart und stark witterungsabhängig. Die wesentlich höheren und stabileren Erträge von Wintergerste und Mais verdrängten den Hafer.
Schließlich muß noch der Haferanbau in Betrieben mit hohen Viehbeständen genannt werden, der im Laufe der Zeit immer schwieriger wurde. Wegen der

---

13 Das ist darauf zurückzuführen, daß bei der Verfütterung nicht nur Mahl- und Mischkosten entfallen, da Pferde das Haferkorn gründlich zerkauen, sondern auch die ernährungsphysiologische Wirkung besonders gut ist (REINER u. a. 1983, S. 132).

14 Nach neuesten Meldungen sollen am Markt in der Bundesrepublik Deutschland von den Schälmühlen deutsche Hafersorten mit hohen Qualitätseigenschaften bevorzugt werden. Es soll Bestrebungen geben, durch Gründung von Erzeugergemeinschaften den Anbau von Qualitätshafer durch Lieferverträge zu fördern (top agrar 4/1983, S. 10). Diese sich anbahnende Entwicklung könnte wieder zur Ausdehnung der Haferanbaufläche führen.

geringen Standfestigkeit können Stickstoffgaben wenig exakt bemessen werden. Für Betriebe mit viel Gülle kann das problematisch sein.

Die immer weiter abnehmende Haferfläche in der Bundesrepublik Deutschland ruft mehr und mehr Agrarexperten auf den Plan, die besonders auf die in vielfacher Hinsicht positiven Eigenschaften dieser Getreideart hinweisen. Hafer hat das bestentwickelte und leistungsfähigste Wurzelnetz aller Getreidearten. Wenn die Wasserversorgung gesichert ist, sind die Bodenansprüche gering. Entsprechend niedrig ist auch der Aufwand an Kosten für Düngung und Pflanzenschutz. Bei den immer weiter steigenden Produktionsmittelkosten ist das schon bedeutsam.

Die größte Bedeutung liegt jedoch darin, daß bei den engen Getreidefruchtfolgen Hafer eine Gesundungsfrucht ist. Als einzige Getreideart wird er nicht von Fußkrankheiten befallen. Er überträgt sie auch nicht. Hafer ist weiterhin in der Fruchtfolge neben Blattfrüchten und Raps die am besten geeignete Vorfrucht für Winterweizen (STIBBE 1983, S. 63).

3.4 DIE ROGGENFLÄCHE

Die Roggenfläche in der Bundesrepublik Deutschland betrug 1960 1 317 586 ha. 1982 waren es nur noch 407 254 ha. Auf weniger als ein Drittel der ursprünglichen Anbaufläche ist der Roggenanbau also zurückgegangen. Auch in der DDR verringerte sich der Anbau, und zwar von 946 460 ha (1960) auf 652 878 ha (1982). Seit 1978 ist die absolute Anbaufläche in der DDR größer als in der Bundesrepublik Deutschland (Fig. 31).

Anders als die absolute Flächenentwicklung verlief die Entwicklung des prozentualen Anteils der Roggenfläche an der Getreidefläche (Fig. 32). Zwar hat sich in den beiden Staaten in Deutschland ihr Anteil bis heute verringert, aber die Differenz zwischen der Bundesrepublik Deutschland und der DDR blieb immer etwa gleich. Bis heute ist der Anteil in der DDR wesentlich höher als in der Bundesrepublik Deutschland. 1960 belief sich der Anteil in der Bundesrepublik Deutschland auf 26,9 Prozent, in der DDR auf 40,8 Prozent. 1982 standen den 9,4 Prozent in der Bundesrepublik Deutschland 26,4 Prozent in der DDR gegenüber.

Die Unterschiede zwischen den Regierungsbezirken und Bezirken waren jedoch beträchtlich. 1960 war es der Regierungsbezirk Osnabrück, in dem mit 66,1 Prozent der relativ größte Anbau lag. In den Bezirken Potsdam und Cottbus lagen vergleichbar hohe Werte mit 60,9 bzw. 68,8 Prozent (Fig. 33). Den geringsten Flächenanteil mit nur 11 Prozent hatte Roggen im Bezirk Erfurt. In einigen Regierungsbezirken Baden-Württembergs und Bayerns lagen vergleichbar geringe oder noch geringere Anteile (Regierungsbezirk Nordwürttemberg 2,9 %). In der Bundesrepublik Deutschland dominierten eindeutig die nördlichen Regierungsbezirke im Roggenanbau.

1979 hatte sich die räumliche Struktur völlig verändert. Im Südwesten der Bundesrepublik Deutschland konnte das Saarland mit 21 Prozent seinen Anteil fast behaupten. In allen anderen Regierungsbezirken ging der Anteil jedoch

Figur 31: Entwicklung der Roggenfläche (Mio. ha)

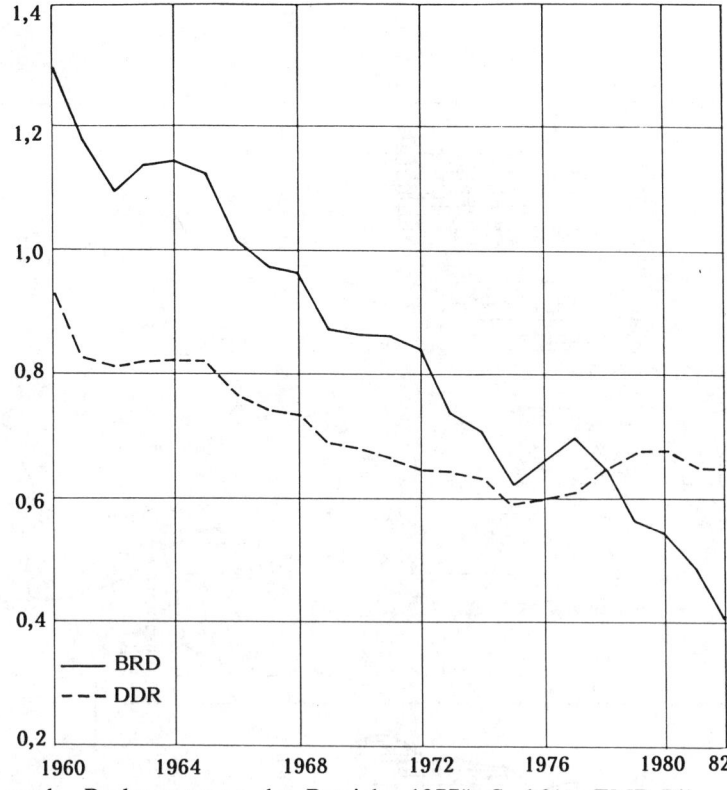

Quelle: nach „Bodennutzung der Betriebe 1977", S. 164; „ZMP Bilanz Getreide-Futtermittel 1982/83", S. 17 und Stat. Jahrb. d. DDR 1974, S. 208—209; 1979, S. 173; 1983, S. 191

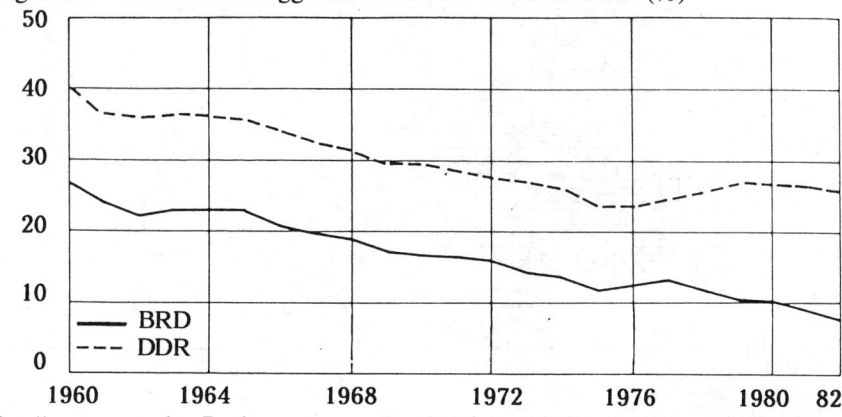

Figur 32: Anteil der Roggenfläche an der Getreidefläche (%)

Quelle: nach „Bodennutzung der Betriebe 1977", S. 164; „ZMP Bilanz Getreide-Futtermittel 1982/83", S. 14, 17 und Stat. Jahrb. d. DDR 1974, S. 208—209; 1979, S. 173; 1983, S. 191

Figur 33: Anteil der Roggenfläche an der Getreidefläche 1960 und 1979 (%)

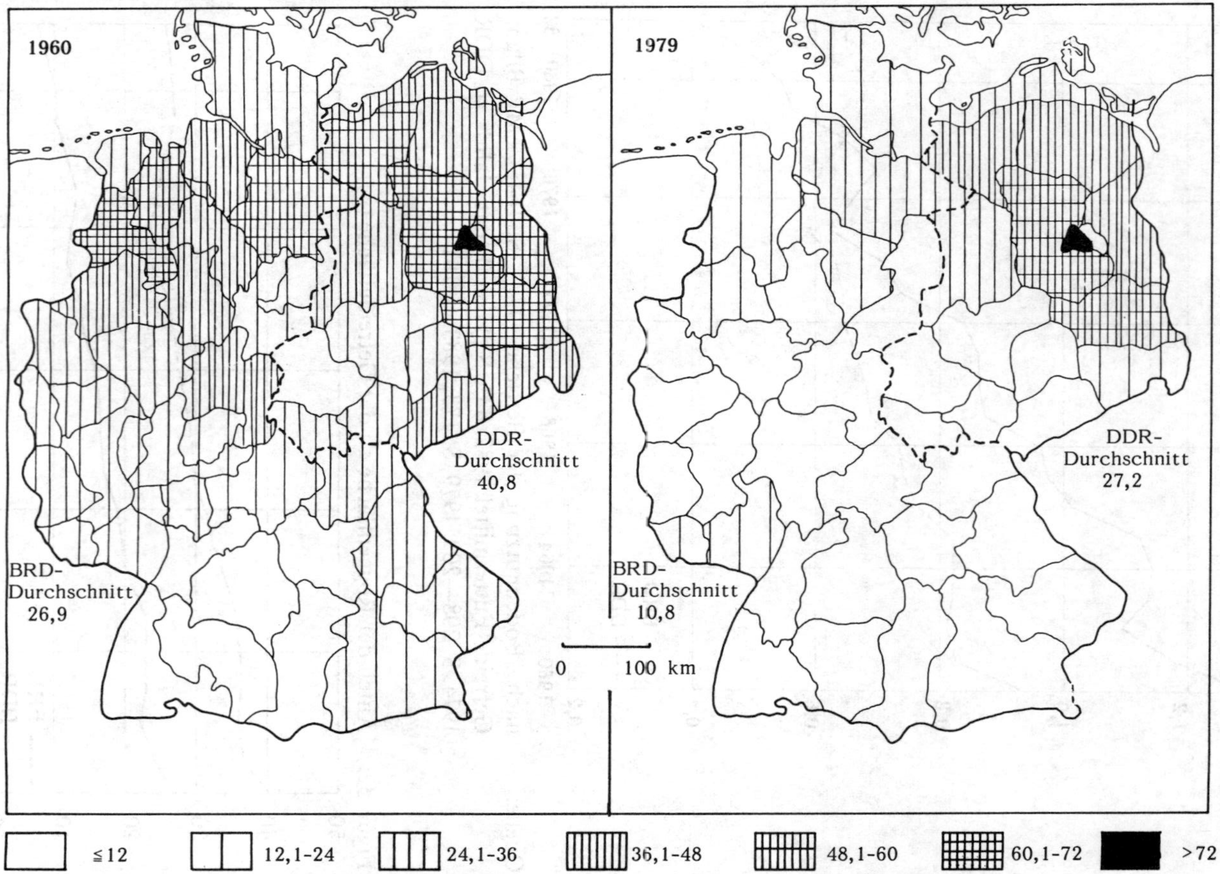

Quelle: nach „Bodennutzung und Ernte 1960", S. 24, 35 und Stat. Jahrb. d. DDR 1960/61, S. 448. „Pflanzliche Erzeugung 1979", S. 18—19 und Stat. Jahrb. d. DDR 1980, S. 171

stark zurück. Trotz dieses Rückgangs ist der Norden der Bundesrepublik Deutschland Vorzugsgebiet des Roggenanbaus geblieben. Immerhin hatte 1979 der Regierungsbezirk Lüneburg noch auf 25 Prozent der Getreidefläche Roggenanbau. Auch im Regierungsbezirk Weser-Ems betrug der Anteil noch 21,3 Prozent.

In allen Bezirken der DDR hatte sich zwar auch der Anteil rapide verringert, dennoch sind aber auch hier die alten Gunsträume bis heute Gunsträume geblieben, nämlich die Bezirke Potsdam (52,1 %) und Cottbus (57,7 %).

Innerhalb der Roggenanbaufläche kann für 1960 noch eine Regionalisierung nach Sommer- und Winterroggen vorgenommen werden (Fig. 34). Die Anteile der Sommerroggenfläche an der gesamten Roggenfläche waren zwar sehr gering, dennoch läßt sich erkennen, daß es regionale Schwerpunkte gab. In der Bundesrepublik Deutschland waren es neben dem Saarland (8,4 %) die südlichen Regierungsbezirke Schwaben (9,3 %), Oberbayern (8,4 %) und Südbaden (7,0 %). Der prozentual höchste Anteil in der DDR betrug nur 4,4 Prozent (Berlin (O)).

Von allen Hauptgetreidearten stellt Roggen an Bodengüte, Wasser- und Nährstoffversorgung die geringsten Ansprüche. Er wird auch noch auf Standorten angebaut, auf denen andere Getreidearten versagen. Er ist anspruchslos aber mit hinreichender Ertragssicherheit. Hinzu kommt eine sehr viel höhere Frostresistenz im Vergleich zu Weizen und Gerste.

Bei den heute vorherrschenden getreidereichen Fruchtfolgen spielen die vergleichsweise geringen Vorfruchtansprüche von Roggen eine bedeutende Rolle. Dagegen ist sein Vorfruchtwert für nachfolgende Getreidearten hoch. Er ist selbstverträglicher als andere Getreidearten, wird daher auf leichten Böden häufiger nach sich selbst angebaut (BUNNIES 1983, S. 8).

Trotz dieser günstigen Eigenschaften konnte der ständige Flächenrückgang nicht verhindert werden. Der hauptsächlichste Grund ist die ständige Abnahme der Nachfrage des früher so wichtigen Brotgetreides. Der Pro-Kopf-Verbrauch von Roggenmehl hat sich kontinuierlich verringert (Tab. 6).

Tabelle 6: Pro-Kopf-Verbrauch von Roggenmehl (kg/Jahr)

Jahr[15]	Bundesrepublik Deutschland	DDR
1960	21,8	49,9
1970	15,3	40,4
1975	13,8	35,3
1980	14,0	31,6
1982	13,8	32,3

Quelle: Stat. Jahrb. d. DDR 1972, S. 353; 1983, S. 278 und Stat. Jahrb. d. BRD 1983, S. 462

---

15 Vgl. Anmerkung zu Tab. 5.

Figur 34: Anteil der Sommerroggenfläche an der gesamten Roggenfläche (%)

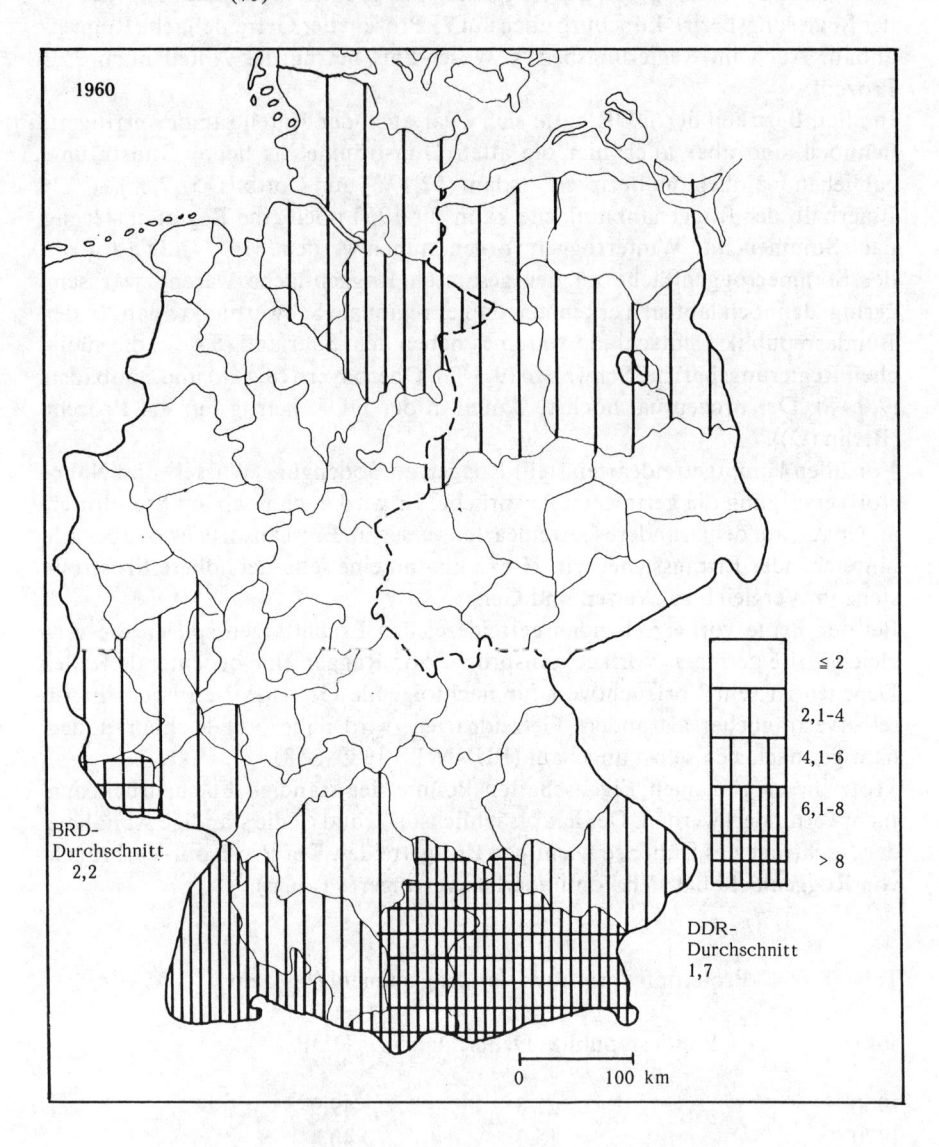

Quelle: nach „Bodennutzung und Ernte 1960", S. 24 und Stat. Jahrb. d. DDR 1960/61, S. 448, 456

Dagegen hat Roggen als Mischfutterkomponente — zumindest in der Bundesrepublik Deutschland — erst in allerletzter Zeit an Bedeutung verloren (Tab. 7).

Tabelle 7: Verbrauch von Roggen im Mischfutter in der Bundesrepublik Deutschland

Jahr	1000 t
1960/61	99,2
1970/71	119,8
1975/76	118,6
1979/80	223,6
1980/81	203,7
1981/82	159,6

Quelle: Fachverband der Futtermittelindustrie o. J., Tab. 18

Ein weiterer Grund liegt in den im Vergleich zu anderen Getreidearten sehr geringen Erträgen (vgl. Fig. 54, 55).
Bisher überschreitet zwar die gesamte Roggenerzeugung noch den Bedarf an Mahlroggen, in Süddeutschland sind jedoch bereits wegen der geringen Anbauflächen Lücken in der Mühlversorgung aufgetreten. Nur mit größeren Transportkosten konnte ein übergebietlicher Ausgleich geschaffen werden (DEBRUCK u. a. 1983, S. 89). Aus marktwirtschaftlichen Gründen wäre eine Ausdehnung der Anbaufläche angeraten, aber es müßten wohl auch noch erhebliche züchterische Fortschritte erzielt werden (DEBRUCK u. a. 1983, S. 89).

3.5 DER KÖRNERMAISANBAU

Zum Getreide zählt neben Gerste, Weizen, Hafer und Roggen auch Körnermais, das heißt Trockenkorn (86 % TS)[16], Feuchtkorn, Corn-Cob-Mix (CCM)[17] und Lieschkolbenschrot (LKS). Wie Fig. 35 zeigt, ist der Körnermaisanbau in der DDR bis heute in der Flächenausdehnung sehr gering geblieben. Lediglich in der ersten Hälfte der siebziger Jahre fand eine bescheidene Expansion statt. Das Maximum lag 1972 bei 8847 ha. 1982 belief sich die Anbaufläche auf nur noch 325 ha.

---

16 TS = Trockensubstanz.
17 CCM ist ein Ernteprodukt aus Maiskörnern und Spindelanteilen.

Figur 35: Entwicklung der Körnermaisfläche (1000 ha)

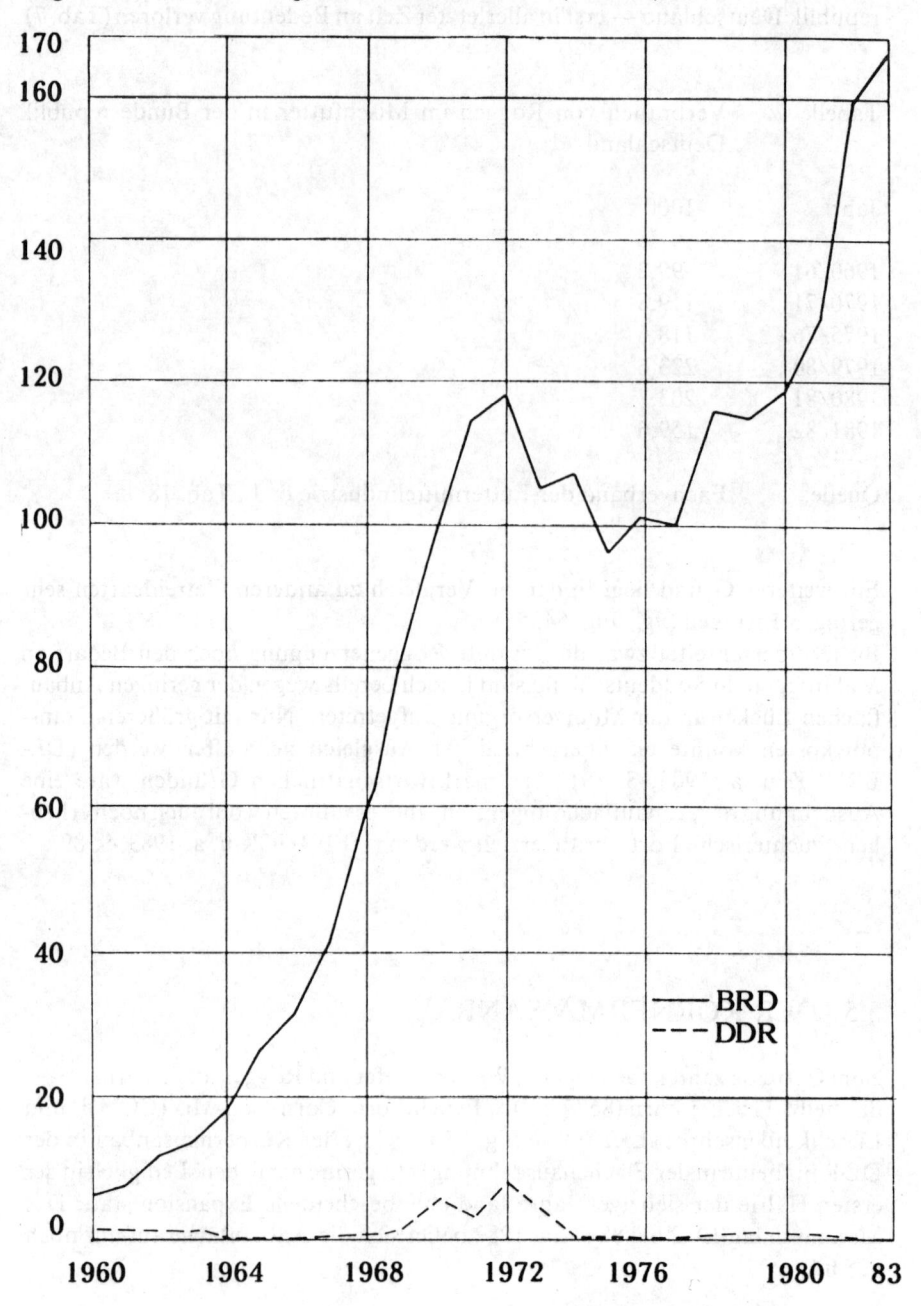

Quelle: nach Stat. Jahrb. d. BRD 1962, S. 182; 1965, S. 189; 1968, S. 155; 1971, S. 151; 1974, S. 171; 1977, S. 143; 1980, S. 143; 1983, S. 149 und Stat. Jahrb. d. DDR 1976, S. 190—191

Ganz anders verlief die Entwicklung in der Bundesrepublik Deutschland. Die erste große Expansionsphase umfaßte die Zeit von 1960 bis 1972. In dieser Zeit nahm die Anbaufläche ständig zu, und zwar von 6238 ha (1960) auf 117 918 ha (1972).
Jedoch war diese Entwicklung in den einzelnen Bundesländern nicht einheitlich. Die regionalen Unterschiede sind bis heute zum Teil beträchtlich geblieben (Fig. 36)[18]. Die größte Flächenausdehnung in Schleswig-Holstein gab es 1972 mit 758 ha. Zur selben Zeit lag auch das Maximum im Saarland. Es betrug jedoch nur 457 ha. Insgesamt spiegeln aber auch alle Bundesländer die gesamte Entwicklung der Körnermaisanbaufläche wider, die in der Zeit von 1972 bis 1975 eine Depressionsphase, das heißt einen Rückgang der gesamten Anbaufläche von 117 918 ha auf 96 002 ha, erfuhr.
Bezieht man die Körnermaisanbaufläche auf die gesamte Getreidefläche (Fig. 37), dann stellt man ähnlich verlaufende Kurven, wie bereits an anderer Stelle beschrieben, fest. Im Vergleich zu Gerste, Weizen, Hafer und Roggen ist der Anteil an der Getreidefläche sehr gering.
Bis heute ist in der DDR der Körnermaisanbau unbedeutend geblieben.[19] In der Bundesrepublik Deutschland lag 1960 mit nur 2,1 Prozent der Körnermaisfläche an der gesamten Getreidefläche das Maximum im Regierungsbezirk Südbaden. Der Regierungsbezirk Nordbaden hatte damals einen Anteil von 1,1 Prozent. Das war wesentlich weniger als 1971 (Fig. 38). In diesem Jahr betrug der Anteil schon 5,3 Prozent. Im Regierungsbezirk Südbaden belief er sich sogar schon auf 14,4 Prozent. Das war auch 1971 innerhalb der Bundesrepublik Deutschland der Regierungsbezirk mit dem höchsten Anteil an Körnermais an der Getreidefläche. Aber auch die Regierunsbezirke Niederbayern mit 9,4 Prozent und Oberbayern mit 4,8 Prozent hatten hohe Anteile. Der Körnermaisanbau hatte damit eindeutig einen regionalen Schwerpunkt in Süddeutschland. Im Norden der Bundesrepublik Deutschland fiel mit 4,3 Prozent nur der Regierungsbezirk Münster aus dem Rahmen. 1983 waren die alten Anbauschwerpunkträume im Süden noch weiter ausgebaut worden. Der Regierungsbezirk Karlsruhe hatte einen Anteil von 6,7 Prozent, Freiburg von 15,4 Prozent und Niederbayern 11,2 Prozent. Der Regierungsbezirk Oberbayern hat seinen Anteil von 4,8 auf 3,7 Prozent reduziert, dagegen stieg im Nordwesten der Bundesrepublik Deutschland der Anbau sehr stark an. Der Regierungsbezirk Münster erhöhte seinen Anteil auf 13,4 Prozent, der Regierungsbezirk Weser-Ems auf 9,0 Prozent. Damit hatte sich im Nordwesten ein neuer Anbauschwerpunkt für Körnermaisanbau herausgebildet.
Innerhalb des Körnermaisanbaus muß besonders der Corn-Cob-Mix (= CCM) erwähnt werden. Er gewinnt in allerjüngster Zeit in der DDR und in der

---

18 Schleswig-Holstein und das Saarland mit ihren unbedeutenden Anbauflächen sind unberücksichtigt geblieben.
19 Das ist wohl auch der Grund dafür, daß in den Statistischen Jahrbüchern (mit Ausnahme von 1960/61) keine Angaben für die einzelnen Bezirke angegeben sind. 1960 gab es im Bezirk Halle mit 567 Hektar die größte Anbaufläche von Körnermais (Stat. Jahrb. d. DDR 1960/61, S. 448). Das waren aber nur 0,2 Prozent der gesamten Getreidefläche dieses Bezirkes.

Figur 36: Körnermaisfläche in den Bundesländern (ohne Schleswig-Holstein und Saarland) (1000 ha)

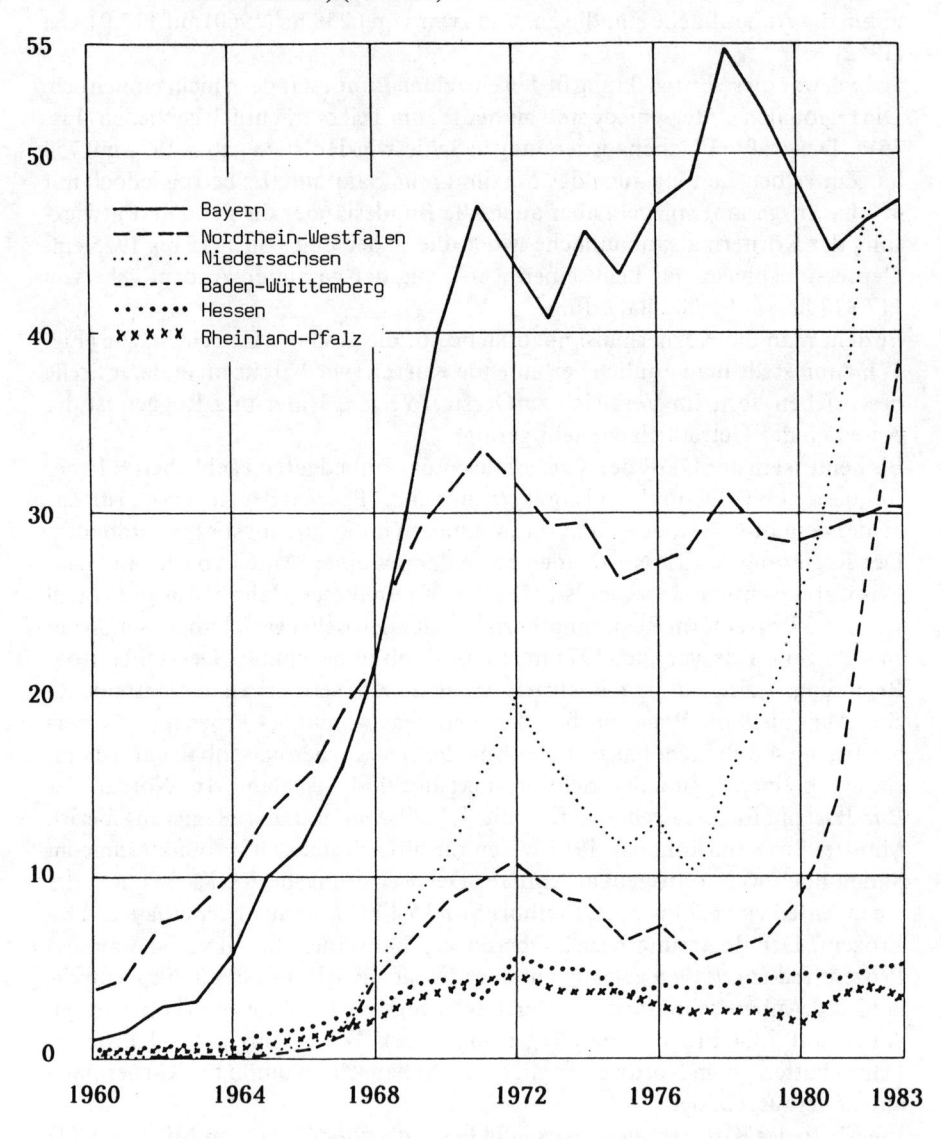

Quelle: nach Stat. Jahrb. d. BRD 1962, S. 182; 1965, S. 189; 1968, S. 155; 1971, S. 151; 1974, S. 171; 1977, S. 143; 1980, S. 143; 1983, S. 149 und Stat. Jahrb. d. DDR 1976, S. 190—191

Figur 37: Anteil der Körnermaisfläche an der Getreidefläche (%)

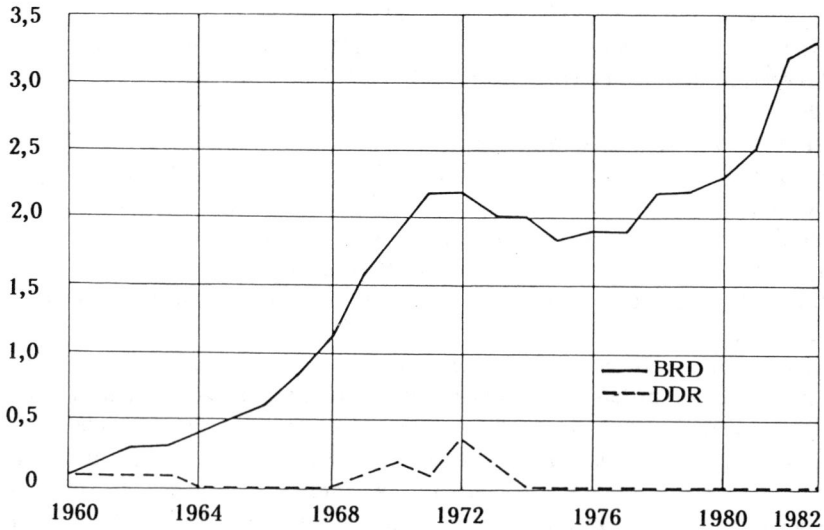

Quelle: nach Stat. Jahrb. d. BRD 1962, S. 182; 1965, S. 189; 1968, S. 155; 1971, S. 151; 1974, S. 171; 1977, S. 143; 1980, S. 143; 1983, S. 149 und Stat. Jahrb. d. DDR 1976, S. 190—191

Figur 38: Anteil der Körnermaisfläche an der gesamten Getreidefläche in der Bundesrepublik Deutschland 1971 und 1983 (%)

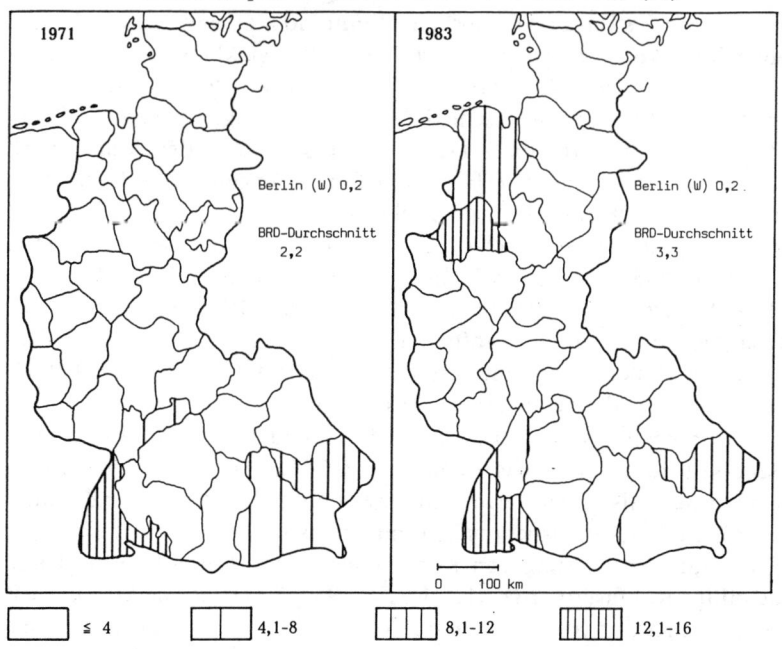

Quelle: nach „Bodennutzung und Ernte 1971", S. 16, 20 und „Bodennutzung und pflanzliche Erzeugung 1983", S. 16, 21

Bundesrepublik Deutschland an Bedeutung. Flächenmäßig ist er jedoch sehr gering, in der Bundesrepublik Deutschland aber wesentlich größer als in der DDR. 1981 sollen von den 126 213 ha Körnermais etwa 40 000 ha nach dem CCM-Verfahren geerntet worden sein (ZSCHEISCHLER 1981, S. 21). Bezogen auf die gesamte Körnermaisfläche betrug nach Schätzungen des Deutschen Maiskomitees 1983 die CCM-Fläche in der Bundesrepublik Deutschland aber bereits 80 000 bis 85 000 ha. Der regionale Schwerpunkt lag auf den anmoorigen und leichten Böden im Gebiet Weser-Ems und Westfalen-Lippe. Allein in diesen beiden Räumen belief sich die Fläche auf etwa 65 000 ha.

In der DDR dagegen betrug die Erntefläche von CCM 1983 nur 1187 ha. Doch war für 1984 bereits eine Anbaufläche von 7010 ha vorgesehen (MATSCHKE 1984, S. 52).

Die Gründe für die Verbreitung des gesamten Körnermaisanbaus und besonders die zunehmende Ausdehnung in der Bundesrepublik Deutschland sind vielfältig. Bisher wurde sowohl in der Bundesrepublik Deutschland als auch in der DDR Körnermais nur als Viehfutter genutzt. Er war und ist im Mischfutter eine wichtige Komponente. Doch die Nachfrage konnte nicht aus eigenem Aufkommen befriedigt werden. Importe waren notwendig (Fig. 39). Vergleicht man die Entwicklung in den sechziger Jahren in den beiden Staaten in Deutschland miteinander, dann kann man für die DDR relativ gleichbleibende Importmengen über ein Jahrzehnt erkennen. In diesem Zeitraum dehnte sich der Maisimport in der Bundesrepublik Deutschland jedoch sehr stark aus, zumindest bis 1966. In der ersten Hälfte der siebziger Jahre erfolgte dann in der DDR eine rasche Zunahme des Imports, und auch in der Bundesrepublik Deutschland machte sich noch einmal, nach einer vorausgegangenen Depressionsphase, eine starke Ausweitung des Imports bemerkbar. Während man in der ersten Hälfte der siebziger Jahre von einer gleichsinnigen Importentwicklung in der Bundesrepublik Deutschland und DDR sprechen kann, ist die zweite Hälfte der siebziger Jahre durch sehr stark unterschiedliche Entwicklungen gekennzeichnet. Während in der Bundesrepublik Deutschland seit 1977 der Maisimport beträchtlich reduziert worden ist, erfolgte eine Einschränkung in der DDR 1977 gegenüber 1976 und 1982 und 1981 gegenüber 1980.

Die relativ geringen Ernteerträge in der zweiten Hälfte der siebziger Jahre machten 1976 und 1980 eine drastische Importerhöhung in der DDR notwendig. Während die Statistischen Jahrbücher der DDR keinerlei Angaben über die Herkunftsländer für Maisimporte enthalten, kann man aus Tab. 8 ersehen, daß für die Bundesrepublik Deutschland verschiedene Herkunftsländer seit 1970/71 ganz unterschiedliche Mengen Mais geliefert haben.

Einen neuen Entwicklungsschub erfährt der Maisanbau in den beiden Staaten in Deutschland seit Ende der siebziger Jahre mit CCM. Gegenüber dem Einsatz von reinem Körnermais liegen hierin umfangreiche Vorteile, die für die Zukunft eine noch größere Flächenausdehnung vermuten lassen.

Im Vergleich zur Verfütterung von Körnermais in der Tierhaltung liegt mit CCM eine billige Rohfaser vor (PAHMEYER 1980, S. 32). Reine Maiskörner sind gekennzeichnet durch hohe Nährstoffkonzentration und relativ geringen Rohfasergehalt. Der alleinige Einsatz von Maiskörnern in der Schweinemast kann schwere ernährungsphysiologische Probleme mit sich bringen. Ein Zusatz

Tabelle 8: Maisfutter (t) der Bundesrepublik Deutschland nach Herkunftsländern

Wirtschaftsjahr	Frankreich	USA	Argentinien	Republik Südafrika	übrige
1971/72[1]	1 330 043	2 048 095	56 343	101 028	44 899
1972/73[1]	828 572	2 239 535	57 050	20 182	78 165
1973/74[1]	780 960	2 551 907	69 827	11 119	411 307
1974/75	419 569	2 235 008	57 056	247 665	29 501
1975/76	631 068	2 217 585	27 215	42 097	40 316
1976/77	89 035	3 369 545	27 004	60 145	138 451
1977/78	487 898	2 298 430	66 955	22 926	79 206
1978/79	540 064	2 032 348	66 756	10 123	6 478
1979/80	623 261	1 815 416	56 045	3 964	6 488
1980/81	333 169	1 797 835	16 803	31 815	5 236
1981/82	383 907	1 520 114	31 511	30 667	4 509
1982/83	684 760	864 505	53 805	13 954	58 376

[1] einschließlich Mais zur Aussaat, ohne Hybridmais

Quelle: ZMP 1977, S. 45; 1980, S. 42; 1984, S. 65.

Figur 39: Maisimporte (Mio. t)

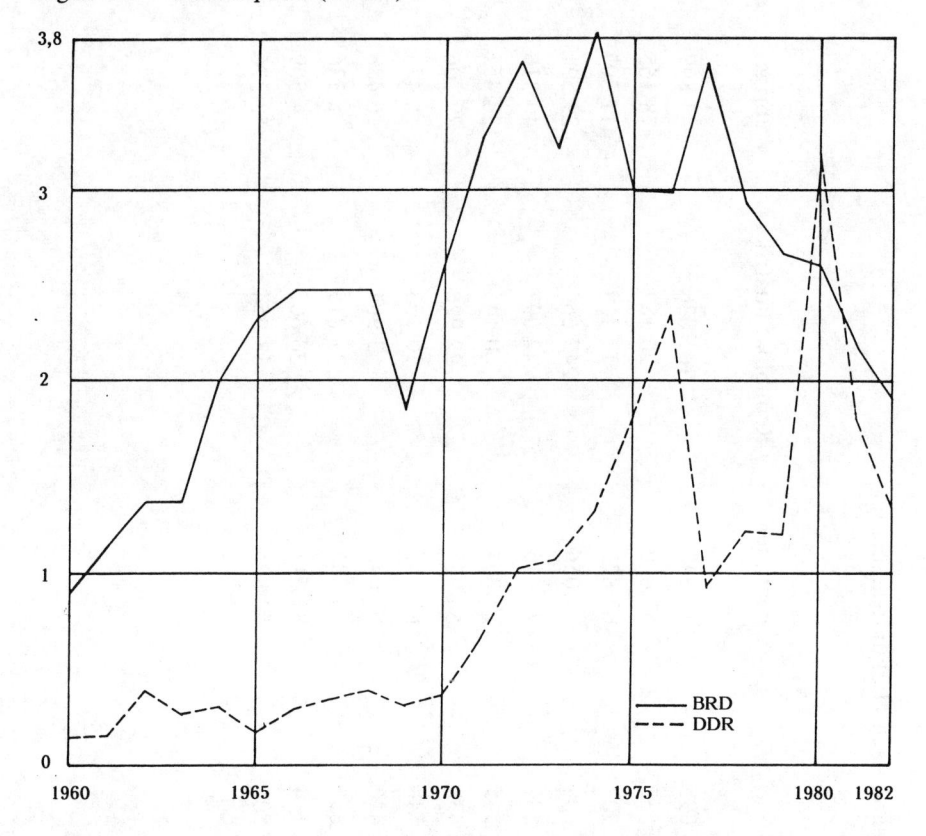

Quelle: nach Stat. Jahrb. d. DDR 1965, S. 399; 1970, S. 317; 1976, S. 285; 1982, S. 234; 1983, S. 240 und Stat. Jahrb. d. BRD, mehrere Jge.

von rohfaserreichen Futterstoffen ist deshalb notwendig (STEINHAUSEN und KRAXNER 1980, S. 21). Ein Zusatz bei der Verwendung von CCM-Schrotsilage ist jedoch nicht mehr notwendig, denn durch die Miternte rohfaserreicher Pflanzenteile wird der Rohfaseranteil im Futter erhöht und die Nährstoffkonzentration verringert. In der Bundesrepublik Deutschland hält man einen Rohfaseranteil von 5—7 Prozent im Erntegut für angemessen. Das bedeutet, daß 50—70 Prozent der Spindeln mitgeerntet werden müssen (PAHMEYER 1980, S. 32).
Die rasche Ausdehnung kann unter anderem auf folgende Gründe zurückgeführt werden:
— Es ist ein ideales Schweinefutter.
— Der Nährstoffertrag im Vergleich zu Getreide und Körnermais ist hoch. Dieser Nährstoffertrag liegt bei CCM bis zu 10 Prozent höher als bei Körnermais. In erster Linie ist das auf die geringeren Ernteverluste zurückzuführen (STIEWE 1980, S. 24).

— Während der Ernte kommt es nicht mehr zu Engpässen bei der Trocknung und Lagerung.
— Da die Körnertrocknung entfällt, wird Energie eingespart. Das ist besonders in der gegenwärtigen Situation auf dem Energiesektor notwendig.
— CCM räumt den Acker eher als Körnermais.

Mais zur Gewinnung von CCM steht grundsätzlich in Hauptfrucht. In dieser Hinsicht kann er mit Sommergetreide verglichen werden. Da er keine Wirtspflanze von Getreidefußkrankheiten ist, läßt er sich auch gut in die Fruchtfolge einordnen (BERNHARDT 1984, S. 75).

Der Aussaattermin liegt in der Bundesrepublik Deutschland wie in der DDR zwischen dem 20. und 30. April. In dieser Zeit ist auf allen Standorten eine Mindestkeimtemperatur von etwa 8^0 C erreicht. Bei früheren Aussaaten kann es einen schlechten Feldaufgang geben, bei späteren Aussaaten reicht oft die Vegetationszeit nicht aus, um bis zum Ernten Druschreife zu erlangen. Ertragseinbußen in beiden Fällen sind die Folge (BERNHARDT 1984, S. 75).

Die Ernte des Körnermaises zur Gewinnung von CCM beginnt in der ersten Oktoberdekade. Die Zeitspanne für die Ernte beträgt jedoch nur 10—12 Tage (BERNHARDT 1984, S. 75). Arbeitswirtschaftlich ist es die Zeit zwischen Kartoffel- und Rübenernte.

Die Flächenveränderungen in der Ackernutzung in den beiden Staaten in Deutschland sind neben allen bereits erwähnten Gründen auch auf die Ertragsentwicklung zurückzuführen. Deshalb ist es notwendig, hierauf kurz einzugehen.

3.6 GETREIDEERTRÄGE

Trotz erheblicher Schwankungen kann man erkennen, daß die Getreideerträge im untersuchten Zeitraum in den beiden Staaten in Deutschland angestiegen sind (Fig. 40). Während sie jedoch 1965 die gleichen Durchschnittswerte (etwa 28 dt/ha) aufwiesen, sind seitdem die Erträge in der Bundesrepublik Deutschland, besonders seit 1976[20], viel größer als in der DDR.

Auch die regionalen Unterschiede sind bis heute beträchtlich geblieben (Fig. 41). 1960 gab es in der Bundesrepublik Deutschland Durchschnittserträge von 40—43 dt/ha im Verwaltungsbezirk Braunschweig und dem benachbarten Regierungsbezirk Hildesheim sowie im Regierungsbezirk Rheinhessen. Dagegen erreichten der Verwaltungsbezirk Oldenburg und die Regierungsbezirke Trier, Südwürttemberg-Hohenzollern sowie das Saarland nur Werte zwischen 26 und 28 dt/ha. In der DDR gab es zahlreiche Bezirke im Osten und Nordosten, die

---

20 Veränderungen der Erhebungsbasis in der Bundesrepublik Deutschland ab 1979 (Neufassung des Gesetzes über Bodennutzungs- und Ernteerhebung vom 21. 8. 1978) begrenzen die Vergleichbarkeit der Produktionszahlen mit den Vorjahren. Wesentlichste Veränderung ist, daß Betriebe mit weniger als einem Hektar Betriebsfläche nicht mehr einbezogen sind.

Figur 40: Entwicklung der Getreideerträge (dt/ha)

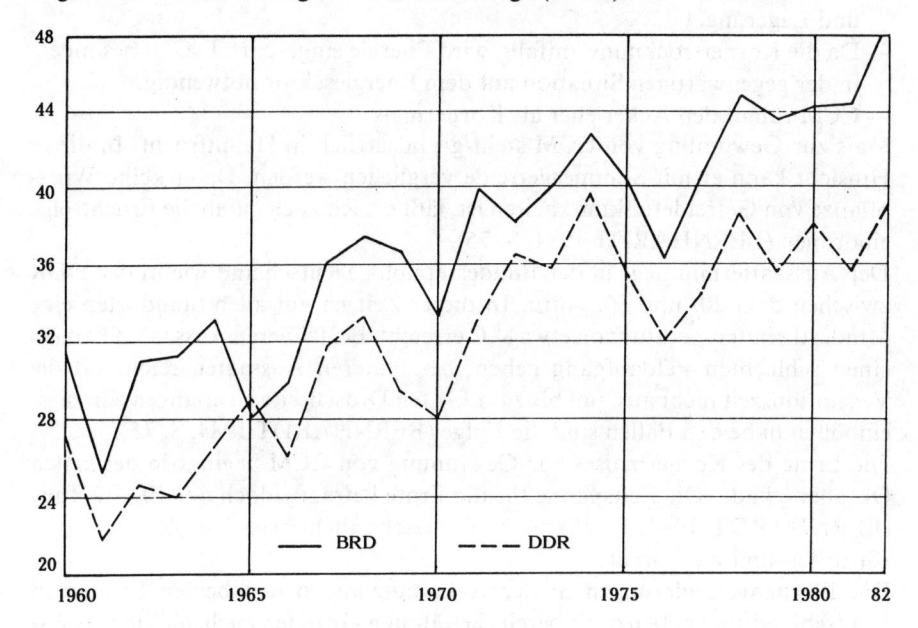

Quelle: nach Stat. Jahrb. d. BRD 1962, S. 182; 1965, S. 188; 1968, S. 154; 1971, S. 150; 1974, S. 170; 1977, S. 142; 1980, S. 142; 1983, S. 148 und Stat. Jahrb. d. DDR 1983, S. 40

ebenfalls nur Erträge dieser geringen Höhe hatten. Der allergrößte Teil der Bezirke und Regierungsbezirke hatte jeoch 1960 Erträge zwischen 28,1 und 36 dt/ha.
Beträchtliche Ertragssteigerungen hat es dagegen in allen Verwaltungseinheiten bis 1979 gegeben, inbesondere in der Bundesrepublik Deutschland. Daß auch in der DDR noch weitere Ertragssteigerungen möglich sind, verdeutlichen die Angaben für das Rekorderntejahr 1984 (Tab. 9).
Diese generelle Darstellung der Getreideerträge muß jedoch in Einzelheiten betrachtet werden. Gerste, Roggen, Weizen, Hafer und Körnermais haben in der Vergangenheit unterschiedliche Flächenerträge gebracht.
Zunächst kann man aus Fig. 42 entnehmen, daß trotz witterungsbedingter Schwankungen in den allermeisten Jahren die Erträge in der Bundesrepublik Deutschland über denen der DDR lagen und daß im langjährigen Mittel in beiden Staaten ein Ertragsanstieg feststellbar ist.
Die regionalen Unterschiede zwischen der Bundesrepublik Deutschland und der DDR bezüglich der Gerstenerträge waren jedoch zum Teil ganz beträchtlich (Fig. 43). Obwohl in den beiden Staaten in Deutschland 1960 die durchschnittlichen Erträge etwa gleich waren (um 32 dt/ha), kann man doch Maximalerträge in der Bundesrepublik Deutschland von 44,7 dt/ha (Verwaltungsbezirk Braunschweig), in der DDR jedoch nur von 36,5 dt/ha (Bezirk Leipzig) erkennen. Die

Figur 41 Getreideerträge 1960 und 1979 (dt/ha)

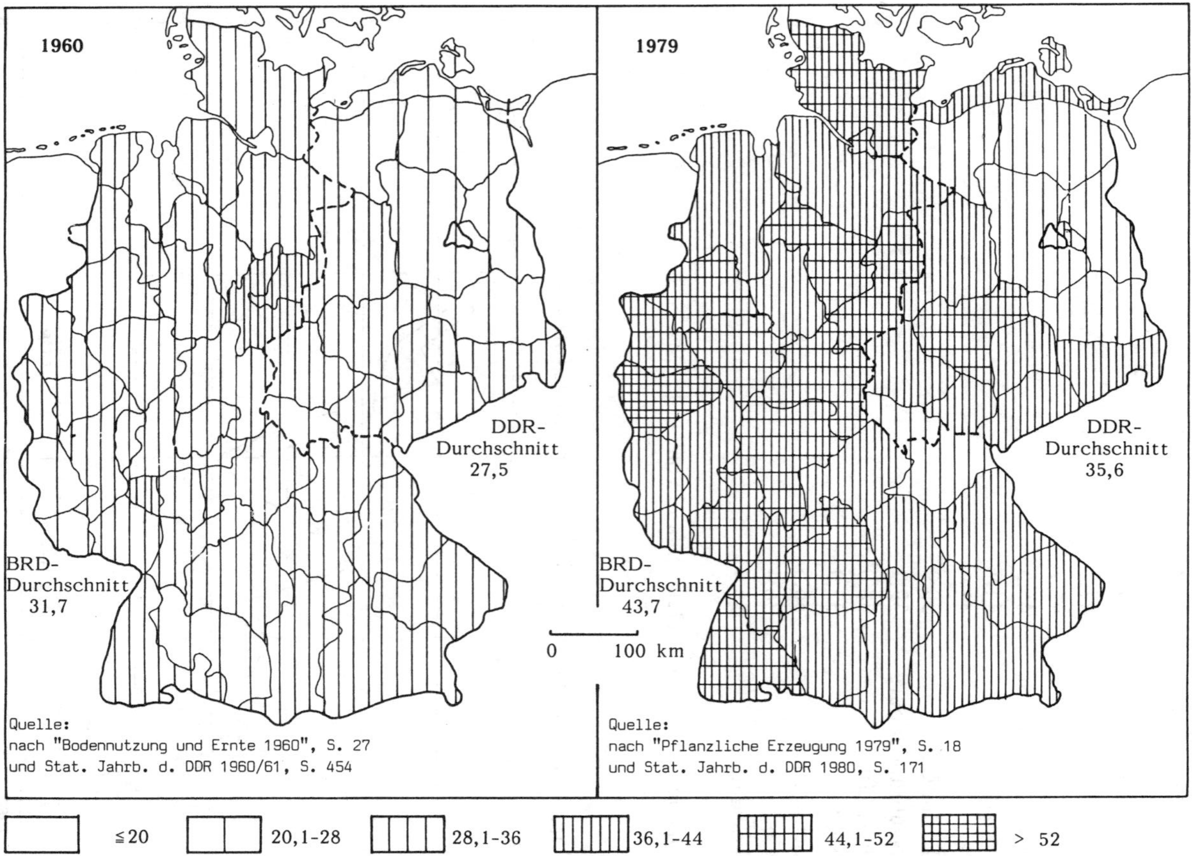

1960
DDR-Durchschnitt 27,5
BRD-Durchschnitt 31,7

Quelle: nach "Bodennutzung und Ernte 1960", S. 27 und Stat. Jahrb. d. DDR 1960/61, S. 454.

1979
DDR-Durchschnitt 35,6
BRD-Durchschnitt 43,7

0 100 km

Quelle: nach "Pflanzliche Erzeugung 1979", S. 18 und Stat. Jahrb. d. DDR 1980, S. 171

≤ 20 | 20,1–28 | 28,1–36 | 36,1–44 | 44,1–52 | > 52

Quelle: nach „Bodennutzung und Ernte 1960", S. 27 und Stat. Jahrb. d. DDR 1960/61, S. 454. „Pflanzliche Erzeugung 1979", S. 18 und Stat. Jahrb. d. DDR 1980, S. 171

Tabelle 9: Hektarerträge von Getreide in den Bezirken der DDR 1984 (dt/ha)

Bezirk	Ertrag (dt/ha)
Leipzig	51,9
Halle	51,8
Dresden	47,7
Erfurt	47,2
Gera	45,7
Karl-Marx-Stadt	45,5
Magdeburg	44,7
Rostock	43,9
Berlin(O)	39,9
Neubrandenburg	39,9
Frankfurt	38,0
Suhl	37,9
Schwerin	36,5
Cottus	36,4
Potsdam	35,4

Quelle: Neues Deutschland vom 1. 9. 1984, S. 1

Figur 42: Entwicklung der Gerstenerträge (dt/ha)

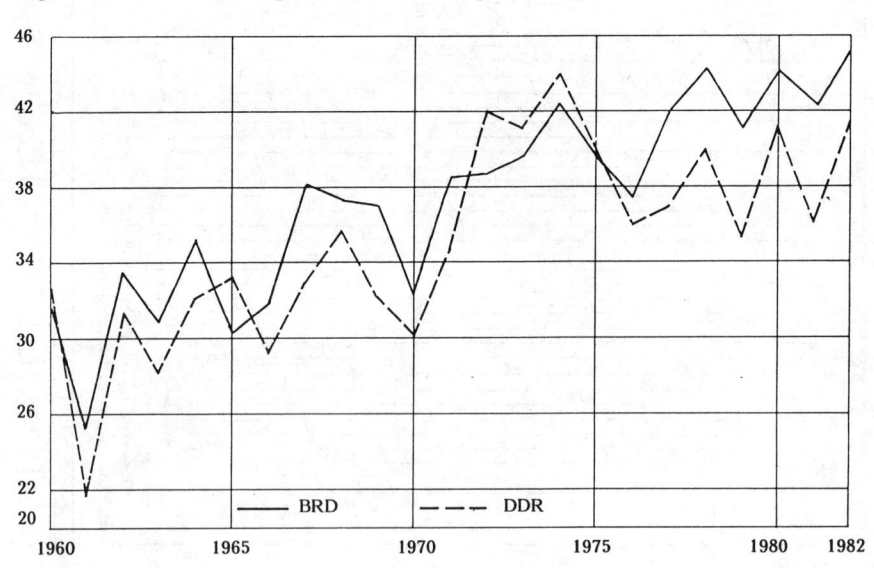

Quelle: nach Stat. Jahrb. d. BRD 1962, S. 182; 1965, S. 188; 1968, S. 154; 1971, S. 150; 1974, S. 170; 1977, S. 142; 1980, S. 142; 1983, S. 148 und Stat. Jahrb. d. DDR 1983, S. 40

Figur 43: Gerstenerträge 1960 und 1981 (dt/ha)

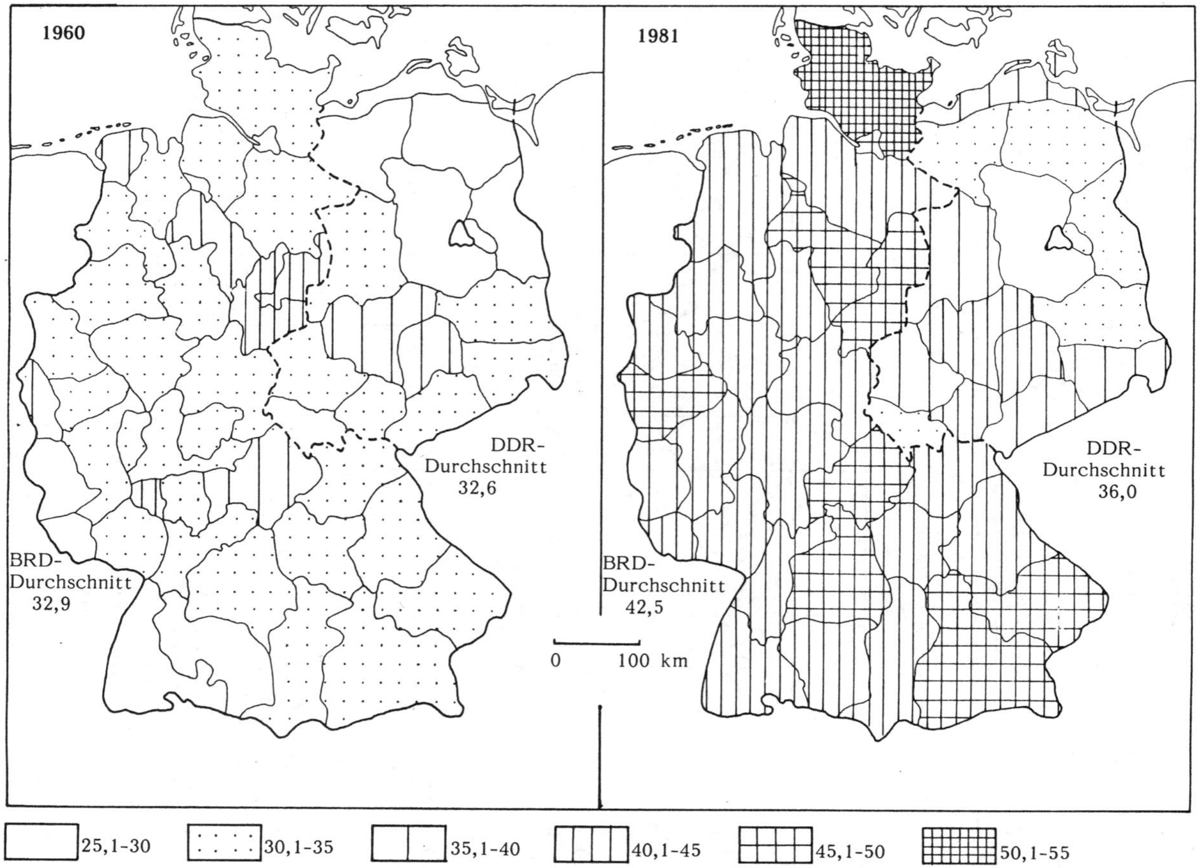

| 25,1–30 | 30,1–35 | 35,1–40 | 40,1–45 | 45,1–50 | 50,1–55 |

Quelle: nach „Bodennutzung und Ernte 1960", S. 26 und Stat. Jahrb. d. DDR 1960/61, S. 448. „Bodennutzung und pflanzliche Erzeugung" 1981, S. 19, 23—31 und Stat. Jahrb. d. DDR 1982, S. 181

1960: BRD-Durchschnitt 32,9; DDR-Durchschnitt 32,6
1981: BRD-Durchschnitt 42,5; DDR-Durchschnitt 36,0

Figur 44: Vergleich der Erträge zwischen Sommer- und Wintergetreide (dt/ha)

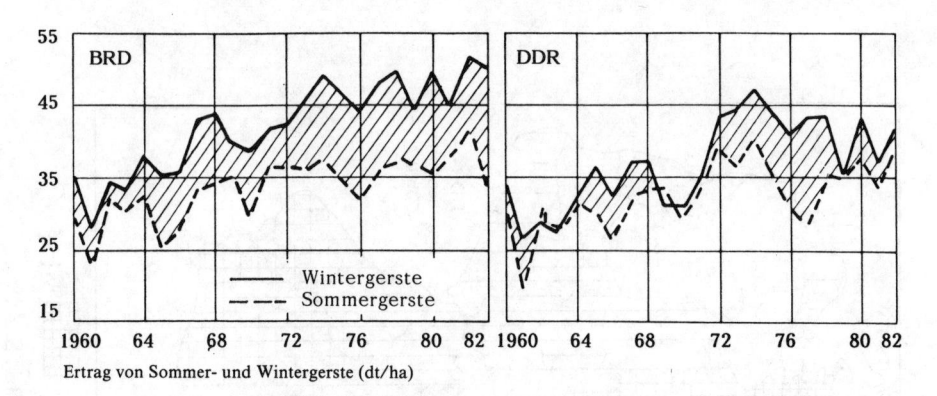

Ertrag von Sommer- und Wintergerste (dt/ha)

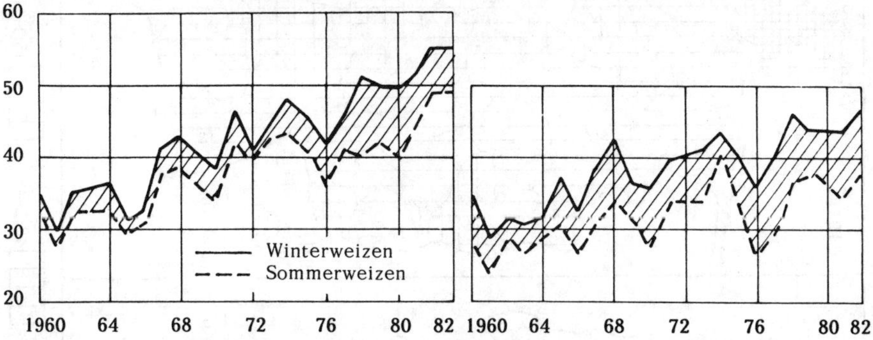

Ertrag von Sommer- und Wintergerste (dt/ha)

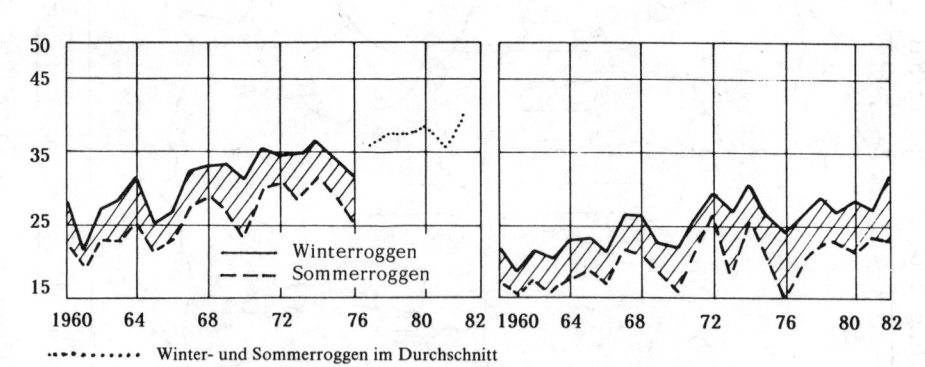

·········· Winter- und Sommerroggen im Durchschnitt

Ertrag von Sommer- und Winterweizen (dt/ha)

Quelle: nach Stat. Jahrb. d. BRD 1962, S. 182—183; 1965, S. 188; 1968, S. 154; 1971, S. 150; 1974, S. 170; 1977, S. 142; 1980, S. 142; 1983, S. 148 und Stat. Jahrb. d. DDR 1975, S. 190—191; 1979, S. 175; 1983, S. 195

minimalen Durchschnittserträge lagen in der Bundesrepublik Deutschland mit 24,8 dt/ha im Regierungsbezirk Südwürttemberg-Hohenzollern, in der DDR mit 26,0 dt/ha im Bezirk Schwerin.
Zwar sind in allen Regierungsbezirken bzw. Bezirken die Erträge angestiegen, doch bis heute regionale Unterschiede unverkennbar. Besonders fällt für 1981 die große räumliche Diskrepanz zwischen den Erträgen in Schleswig-Holstein und den Bezirken Neubrandenburg, Schwerin und Frankfurt auf.
Hinzu kommen die beträchtlichen Ertragsunterschiede zwischen Sommer- und Wintergerste (Fig. 44), die in der DDR nur in den siebziger Jahren, in der Bundesrepublik Deutschland allerdings über einen wesentlich längeren Zeitraum beträchtlich waren.
Auch die Weizenerträge stiegen in den beiden Staaten in Deutschland im Mittel der letzten zwei Jahrzehnte ständig an (Fig. 45). Auch hier zeigt sich deutlich, daß (bis auf 1965) die Erträge in der Bundesrepublik Deutschland über denen in der DDR lagen, obwohl sie in einigen Jahren auch dort verhältnismäßig hoch waren.
Die regionalen Unterschiede waren groß. Obwohl in der Bundesrepublik Deutschland 1960 der Durchschnittsertrag von Weizen 35,6 dt/ha betrug (Fig. 46), lag das Maximum bei 45,2 dt/ha (Regierungsbezirk Rheinhessen), das Minimum bei 29,1 dt/ha im benachbarten Saarland. In der DDR lag der Durchschnittswert bei 34,6 dt/ha, mit dem Maximum im Bezirk Halle mit 38,6

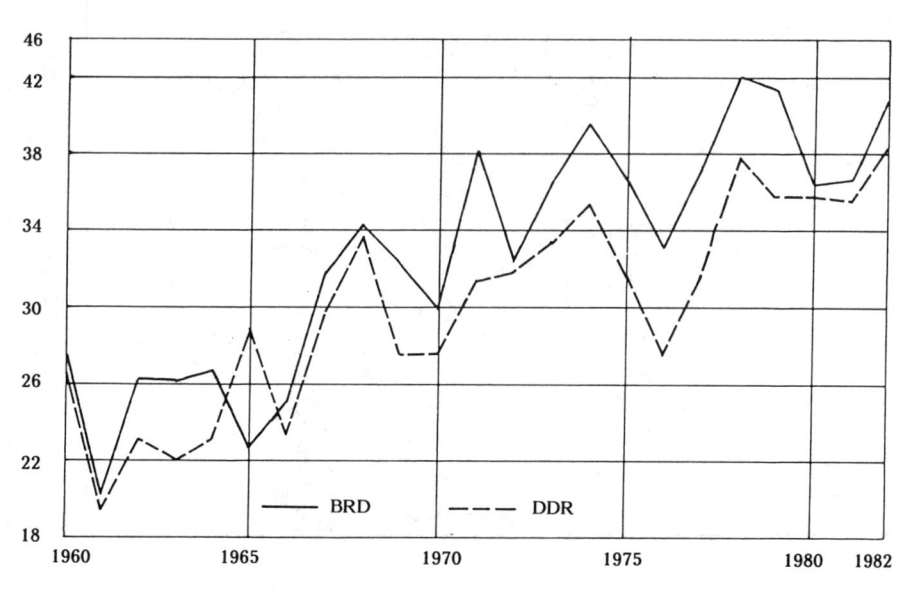

Figur 45: Entwicklung der Weizenerträge (dt/ha)

Quelle: nach Stat. Jahrb. d. BRD 1962, S. 182; 1965, S. 188; 1968, S. 154; 1971, S. 150; 1974, S. 170; 1977, S. 142; 1980, S. 142; 1983, S. 148 und Stat. Jahrb. d. DDR 1983, S. 40

Figur 46: Weizenerträge 1960 und 1981 (dt/ha)

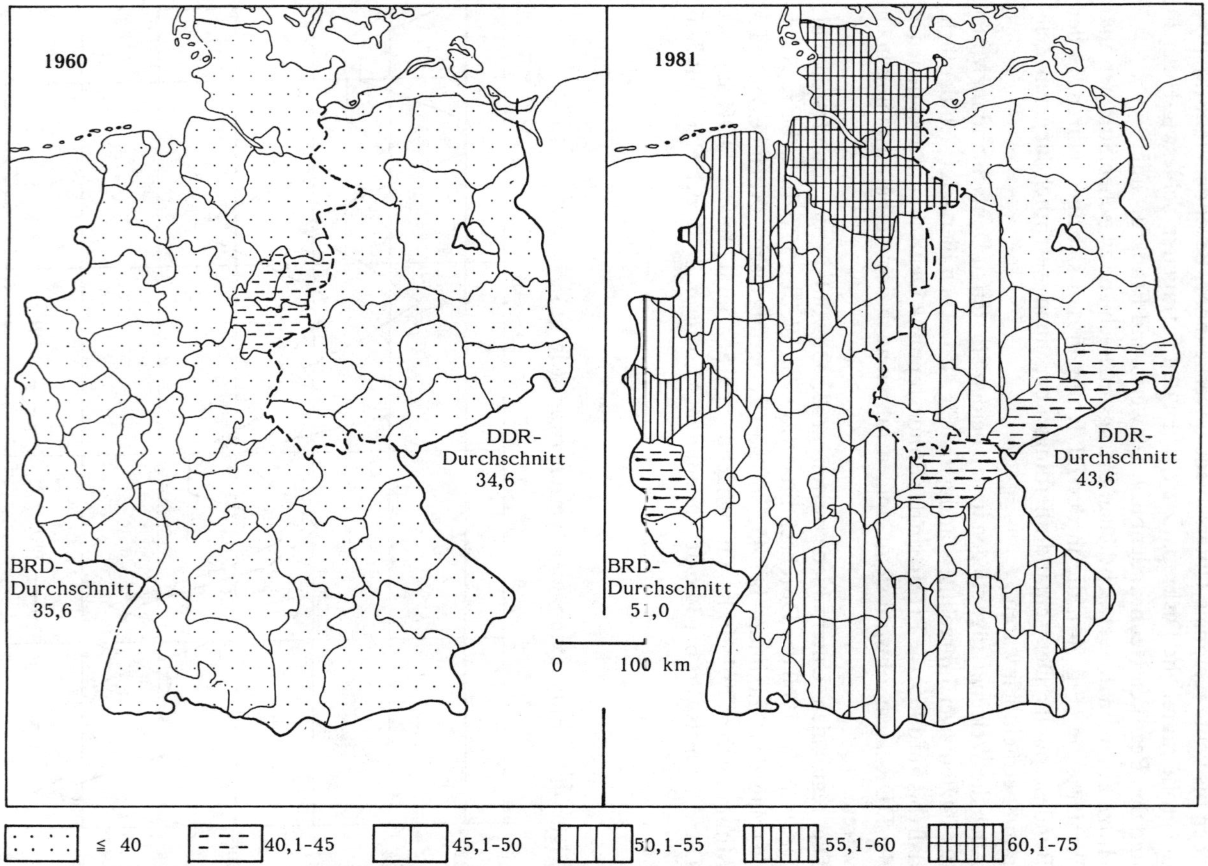

Quelle: nach „Bodennutzung und Ernte 1960", S. 25 und Stat. Jahrb. d. DDR 1960/61, S. 247. „Bodennutzung und pflanzliche Erzeugung 1981", S. 17, 23—30 und Stat. Jahrb. d. DDR 1982, S. 181

Figur 47: Entwicklung der Hafererträge (dt/ha)

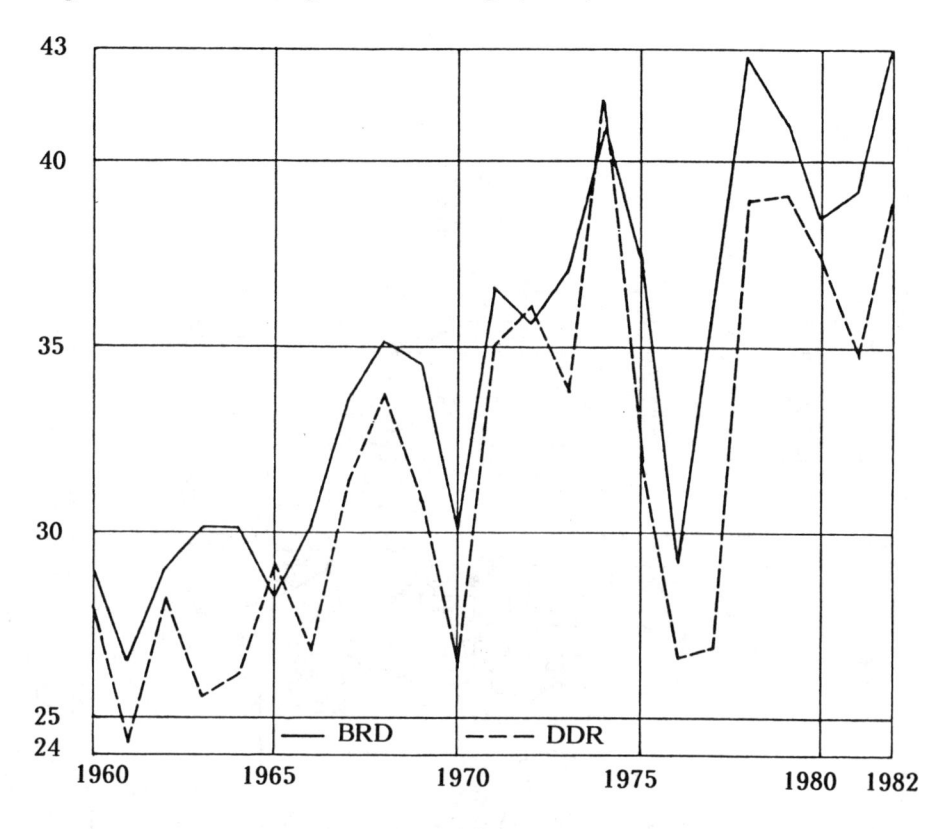

Quelle: nach Stat. Jahrb. d. BRD 1962, S. 182; 1965, S. 188; 1968, S. 154; 1971, S. 150; 1974, S. 170; 1977, S. 142; 1980, S. 142; 1983, S. 148 und Stat. Jahrb. d. DDR 1983, S. 194—195

dt/ha und dem Minimum in Ostberlin mit 26,9 dt/ha. Große regionale Unterschiede sind bis 1981 geblieben. Sowohl in der Bundesrepublik Deutschland als auch in der DDR gab es eine große regionale Diskrepanz zwischen dem Norden und dem Süden.
Wie bei Gerste beachte man auch bei Weizen die Ertragsunterschiede zwischen Sommer- und Winterweizen (Fig. 44).
Auch die Hafererträge haben sich in den beiden Staaten in Deutschland ständig erhöht. Doch die Schwankungen in der Vergangenheit waren außerordentlich groß, dagegen die Ertragsdifferenzen relativ gering (Fig. 47).
In der Bundesrepublik Deutschland betrug der durchschnittliche Haferertrag 1960 29,1 dt/ha, in der DDR 28,1 dt/ha. Trotzdem gab es aber regionale Unterschiede (Fig. 48). In der Bundesrepublik Deutschland lag mit 42,0 dt/ha das Maximum im Verwaltungsbezirk Braunschweig, mit 22,9 dt/ha das Mini-

Figur 48: Hafererträge 1960 und 1981 (dt/ha)

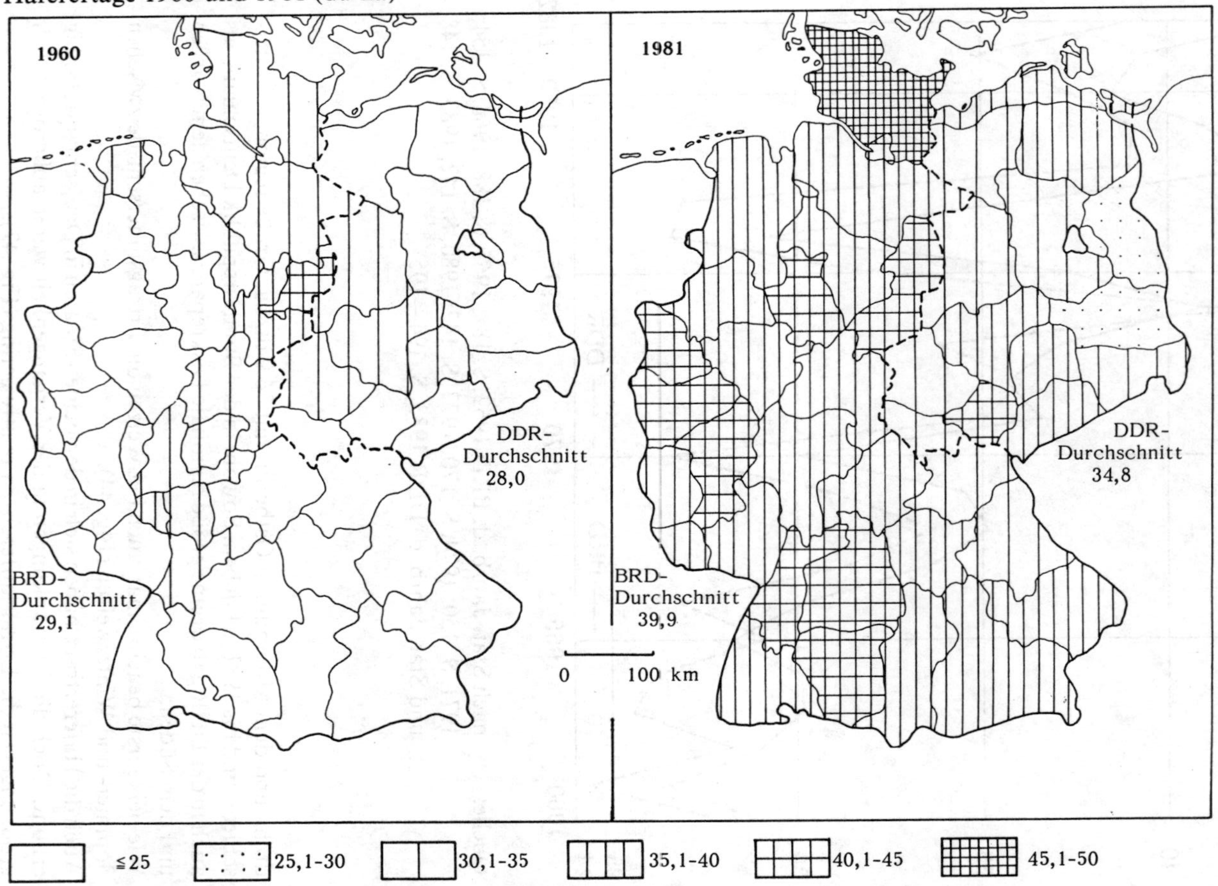

Quelle: nach „Bodennutzung und Ernte 1960", S. 26 und Stat. Jahrb. d. DDR 1960/61, S. 456. „Bodennutzung und pflanzliche Erzeugung 1981", S. 18, 23—31 und Stat. Jahrb. d. DDR 1982, S. 181

mum im Saarland. In der DDR gab es im Bezirk Halle einen Durchschnittswert von 33,2 dt/ha, im Bezirk Schwerin einen solchen von 22,8 dt/ha. Innerhalb der Bundesrepublik Deutschland war die Spannweite der Erträge mit 19,1 dt/ha somit wesentlich höher als in der DDR mit nur 10,4 dt/ha.
Im Vergleich zu allen bisher behandelten Getreidearten kann man zwar auch für Roggen in den beiden Staaten in Deutschland Ertragssteigerungen feststellen (Fig. 49), aber in allen erfaßten Jahren lagen die Erträge in der Bundesrepublik Deutschland wesentlich über denen in der DDR. Das kommt auch in Fig. 50 zum Ausdruck. Der große Gegensatz im Jahre 1960 zwischen der Bundesrepublik Deutschland und der DDR hinsichtlich der Erträge wird deutlich, ebenso wie die regionale Konzentration in der Bundesrepublik Deutschland auf den Mittelgebirgsraum. Bis 1981 konnten diese Unterschiede nur unwesentlich verringert werden.
Schließlich muß bei der Darstellung der Getreideerträge noch der Körnermais berücksichtigt werden. Seit den sechziger Jahren bis in die Gegenwart hinein sind die Körnermaiserträge in der DDR geringer als in der Bundesrepublik Deutschland, obwohl sie in den beiden Staaten in Deutschland gerinfügig angestiegen sind (Fig. 51).
In Fig. 52 kann man erkennen, daß sich der Ertragsanstieg in allen Bundesländern widerspiegelt, obwohl die Schwankungen in einigen Jahren ganz beträchtlich waren. So fielen beispielsweise in Schleswig-Holstein, Hessen und im Saarland im trockenen Sommer des Jahres 1976 die Erträge sehr gering aus.

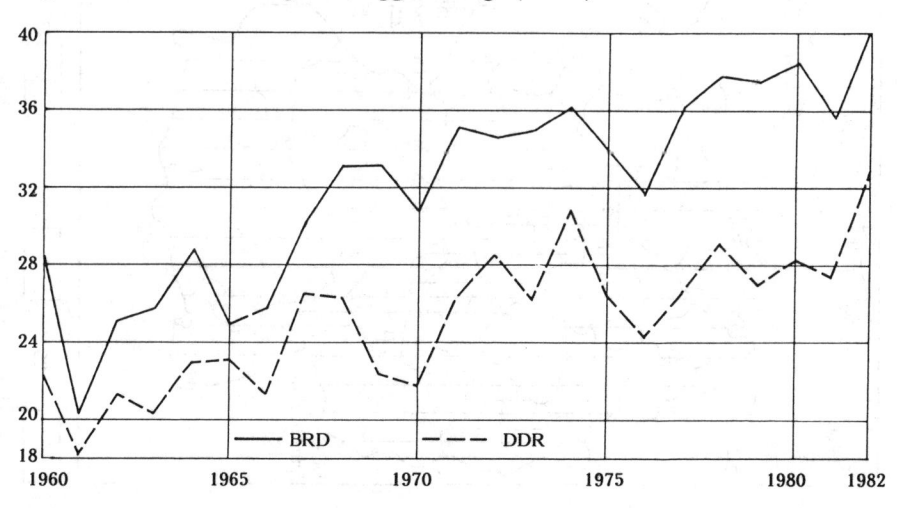

Figur 49: Entwicklung der Roggenerträge (dt/ha)

Quelle: nach Stat. Jahrb. d. BRD 1962, S. 182; 1965, S. 188; 1968, S. 154; 1971, S. 150; 1974, S. 170; 1977, S. 142; 1980, S. 142; 1983, S. 148 und Stat. Jahrb. d. DDR 1983, S. 40

Figur 50: Roggenerträge 1960 und 1981 (dt/ha)

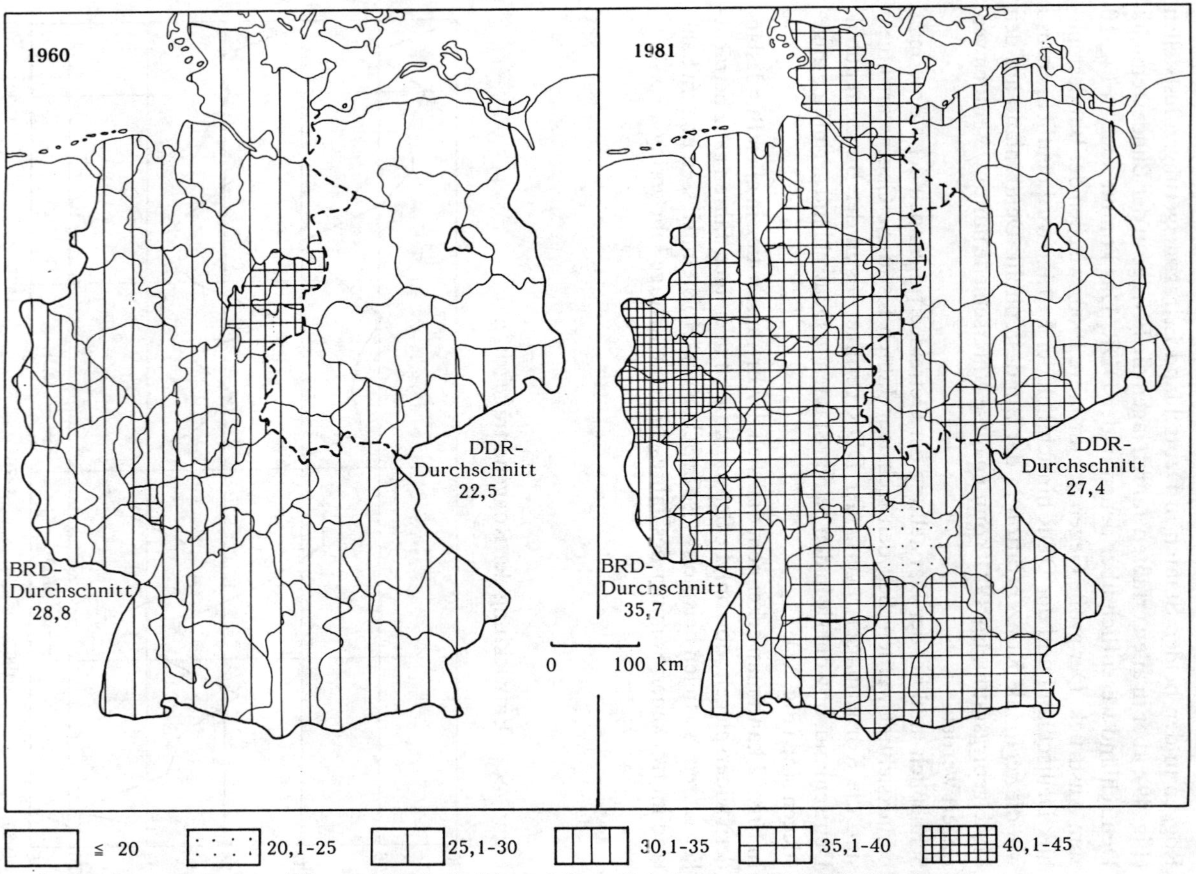

Quelle: nach „Bodennutzung und Ernte 1960", S. 24 und Stat. Jahrb. d. DDR 1960/61, S. 458. „Bodennutzung und pflanzliche Erzeugung 1981", S. 17, 23—31 und Stat. Jahrb. d. DDR 1982, S. 181

Figur 51: Entwicklung der Körnermaiserträge (dt/ha)

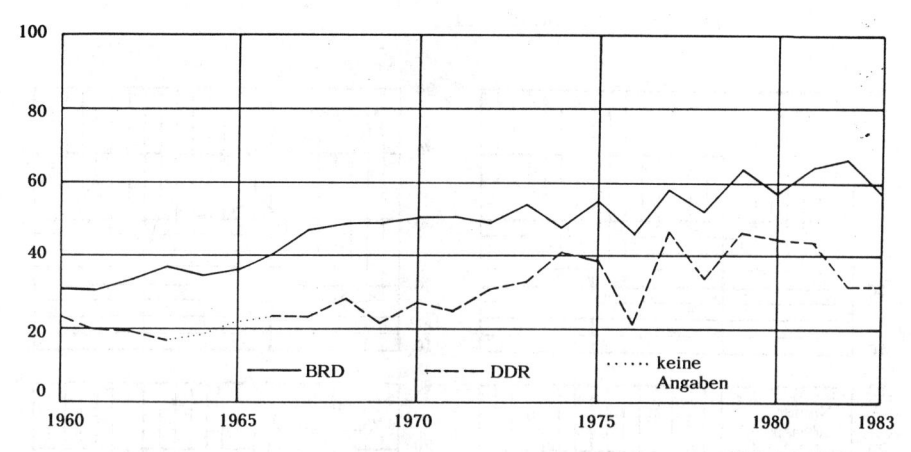

Quelle: nach Stat. Jahrb. d. BRD 1962, S. 182; 1965, S. 189; 1968, S. 155; 1971, S. 151; 1974, S. 171; 1977, S. 143; 1980, S. 143; 1983, S. 149 und Stat. Jahrb. d. DDR 1975, S. 192—193; 1983, S. 194—195

Wenn auch — tendenziell betrachtet — die Körnermaisertäge seit 1960 in den Bundesländern angestiegen sind, so zeigen sich doch bis heute auffallende regionale Unterschiede. Das geht aus Fig. 53 hervor, aus der die großen Ertragsdifferenzen zwischen den Regierungsbezirken deutlich werden. Beispielsweise betrug 1981 der Ertrag im Regierungsbezirk Freiburg 70,2 dt/ha, im Regierungsbezirk Braunschweig jedoch nur 46,5 dt/ha.[21]
Die in Fig. 54 und Fig. 55 noch einmal zusammengestellten Getreideerträge für die Bundesrepublik Deutschland und die DDR zeigen, daß die Roggenerträge im Vergleich zu allen anderen Getreideerträgen am niedrigsten waren. Auch die Hafererträge waren in den beiden Staaten in Deutschland wesentlich geringer als die Erträge von Gerste und Weizen. Bei allen Getreidearten konnten aber die Erträge gesteigert werden.
Diese Ertragssteigerungen in der Bundesrepublik Deutschland und der DDR kann man allgemein zurückführen auf
— Erhöhung des Stickstoffaufwandes,
— Einsatz von Wachstumsregulatoren und
— Anwendung von Pflanzenbehandlungsmitteln.

---

[21] Wegen der geringen Ausdehnung des Körnermaisanbaus in der DDR ist es verständlich, daß auch keine Angaben über Erträge für die Bezirke gemacht werden. Erst recht sind keine Angaben getrennt nach Trockenkorn, Feuchtkorn, CCM und Lieschkolbenschrot zu erwarten. Eine Aufgliederung dieser Art fehlt auch für die Bundesrepublik Deutschland.

Figur 52: Entwicklung der Körnermaiserträge in den Ländern der Bundesrepublik Deutschland (dt/ha)

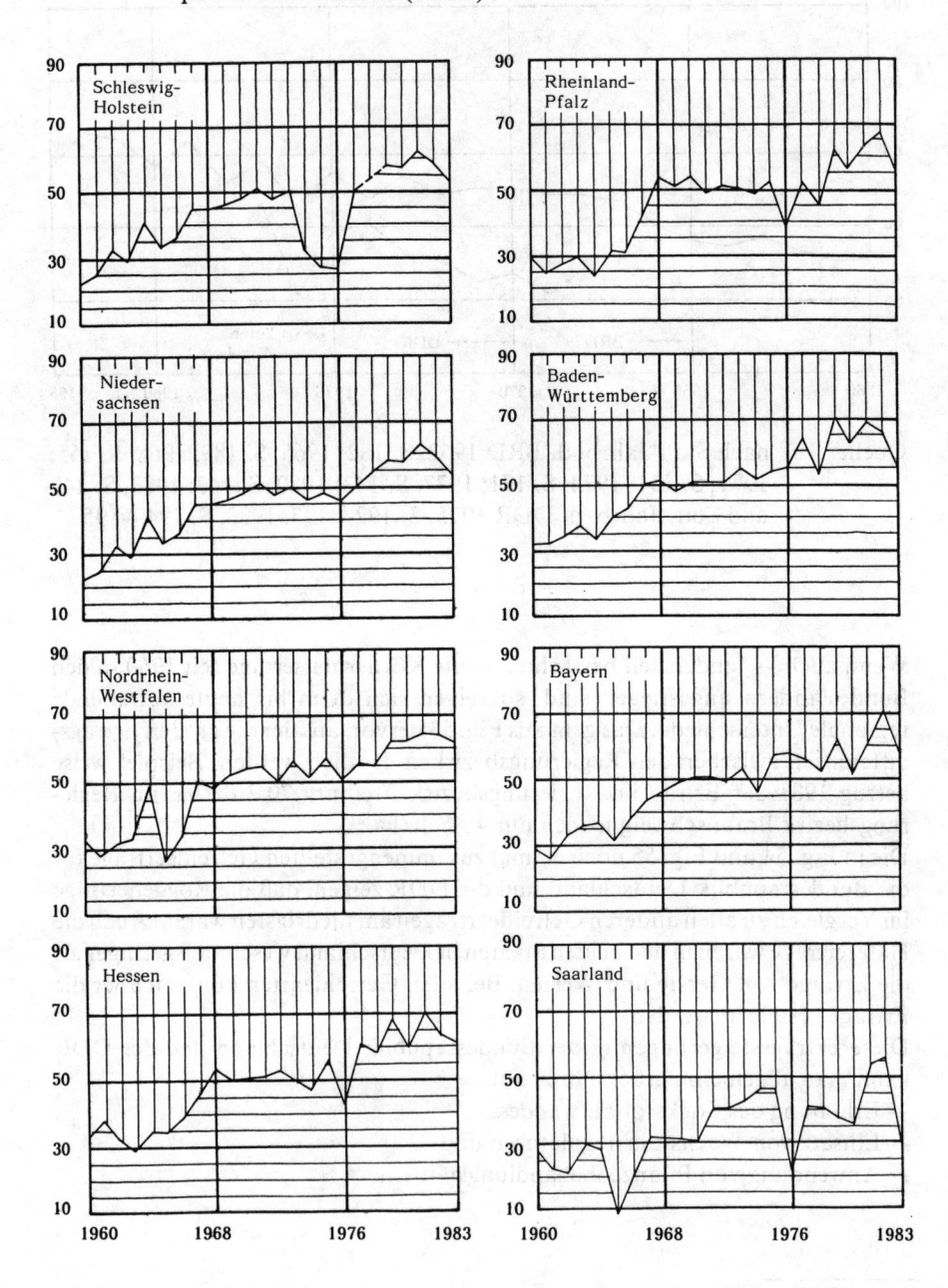

Quelle: nach Stat. Jahrb. d. BRD 1962, S. 182; 1965, S. 189; 1968, S. 155; 1971, S. 151; 1974, S. 171; 1977, S. 143; 1980, S. 143; 1983, S. 149 und Stat. Jahrb. d. DDR 1975, S. 192—193; 1983, S. 194—195

Figur 53: Körnermaiserträge in der Bundesrepublik Deutschland 1981 (dt/ha)

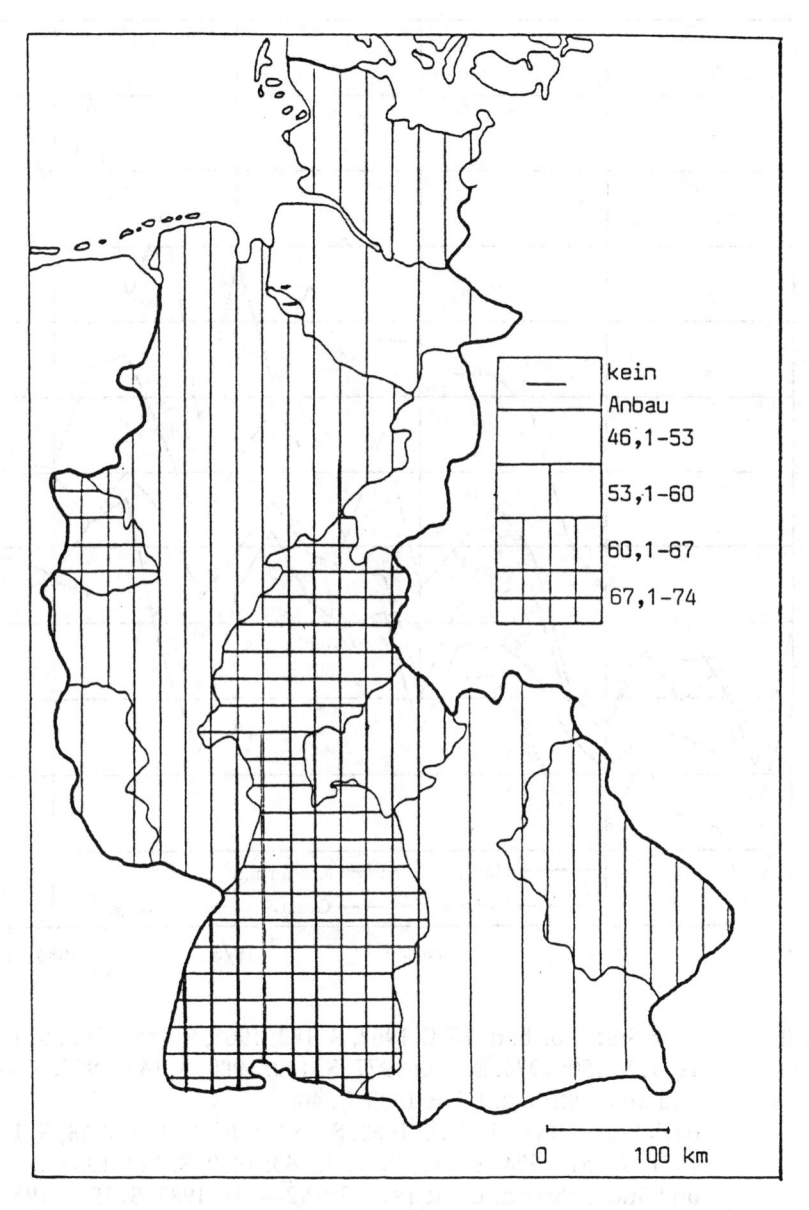

Quelle: nach „Bodennutzung und pflanzliche Erzeugung 1981", S. 19, 23—31

Figur 54: Vergleich der Entwicklung aller Getreideerträge (dt/ha) in der Bundesrepublik Deutschland

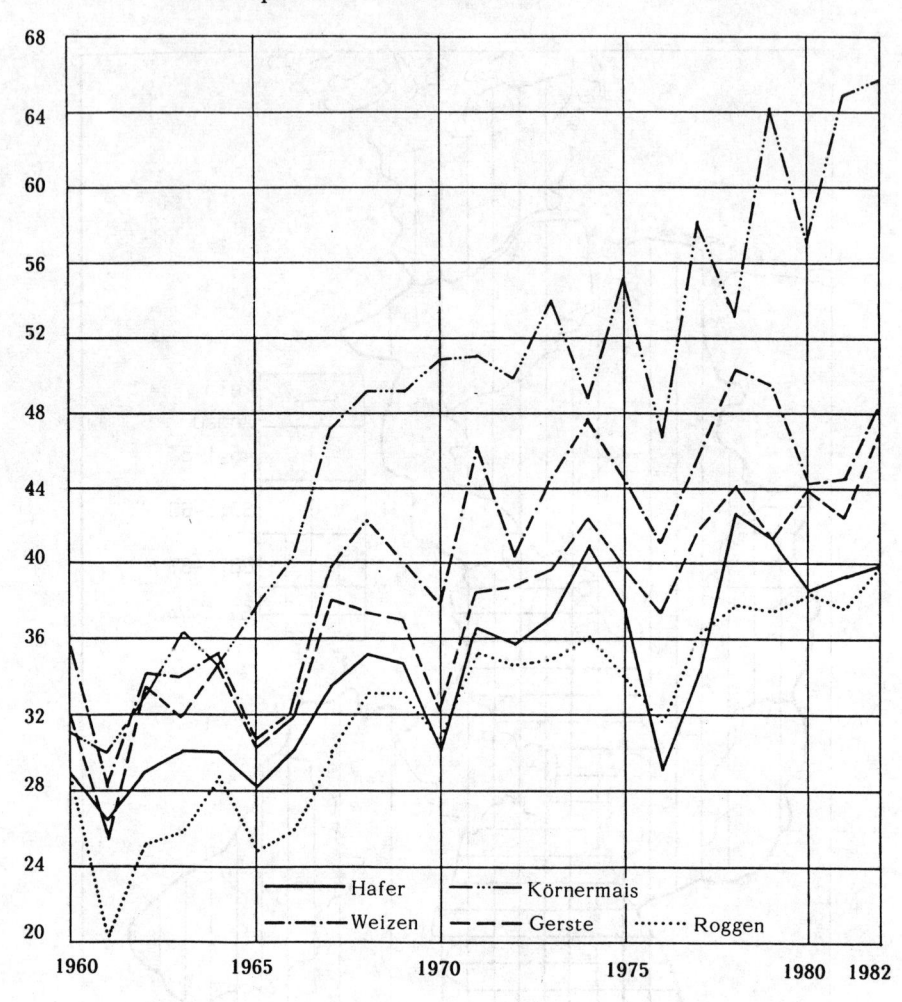

Quelle: nach Stat. Jahrb. d. BRD 1962, S. 182; 1965, S. 188; 1968, S. 154; 1971, S. 150; 1974, S. 170; 1977, S. 142; 1980, S. 142; 1983, S. 148 und Stat. Jahrb. d. DDR 1983, S. 40.
nach Stat. Jahrb. d. BRD 1962, S. 182; 1965, S. 189; 1968, S. 155; 1971, S. 151; 1974, S. 171; 1977, S. 143; 1980, S. 143; 1983, S. 149 und Stat. Jahrb. d. DDR 1975, S. 192—193; 1983, S. 194—195

In der Bundesrepublik Deutschland wurde außerdem der Kali- und Phosphateinsatz erhöht und eine Verbesserung der Düngergaben durch Aufteilung der Stickstoffgaben vorgenommen.

Auf die fehlenden Kali- und Phosphatgaben in der DDR kann aber sicherlich die dortige relativ geringe Ertragsentwicklung nicht allein zurückgeführt werden. Auch der Umfang des Arbeitskräfteeinsatzes kann nicht der Grund für die geringen Erträge sein, denn der Anteil der Berufstätigen in der Land- und Forstwirtschaft an der Gesamtzahl der Berufstätigen ist zwar ständig verringert worden, ist aber mit 10,6 Prozent noch doppelt so hoch wie in der Bundesrepu-

Figur 55: Vergleich der Entwicklung aller Getreideerträge (dt/ha) in der DDR

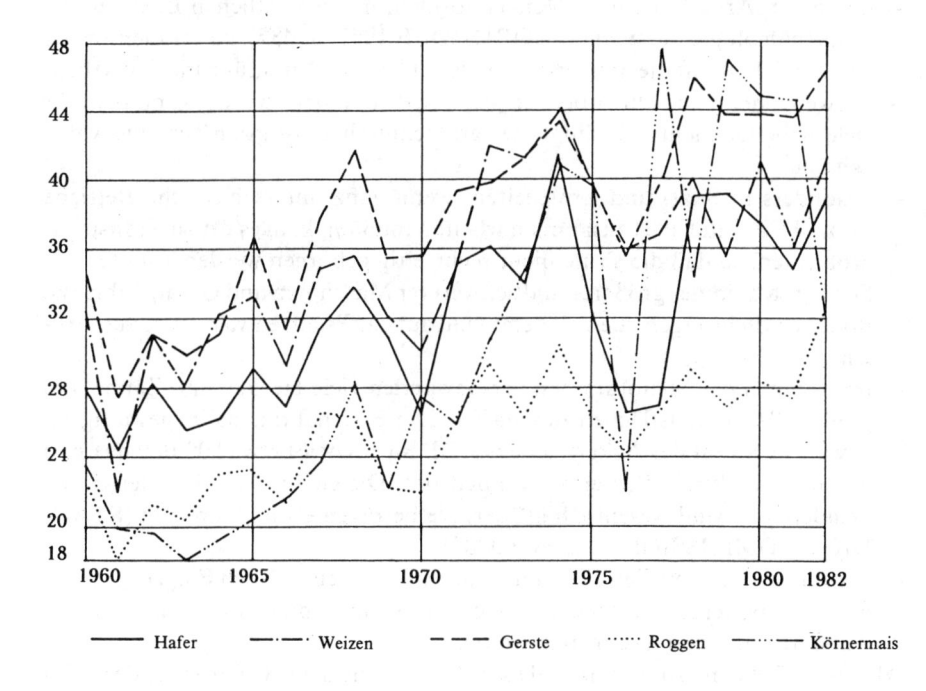

―――― Hafer   ―·―· Weizen   ― ― ― Gerste   ······ Roggen   ―··―·· Körnermais

Quelle: nach Stat. Jahrb. d. BRD 1962, S. 182; 1965, S. 188; 1968, S. 154; 1971, S. 150; 1974, S. 170; 1977, S. 142; 1980, S. 142; 1983, S. 148 und Stat. Jahrb. d. DDR 1983, S. 40; Stat. Jahrb. d. BRD 1962, S. 182; 1965, S. 189; 1968, S. 155; 1971, S. 151; 1974, S. 171; 1977, S. 143; 1980, S. 143; 1983, S. 149 und Stat. Jahrb. d. DDR 1975, S. 192—193; 1983, S. 194—195

blik Deutschland (5,9 %).[22] Weiterhin kann die niedrige Ertragsentwicklung nicht im Umfang des Stickstoffdüngereinsatzes liegen, denn gerade in diesem Bereich ist eine gewaltige Zunahme erfolgt. Es gab einen regelrechten Ackerdoping (NORDHOFF 1983, S. 488). Auch mit Energie wurde nicht gespart. Der Energieeinsatz hat sich gewaltig vergrößert. Er belief sich 1970 auf $16,3 \times 10^9$ J/ha LN, 1980 bereits auf $24,8 \times 10^9$ J/ha LN (HOHMANN 1982, S. 20).

Trotzdem wurde in der DDR pro Flächeneinheit weniger produziert als in der Bundesrepublik Deutschland. Folgende Gründe kann man dafür stichwortartig auffführen:

— Während in der Bundesrepublik Deutschland der private Landwirt seit jeher länger als ein Fabrikarbeiter arbeitet, und vor allem dann bereit zur Arbeit ist, wenn es die äußeren Umstände erfordern, war die DDR-Führung bisher stolz auf den 8-Stunden-Tag auch in der Landwirtschaft. Daß diese Regelung gerade dort nicht vorteilhaft ist, liegt auf der Hand.

— Da in den Arbeitsbrigaden Mengennormen, in der westlichen Literatur als Tonnenideologie bezeichnet (NORDHOFF 1982, S. 487), zu erfüllen waren bzw. sind, fehlt oft die notwendige Sorgfalt bei der Durchführung der Arbeit.

— Da weitgehend im Schichtbetrieb gearbeitet wird bzw. wurde, kann man für viele Arbeiten nicht unbedingt die agrotechnisch günstigsten Termine wahrnehmen.

— Besonders in Saat- und Erntezeiten, wenn ganz unterschiedliche Betriebe (KfL, ACZ und LPG) zusammenarbeiten mußten, kam es oft zu Transportproblemen, so daß die Ernte nicht rechtzeitig geborgen werden konnte.

— Der Einsatz immer größerer und schwererer Maschinen und Geräte führte zu Bodenverdichtungen, die sich hemmend auf das Pflanzenwachstum auswirkten.

— Im Rahmen der Meliorationen verschwanden viele Hecken und Zäune, um größere Wirtschaftsflächen zu schaffen. Der Bodenabtrag nahm gewaltig zu. Etwa 10 Prozent der Ackerfläche der DDR (das heißt etwa 500 000 ha) sind gegenwärtig durch Wassererosion bedroht. Die gefährdeten Flächen durch Winderosion sind wesentlich größer. Sie betragen etwa 35 Prozent (STÄNDIGE KOMMISSION . . ., Heft 3/83).

— Bei der Aussaat von Getreide und beim Düngerstreuen durch Flugzeuge kann man auf bodenstrukturelle Unterschiede nicht achten. Fehlstellen in den Anbauflächen sind häufig anzutreffen.

Alle diese Pobleme sind in der DDR bekannt. Seit dem X. Parteitag der SED 1981 und dem XII. Bauernkongreß 1982 versucht man deshalb auch durch zahlreiche Korrekturen am bisherigen agrarpolitischen Kurs das Schlimmste

---

22 Ein direkter Vergleich des Arbeitskräftebesatzes zwischen LPG bzw. VEG in der DDR und einzelbäuerlichen Betrieben in der Bundesrepublik Deutschland gibt jedoch ein schiefes Bild der tatsächlichen Verhältnisse. In der DDR nämlich zählen zum Beispiel zum Arbeitskräftebesatz einer LPG auch die Beschäftigten in den notwendigen Hilfszweigen für die Produktion, zum Beispiel Handwerker wie Tischler, Stellmacher, Schlosser, Maurer etc. In der Bundesrepublik Deutschland jedoch werden viele Arbeiten von Dienstleistungsbetrieben erledigt. Das wird im Arbeitskräftebesatz nicht berücksichtigt.

abzuwenden (ECKART 1985, S. 409). Auch mit der Agrarpreisreform am 1.1. 1984 will man die Flächenproduktivität steigern (Tab. 10).

Tabelle 10: Erzeugerpreise ausgewählter Getreidearten in der DDR

Produkt	Preis in Mark je dt	
	1982	1984
Weizen	35	64
Roggen	45	66
Braugerste	55	95
Futtergerste	33	55
Futterhafer	38	62

Quelle: SPINDLER 1984, S. 7

4 VERÄNDERUNGEN IM HACKFRUCHTBAU

Zu den Hackfrüchten zählen Kartoffeln, Zuckerrüben und Futterhackfrüchte (= Runkelrüben, Kohlrüben, Futtermöhren, Futterkohl u. a.). Aus Fig. 56 ist zu entnehmen, daß die absolute Hackfruchtfläche 1960 in der Bundesrepublik Deutschland wesentlich größer war als in der DDR. Bis 1982 hat sie jedoch in beiden Staaten abgenommen, und zwar in der Bundesrepublik Deutschland sehr viel stärker als in der DDR, so daß gegenwärtig die gesamte Hackfruchtfläche in der DDR etwa so groß ist wie in der Bundesrepublik Deutschland, nämlich zirka 800 000 ha.[23]

Bezogen auf die Ackerfläche ist jedoch der Flächenanteil in der DDR im gesamten Untersuchungszeitraum größer als in der Bundesrepublik Deutschland (Fig. 57). Anfang der sechziger Jahre war er etwa gleich. Seit etwa 1970 hat der prozentuale Anteil in beiden Staaten etwa die gleiche Entwicklung genommen.

Diese Veränderung spiegelt sich auch in der regionalen Verbreitung der Hackfrüchte wider, die für 1960 und 1979, für die Bundesrepublik noch zusätzlich für 1983, angegeben ist (Fig. 58). Regionale Schwerpunkte gab es 1960 in der Bundesrepublik Deutschland in den Regierungsbezirken Münster, Düsseldorf, Köln, Darmstadt, Rheinhessen und Pfalz sowie Hildesheim und im Verwaltungsbezirk Braunschweig. In diesen Verwaltungseinheiten lag der Anteil der Hackfruchtfläche an der Ackerfläche zwischen 25,1 und 30 Prozent. Einen entsprechenden Anteil gab es auch in allen mittleren Bezirken der DDR (Magdeburg, Potsdam, Halle, Leipzig und Cottbus) sowie im Nordbezirk Rostock. Im Norden der Bundesrepublik Deutschland (Bezirke Stade, Lüneburg und Osnabrück) sowie im Regierungsbezirk Aachen gab es sogar Hackfruchtflächenanteile von über 30 Prozent. Im Regierungsbezirk Lüneburg lag der Schwerpunkt innerhalb der ganzen Bundesrepublik Deutschland mit 36,8 Prozent. In der DDR gab es jedoch keinen Bezirk mit durchschnittlich mehr als 30 Prozent der Hackfruchtfläche an der Ackerfläche.

Die Veränderungen im Laufe der Zeit zeigen, daß in allen Bezirken und Regierungsbezirken die Anteile der Hackfruchtfläche an der Ackerfläche vermindert worden sind. 1979 gab es Anteile zwischen 25,1 und 30 Prozent in der Bundesrepublik Deutschland nur noch im Regierungsbezirk Köln (26,6 %). In der DDR hatten die Bezirke Leipzig und Magdeburg Anteile von 20,1 bis 25 Prozent. Sie waren vergleichbar mit den Regierungsbezirken Braunschweig und Düsseldorf. Auch nach 1979 ließ die Reduktion der Hackfruchtfläche nicht nach. Der an anderer Stelle bereits erwähnte Regierungsbezirk Lüneburg mit 36,8 Prozent

---

23 Wie bereits mehrfach aufgeführt, soll auch an dieser Stelle nochmals darauf hingewiesen werden, daß sich in der Bundesrepublik Deutschland die Grundlage der statistischen Erhebungen geändert hat und damit 1979 erstmals Betriebe mit weniger als einem Hektar Betriebsfläche nicht mehr erfaßt worden sind.

Figur 56: Entwicklung der Hackfruchtfläche (Mio. ha)

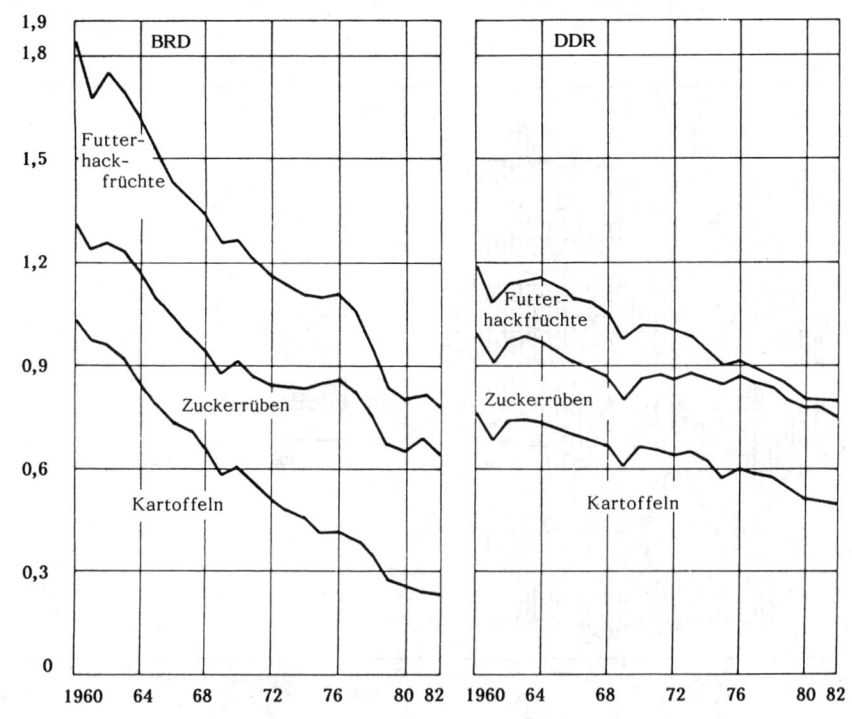

Quelle: nach „Bodennutzung der Betriebe 1977", S. 164; „ZMP Bilanz Getreide-Futtermittel 1982/83", S. 70 und Stat. Jahrb. d. DDR 1974, S. 208—209; 1979, S. 173; 1983, S. 191

Figur 57: Anteil der Hackfruchtfläche an der Ackerfläche (%)

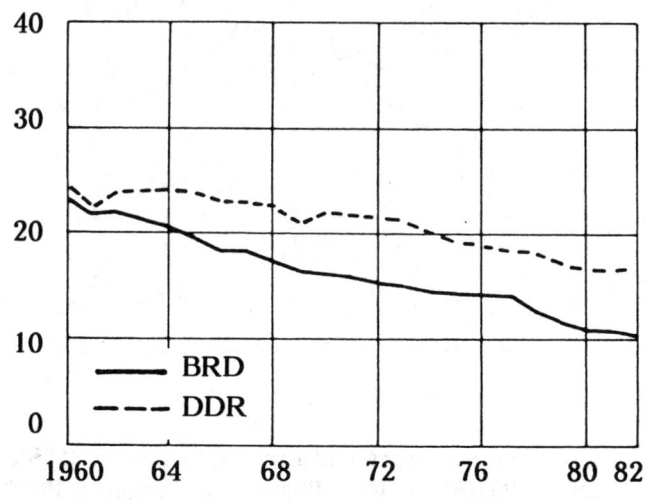

Quelle: nach „ZMP Bilanz Getreide-Futtermittel 1982/83", S. 15 und Stat. Jahrb. d. DDR 1974, S. 208—209; 1979, S. 173; 1983, S. 34, 191

Figur 58: Anteil der Hackfruchtfläche an der Ackerfläche 1960, 1979 und 1983 (%)

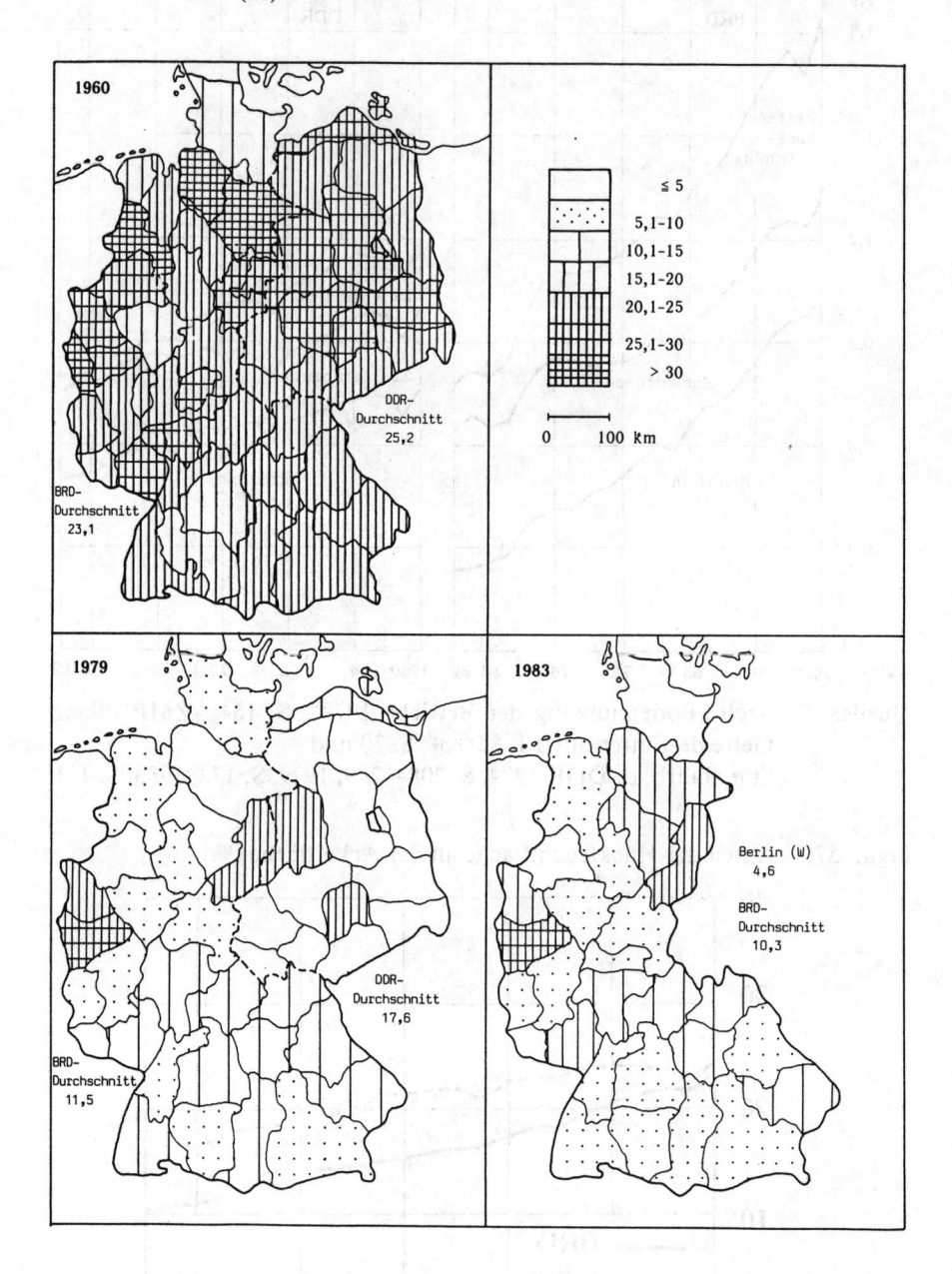

Quelle: nach „Bodennutzung und Ernte 1960", S. 31, 35; Stat. Jahrb. d. DDR 1960/61, S. 448; „Pflanzliche Erzeugung 1979", S. 16, 24; Stat. Jahrb. d. DDR 1980 und „Bodennutzung und pflanzliche Erzeugung 1983", S. 14, 22

(1960) hatte 1982 nur noch 17,5 Prozent. Im Saarland gab es 1960 noch 19,3 Prozent, 1979 noch 4,7 Prozent, 1982 nur noch 3,0 Prozent der Hackfruchtfläche an der Ackerfläche.

Wie bereits beim Getreidebau dargestellt wurde, müssen auch für die Entwicklungen im Hackfruchtbau ähnliche Gründe angeführt werden. Nur noch stichwortartig seien deshalb einige Fakten erwähnt:
— zunehmende Mechanisierung,
— abnehmende Zahl der Arbeitskräfte,
— veränderte Ernährungsgewohnheiten.

Darüberhinaus ist noch zu beachten:
— staatliche Preispolitik in der Bundesrepublik Deutschland,
— Verringerung der Wettbewerbsfähigkeit einiger Hackfrüchte gegenüber importierten Futtermitteln und Mais,
— unverhältnismäßig hoher Arbeitsaufwand trotz fast vollständiger Mechanisierung.

Betrachtet man nun die einzelnen Hackfruchtarten in ihrer flächenmäßigen Entwicklung, dann zeigen sich weitere Unterschiede zwischen den beiden Staaten in Deutschland (Fig. 56). Die absoluten Anbauflächen von Kartoffeln und Futterhackfrüchten nämlich haben zum Teil sehr stark abgenommen, dagegen hat sich die Zuckerrübenfläche in der Bundesrepublik Deutschland seit Anfang der siebziger Jahre stark vergrößert. In der DDR ist sie etwa konstant geblieben. Während in der DDR seit 1960 die Kartoffelfläche bis heute bei weitem dominierte und mit großem Abstand dahinter die Zuckerrübenanbaufläche folgte und schließlich die Futterhackfruchtfläche mit noch wesentlich geringerem Anteil, war die Flächenverteilung und -veränderung in der Bundesrepublik Deutschland anders. Zwar dominierte auch hier 1960 die Kartoffelanbaufläche, doch nicht die Zuckerrübenfläche, sondern die Futterhackfruchtfläche nahm den zweiten Platz ein. Seit Anfang der siebziger Jahre vollzog sich eine starke Verschiebung in den Flächenanteilen. Nun dominiert die Zuckerrübenfläche. Sie steht heute weit vor der Kartoffelanbaufläche und der Futterhackfruchtfläche.

Die Flächenverteilung der einzelnen Hackfrüchte hat sich auch in den Regierungsbezirken bzw. Bezirken stark gewandelt. In Fig. 59 ist die jeweilige Hackfruchtfläche mit 100 Prozent angegeben und der Anteil der entsprechenden Frucht mit mehr als 50 Prozent Flächenanteil eingetragen worden. Bei weniger als 50 Prozent umfassenden Flächen wurden die jeweils beiden größten Flächenanteile aufgeführt. Für 1960 läßt sich eine sehr klare Verteilung erkennen. In der DDR in sämtlichen Bezirken und in der Bundesrepublik Deutschland in den allermeisten Regierungsbezirken dominierte flächenmäßig der Kartoffelanbau. In Bördengebieten der Bundesrepublik Deutschland (Regierungsbezirke Aachen, Köln, Hildesheim und dem Verwaltungsbezirk Braunschweig) herrschte jedoch flächenmäßig der Zuckerrübenanbau vor. In den Regierungsbezirken Hannover, Düsseldorf und Rheinhessen dominierte zwar der Kartoffelanbau, machte aber weniger als 50 Prozent aus. In den Regierungsbezirken Hannover und Rheinhessen nahm der Zuckerrübenanbau noch eine beträchtliche Fläche ein, im Regierungsbezirk Düsseldorf waren es die Futterhackfrüchte. In Schleswig-Holstein dominierte der Futterhackfruchtanbau. Allerdings lag der

Figur 59: Dominanz der Hackfrucht an der gesamten Hackfruchtfläche mit Anteilen von mehr als 50 % (1960 und 1979)

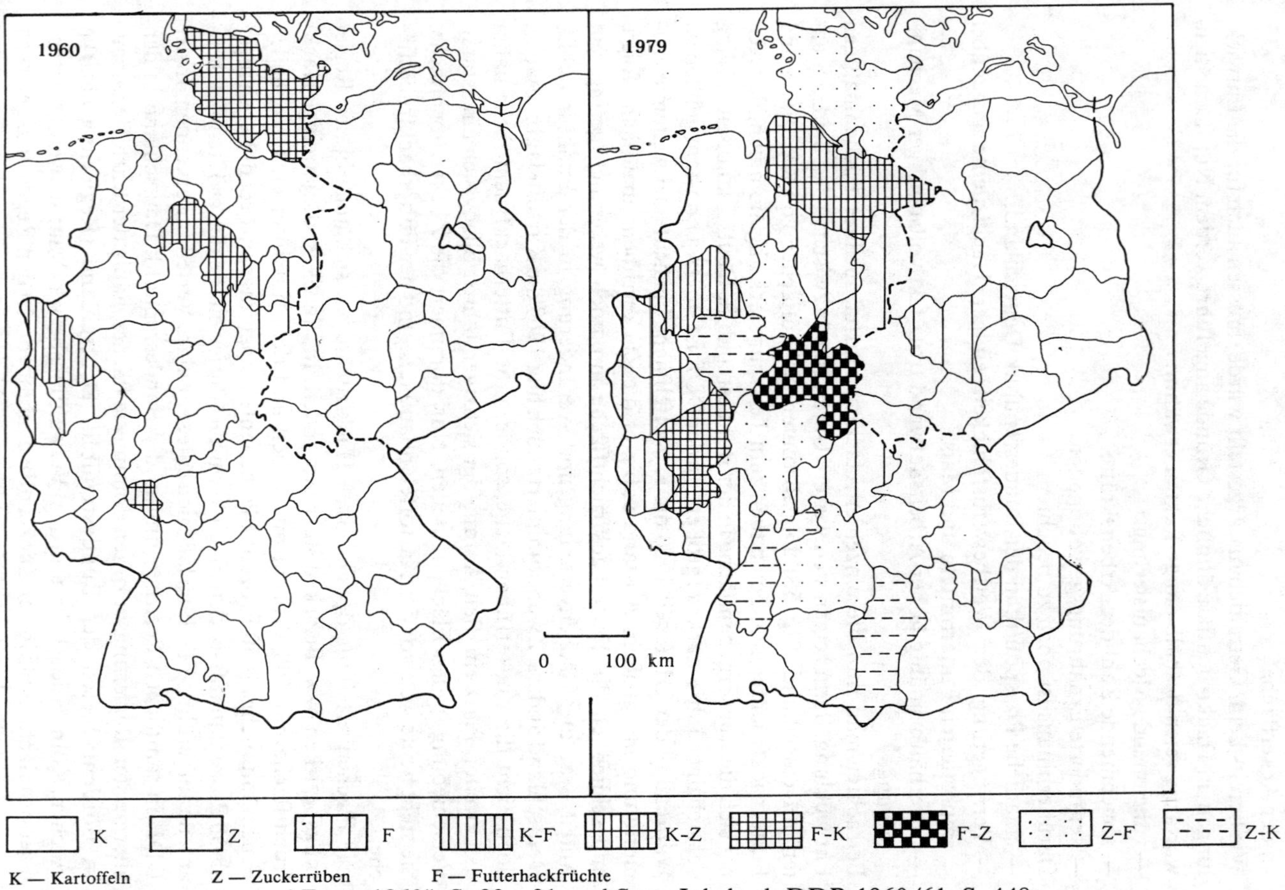

Quelle: nach „Bodennutzung und Ernte 1960", S. 29—31 und Stat. Jahrb. d. DDR 1960/61, S. 448; „Pflanzliche Erzeugung 1979", S. 24—25 und Stat. Jahrb. d. DDR 1980, S. 172

K — Kartoffeln   Z — Zuckerrüben   F — Futterhackfrüchte

Anteil an der gesamten Hackfruchtfläche unter 50 Prozent. Kartoffeln spielten die zweitrangigste Rolle.

Der enorme regionale und strukturelle Wandel bis 1979 wird deutlich. In der DDR haben sich die geringsten Veränderungen vollzogen. Große Verschiebungen in der flächenmäßigen Zusammensetzung der Hackfrüchte sind nur im Bezirk Halle erkennbar. Nicht mehr Kartoffeln, sondern Zuckerrüben nahmen hier mehr als 50 Prozent der Hackfruchtfläche ein. In der Bundesrepublik Deutschland kann man die gleiche Verschiebung in den Regierungsbezirken Niederbayern, Unterfranken und Rheinhessen-Pfalz erkennen. Die Zahl der Regierungsbezirke, in denen Kartoffeln mehr als 50 Prozent der Hackfruchtfläche einnahmen, hat sich in der Bundesrepublik Deutschland aber stark verringert.

Die Gründe für diese strukturellen und regionalen Veränderungen im Hackfruchtanbau sind sehr unterschiedlich zwischen den beiden Staaten in Deutschland und vor allem unterschiedlich auch zwischen den einzelnen Hackfruchtarten. Es soll deshalb auch erst bei deren Darstellung auf diese Gründe für die Wandlungen eingegangen werden.

4.1 DIE KARTOFFELFLÄCHE

Im Untersuchungszeitraum hat sich die gesamte Anbaufläche in der Bundesrepublik Deutschland um etwa 800 000 ha verringert,[24] in der DDR aber nur um etwa 270 000 ha. 1982 belief sich die ganze Anbaufläche in der Bundesrepublik Deutschland auf 238 163 ha, in der DDR auf 503 738 ha. Damit war die Kartoffelfläche in der DDR mehr als doppelt so groß wie in der Bundesrepublik Deutschland (Fig. 60).

Bezogen auf die Hackfruchtfläche zeigt Fig. 61, daß bis heute der Anteil in der DDR stets höher liegt als in der Bundesrepubik Deutschland. Außerdem ist zu erkennen, daß sich der prozentuale Anteil in der DDR kaum verändert hat. In der Bundesrepublik Deutschland dagegen ist der prozentuale Anteil ständig verringert worden. 1982 betrug er nur noch 30,2 Prozent, in der DDR dagegen noch 62,7 Prozent, war also doppelt so hoch. Die räumlichen Konzentrationen im Kartoffelanbau haben sich neben der erwähnten allgemeinen Entwicklung ebenfalls stark verändert (Fig. 62). Die geringsten Veränderungen vollzogen sich in der DDR.

In den beiden Staaten in Deutschland werden neben mittelfrühen und Spätkartoffeln auch Frühkartoffeln angebaut. In der Bundesrepublik Deutschland betrug die Frühkartoffelanbaufläche 1960 noch 63 915 ha (= 6,1 % der gesamten Kartoffelfläche), 1982 jedoch nur noch 20 802 ha. Das war allerdings aufgrund

---

24 Aufgrund der 1979 geänderten Grundlage für die statistische Erhebung ist die Anbaufläche für Kartoffeln seitdem größer als angegeben. Es wird geschätzt, daß etwa 10 bis 12 Prozent des tatsächlichen Gesamtanbaus vernachlässigt worden sind („ZMP Bilanz Kartoffeln 1982/83", Vorwort).

Figur 60: Entwicklung der Kartoffelfläche (1000 ha)

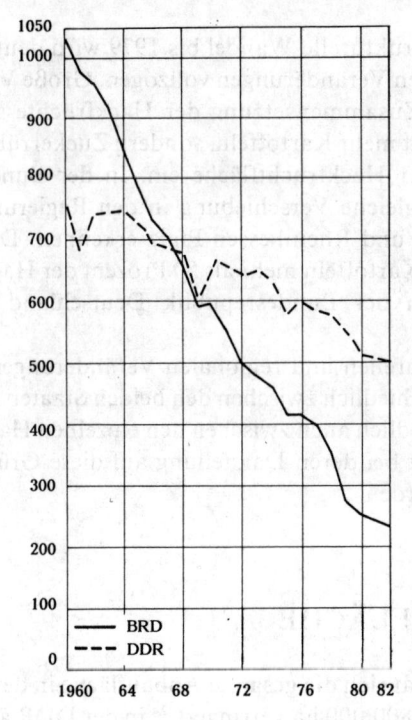

— BRD
--- DDR

Quelle: nach „Bodennutzung der Betriebe 1977", S. 164; „ZMP Bilanz Getreide-Futtermittel 1982/83", S. 70 und
Stat. Jahrb. d. DDR 1974, S. 208—209; 1979, S. 173; 1983, S. 191

Figur 61: Anteil der Kartoffelfläche an der Hackfruchtfläche (%)

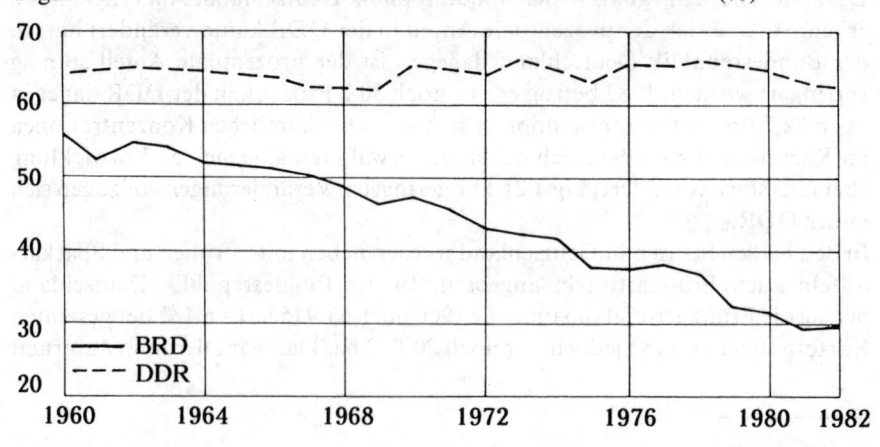

— BRD
--- DDR

Quelle: nach „Bodennutzung der Betriebe 1977", S. 164; „ZMP Bilanz Getreide-Futtermittel 1982/83", S. 70 und
Stat. Jahrb. d. DDR 1974, S. 208—209; 1979, S. 173; 1983, S. 191

Figur 62: Anteil der Kartoffelfläche an der Hackfruchtfläche 1960 und 1979 (%)

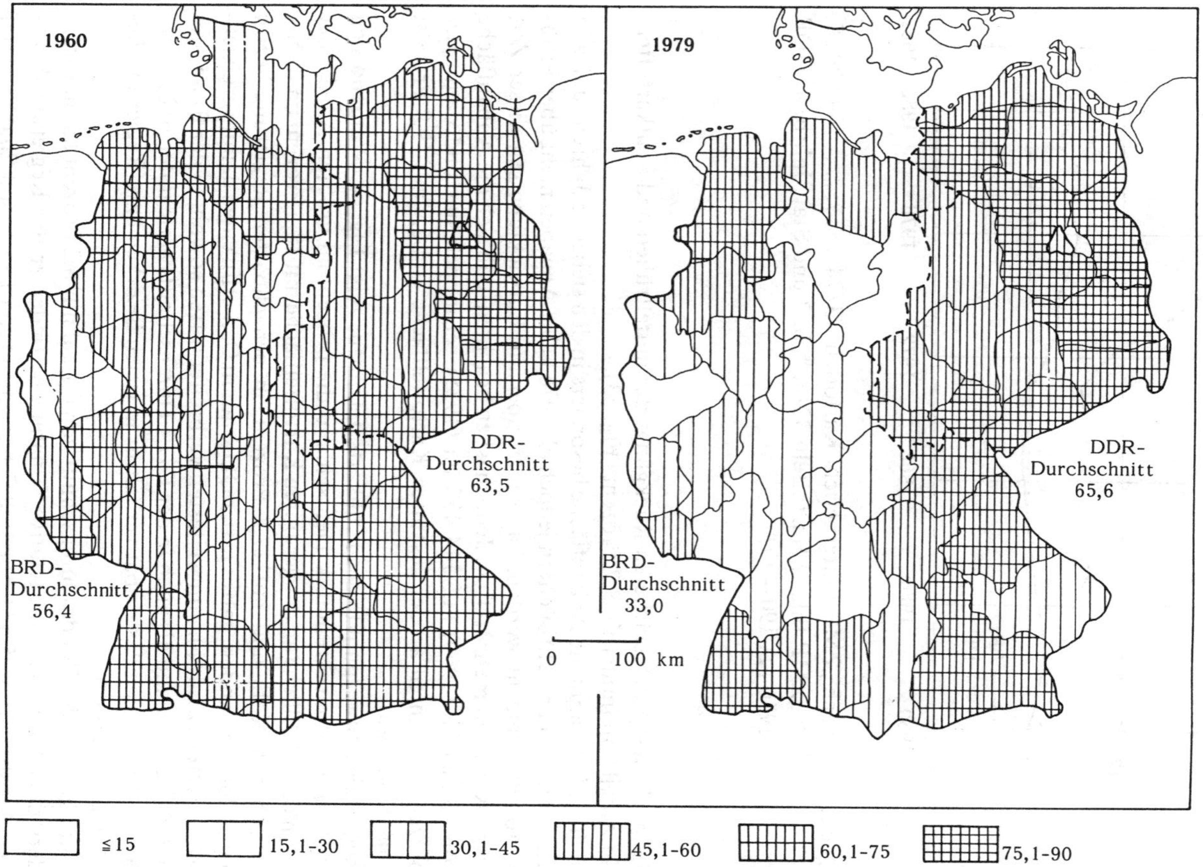

Quelle: nach „Bodennutzung und Ernte 1960", S. 29, 35 und Stat. Jahrb. d. DDR 1960/61, S. 448; „Pflanzliche Erzeugung 1979", S. 24 und Stat. Jahrb. d. DDR 1980, S. 172

Figur 63: Anteil der Frühkartoffelfläche an der gesamten Kartoffelfläche (%)

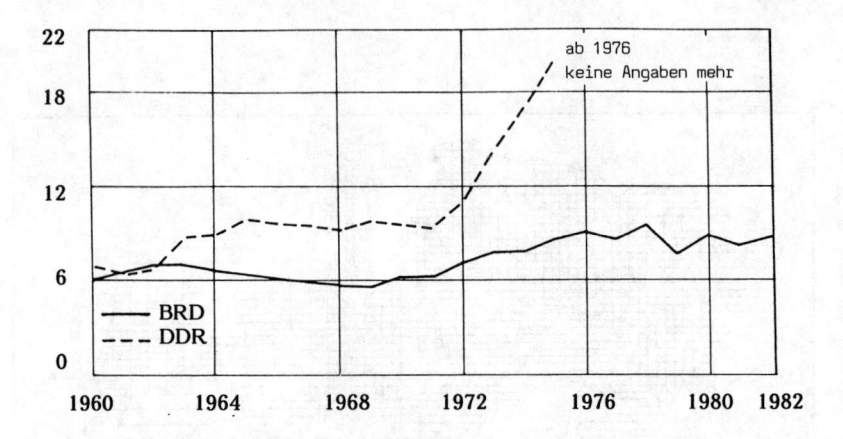

Quelle: nach „ZMP Jahresbericht Kartoffeln 73/74", S. 7; „. . . .74/75", S. 7; „ZMP Bilanz Kartoffeln 82/83", S. 7 und Stat. Jahrb. d. DDR 1976, S. 190—191

des noch wesentlich stärkeren Rückgangs der mittelfrühen und Spätkartoffeln ein Anteil von immerhin 8,7 Prozent (Fig. 63).
In der DDR nahm die Anbaufläche besonders in den siebziger Jahren zu. Da in den Statistischen Jahrbüchern jedoch ab 1976 keine Angaben mehr über Frühkartoffeln gemacht werden, kann man über die Entwicklung seit dieser Zeit keine Aussagen mehr treffen. Jedoch ist zu beachten, daß sich die Anbaufläche von 53 323 ha (1960) auf 114 437 ha (1975) verdoppelt hat und damit der prozentuale Anteil an der gesamten Kartoffelfläche von 6,9 auf 19,9 Prozent angestiegen war.
Regionale Schwerpunkte des Frühkartoffelanbaus zeigt Fig. 64. Während sich 1960 in der Bundesrepublik Deutschland die prozentual größten Anteile der Frühkartoffelfläche an der gesamten Kartoffelfläche mit 18,2 Prozent im Regierungsbezirk Köln und mit 17,5 Prozent im benachbarten Regierungsbezirk Düsseldorf befanden, gab es in der DDR nur in Ostberlin einen damit vergleichbaren Anteil (22,4 %). Am weitesten verbreitet waren sowohl in der Bundesrepublik Deutschland als auch in der DDR Durchschnittswerte unter 10 Prozent. Bis 1971 hatte sich das Anbauverhältnis in vielen Bezirken bzw. Regierungsbezirken verschoben.
Zwar hat sich der Bundesdurchschnitt von 6,1 auf nur 6,2 Prozent kaum verändert, doch kann man eine relative Zunahme besonders in den Regierungsbezirken Arnsberg (von 5,4 % auf 10,8 %), Aachen (von 10,9 % auf 20,0 %) unter anderem erkennen. Auch in der DDR gab es in einigen Bezirken beträchtliche relative Zunahmen, zum Beispiel im Bezirk Erfurt von 7,7 Prozent (1960) auf 10,8 Prozent (1971), im Bezirk Dresden von 6,1 auf 10,2 Prozent. Der sich in der allgemeinen Entwicklung nach 1971 schon angedeutete rapide Sprung der Flä-

Figur 64: Anteil der Anbaufläche von Frühkartoffeln an der gesamten Kartoffelanbaufläche 1960, 1971 und 1979 (%)

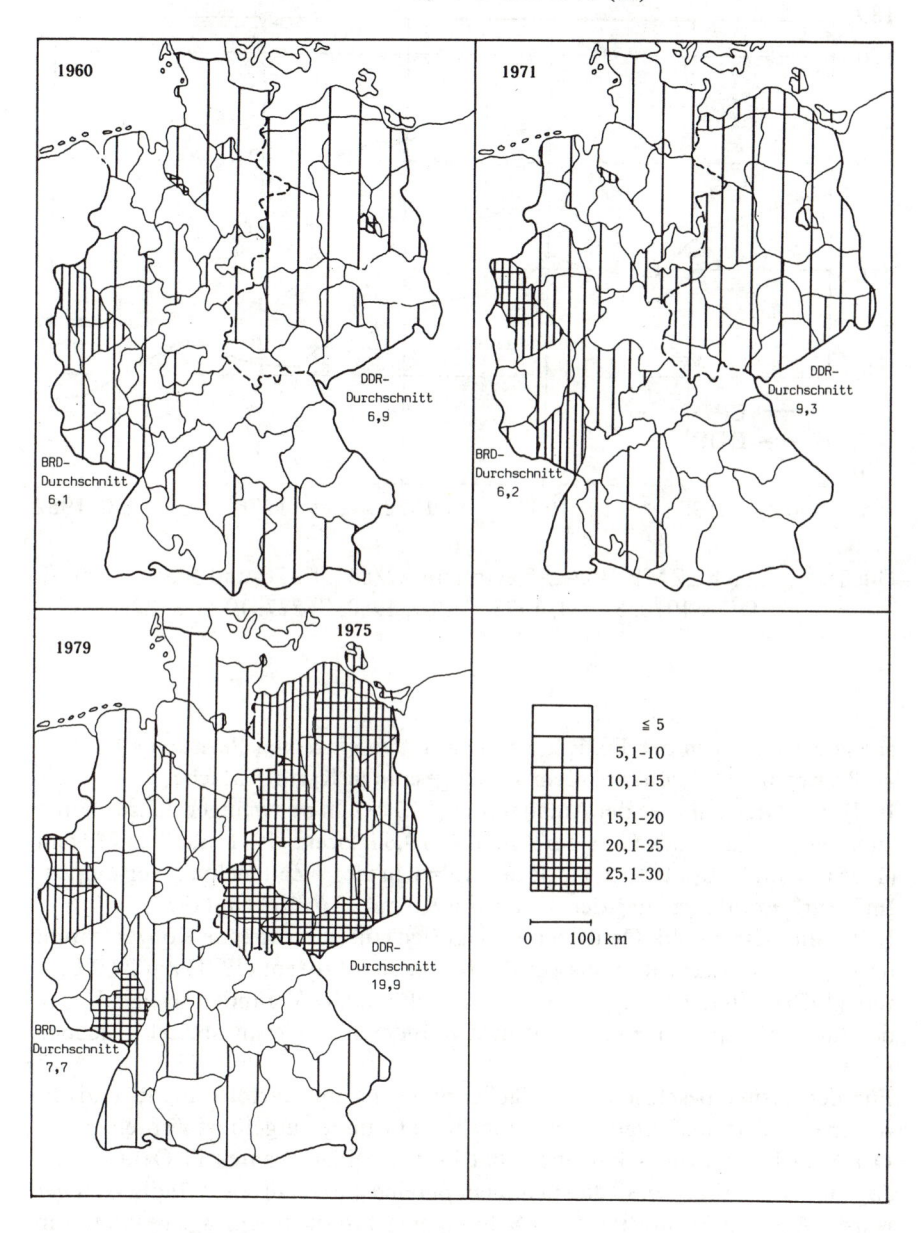

Quelle: nach „Bodennutzung und Ernte 1960", S. 29 und Stat. Jahrb. d. DDR 1960/61, S. 448; „Bodennutzung und Ernte 1971", S. 21 und Stat. Jahrb. d. DDR 1972, S. 228; „Pflanzliche Erzeugung 1979", S. 24 und Stat. Jahrb. d. DDR 1976

Figur 65: Pro-Kopf-Verbrauch von Kartoffeln (kg/Jahr)

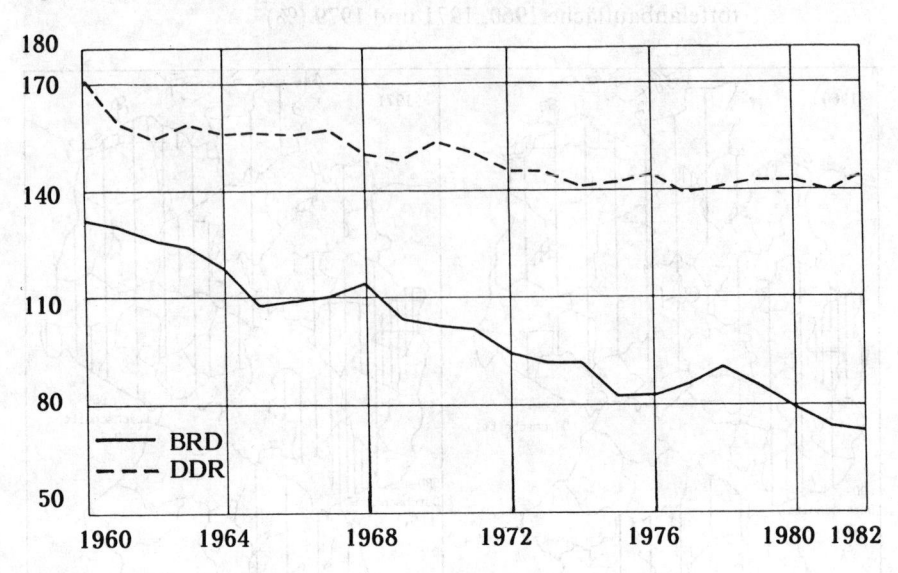

——— BRD
--- DDR

1960   1964   1968   1972   1976   1980 1982

Quelle: nach „ZMP Bilanz Kartoffeln 82/83", S. 26 und Stat. Jahrb. d.
DDR 1970, S. 354; 1975, S. 309; 1980, S. 277; 1983, S. 278

chenausdehnung in der DDR zeigt auch in den einzelnen Bezirken 1975 sehr großen Anteile der Frühkartoffeln an der gesamten Kartoffelfläche.[25]
Im Bezirk Dresden stieg der Anteil weiter (18,1 %). In nur wenigen Jahren nahm zum Beispiel im Bezirk Gera der Anteil von 9,6 Prozent (1971) auf 28,5 Prozent (1975) zu. Im Bezirk Erfurt wurde der Anbau in dieser Zeit mehr als verdoppelt. Im Bezirk Frankfurt stieg der Anteil von 8,0 auf 27,7 Prozent (1975).
In der Bundesrepublik Deutschland zeigt sich eine zunehmende Konzentration im Regierungsbezirk Rheinhessen-Pfalz von 18,6 Prozent (1971) auf 29,2 Prozent (1979). Mit der DDR vergleichbare spektakuläre Veränderungen gab es in der Bundesrepublik Deutschland in den anderen Regierungsbezirken jedoch nicht.
Für den bisher beschriebenen Flächenrückgang im Kartoffelanbau und die regionalen Verschiebungen können mehrere Gründe aufgeführt werden.
Der Verzehr von Speisekartoffeln hat in den beiden Staaten in Deutschland abgenommen (Fig. 65), so daß in diesem Bereich die Nachfrage ständig geringer wurde. Auch als Viehfutter in der Schweinemast ist die Nachfrage besonders in

---

25 In den Statistischen Jahrbüchern der DDR findet man für 1975 letztmalig eine Aufgliederung auf Bezirksebene zwischen Früh- und mittelfrühen und späten Kartoffeln. Zu dieser Zeit gab es jedoch in der Bundesrepublik Deutschland keine Bodennutzungshaupterhebung und somit keine vergleichbaren Daten.

der Bundesrepublik Deutschland in erster Linie aufgrund mangelnder Wettbewerbskraft mit anderen Futterstoffen rapide zurückgegangen. In der Bundesrepublik Deutschland kommt hinzu, daß für Speisekartoffeln die Preise sehr stark schwankten und das Absatzrisiko für die Landwirte sehr hoch war. Durch Verringerung der Anbaufläche wurde dieses mehr und mehr abgebaut. Es ist deshalb nicht überraschend, daß sich der noch verbliebene Anbau, besonders in der Bundesrepublik Deutschland, auf die günstigsten natürlichen Standorte mit den geeignetsten Bodenverhältnissen zurückgezogen hat.

Auch der ständig abnehmende Arbeitskräftebesatz kann als Grund für die Verringerung in der Kartoffelanbaufläche genannt werden. Weder in der Bundesrepublik Deutschland noch in der DDR war das eigene Kartoffelaufkommen jedoch ausreichend, um die Versorgung sicherzustellen. Es mußte in beiden Staaten importiert werden. Die absoluten importierten Mengen waren in der Bundesrepublik Deutschland jedoch wesentlich größer als in der DDR (Fig. 66). Die Kartoffelimporte der DDR waren bisher wesentlich geringer als die der Bundesrepublik Deutschland. Dazu kommen die sehr starken Schwankungen von Jahr zu Jahr. So wurden beispielsweise 1970 205 638 t Kartoffeln importiert, 1971 nur 58 898 t. 1981 führte die DDR nur 16 000 t Kartoffeln ein, 1982 aber 280 000 t.[26] Eine besondere Bedeutung spielt beim Import bis heute die Einfuhr von Frühkartoffeln. Das trifft besonders auf die Bundesrepublik Deutschland zu. Das weitaus wichtigste Lieferland für Frühkartoffeln in die Bundesrepublik Deutschland war und ist Italien.[27] Der Anteil an der importierten Menge lag in den meisten Jahren weit über 70 Prozent und betrug teilweise sogar 95 Prozent (Fig. 67). Weit geringere Bedeutung für die Lieferung von Frühkartoffeln haben oder hatten Griechenland, Frankreich, Spanien, Marokko, Israel, Belgien und andere.

4.2 DIE ZUCKERRÜBENFLÄCHE

Vergleicht man die Entwicklung der Zuckerrübenanbaufläche (Fig. 68) in den beiden Staaten in Deutschland miteinander, dann fällt zunächst auf, daß die gesamte Fläche in der Bundesrepublik Deutschland bis heute größer ist als die in der DDR. Die Anbaufläche in der Bundesrepublik Deutschland hat sich schneller ausgedehnt als in der DDR.

---

26 Da die Statistischen Jahrbücher der DDR über die Lieferländer nur relativ wenige Angaben, dazu nicht kontinuierlich über alle Jahre haben, ist eine umfassende Interpretation nicht möglich. Allerdings kann gesagt werden, daß Bulgarien und Rumänien in der Vergangenheit in Frage kamen. Aus Rumänien wurden in erster Linie Frühkartoffeln geliefert. Das waren zum Beispiel 1973 42 Prozent aller importierten Kartoffeln der DDR (nach Stat. Jahrb. d. DDR 1976, S. 276, 285).
27 Jedoch nimmt der Export von Chips und Sticks nach Italien ständig zu. 1981 waren das immerhin 17 Prozent der gesamten deutschen Produktion (PUTZ 1983, S. 170).

Figur 66: Entwicklung der Kartoffelimporte (1000 t)

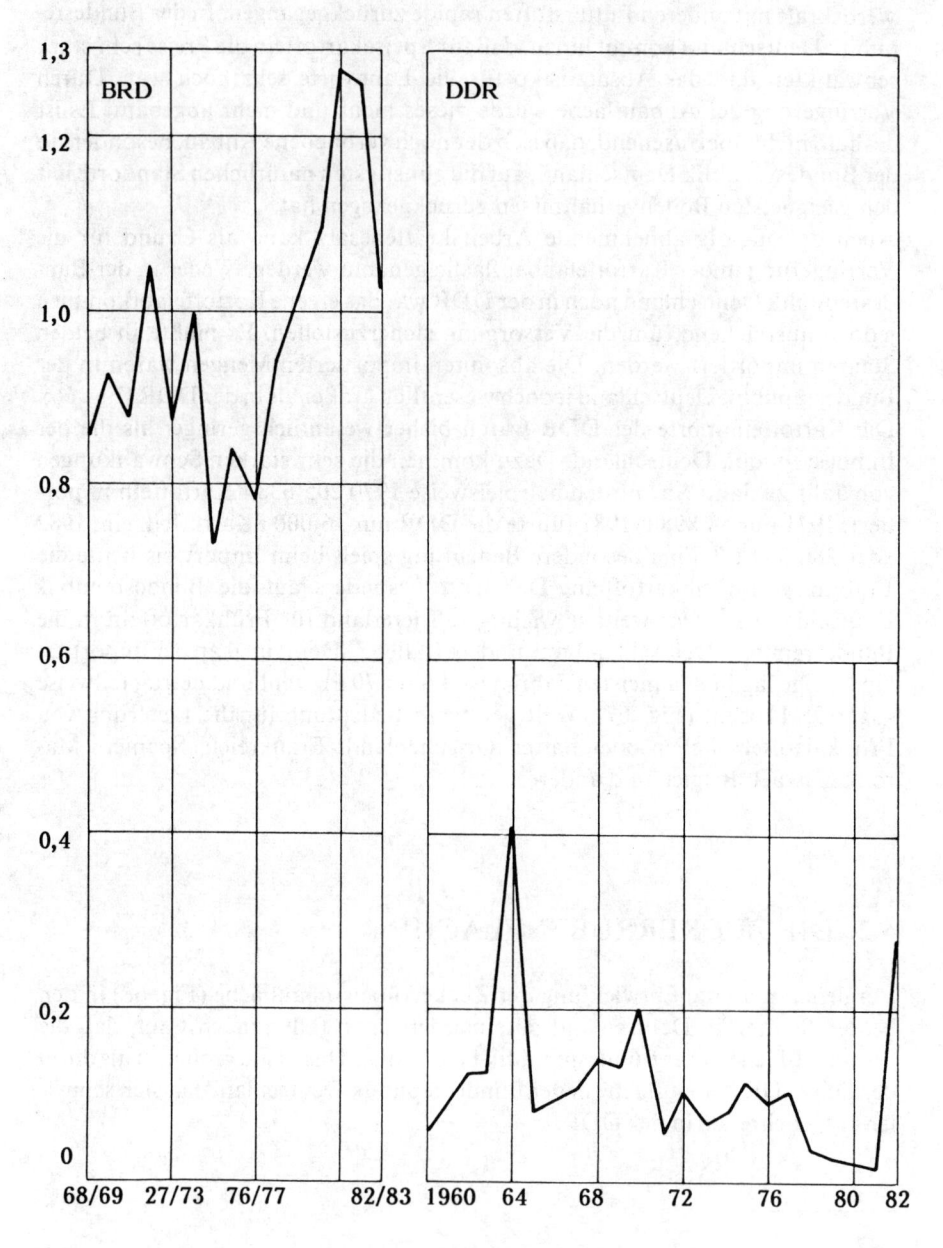

Quelle: nach „ZMP Jahresbilanz Kartoffeln 75/76", S. 26 und „... 82/83", S. 19;
Stat. Jahrb. d. DDR 1965, S. 399; 1970, S. 317; 1976, S. 285; 1980, S. 238; 1983, S. 240

Figur 67: Frühkartoffeleinfuhr der Bundesrepublik Deutschland (1000 t)

aus Frankreich, Griechenland, Spanien, Marokko u.a.

aus Italien

Quelle: nach „ZMP Bilanz Kartoffeln 73/74", S. 21; 82/83, S. 21

Veränderungen in der Bedeutung der Zuckerrübenanbaufläche werden sichtbar, wenn man sie in Beziehung zur gesamten Hackfruchtfläche setzt (Fig. 69). 1965 war der Anteil in den beiden Staaten in Deutschland gleich. Er betrug 19,5 Prozent. Seit dieser Zeit stieg zwar der Anteil in beiden Staaten an, in der Bundesrepublik Deutschland aber wesentlich schneller als in der DDR. 1982 wurden von der gesamten Hackfruchtfläche in der Bundesrepublik Deutschland zirka 35 Prozent bestellt. In der DDR aber waren es nur 31,5 Prozent.
Regionale Schwerpunkte gab es 1960 und 1979 in der Bundesrepublik Deutsch-

Figur 68: Entwicklung der Zuckerrübenfläche (1000 ha)

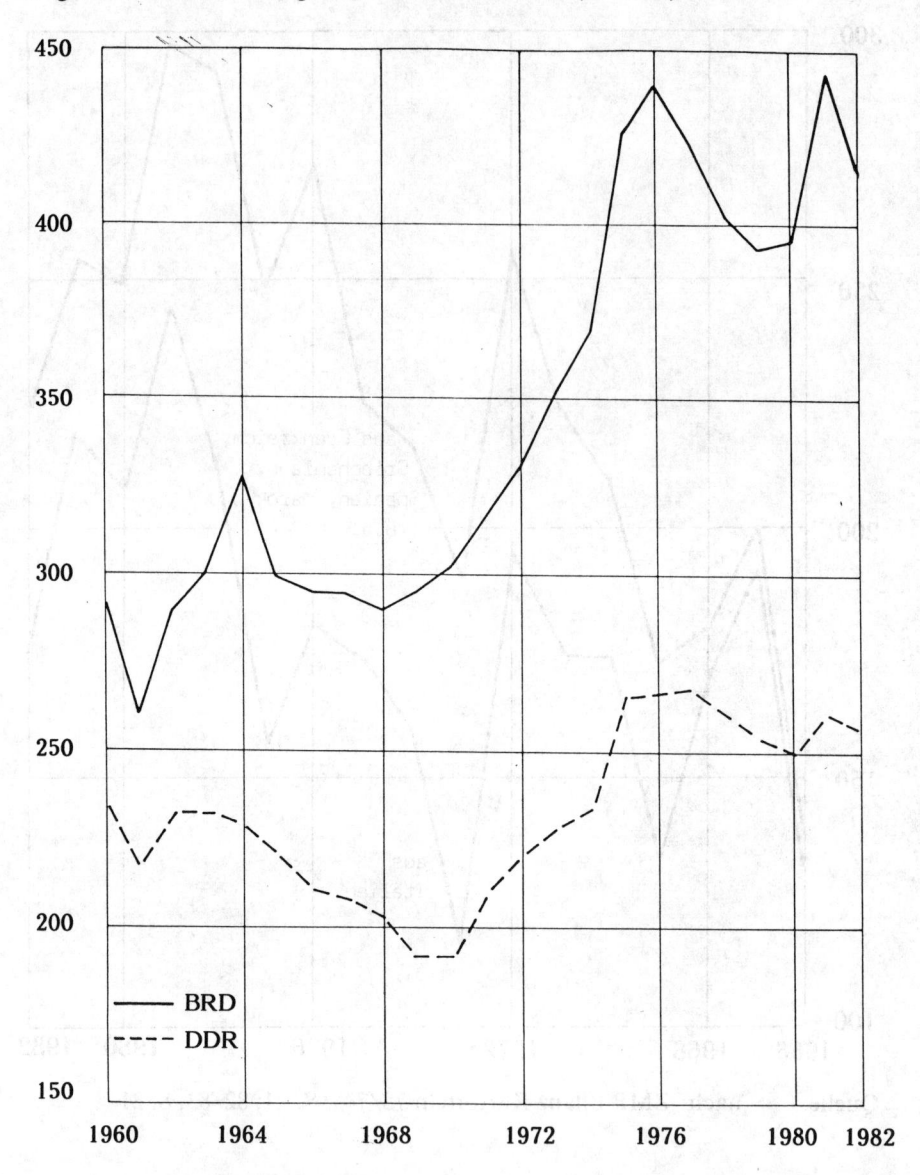

Quelle: nach „Bodennutzung der Betriebe 1977", S. 164; „ZMP Bilanz Getreide-Futtermittel 1982/83", S. 70 und
Stat. Jahrb. d. DDR 1974, S. 208—209; 1979, S. 173; 1983, S. 191

land und der DDR in den Börden (Fig. 70). Die Braunschweiger und Kölner Lößbörden fallen dabei besonders ins Auge. Hier hat der Anteil der Zuckerrübenfläche an der gesamten Hackfruchtfläche sehr stark zugenommen. Im Regierungsbezirk Aachen und Köln waren es 1960 58,8 bzw. 52,2 Prozent. Der Regierungsbezirk Köln im Jahre 1979 hatte bereits einen Anteil von 86,0 Prozent. Ähnlich drastisch waren die Veränderungen in der Braunschweiger Lößbörde. 1960 hatte der damalige Verwaltungsbezirk Braunschweig 65,2 Prozent, der Regierungsbezirk Hildesheim 51,0 Prozent. 1979 verfügte der Regierungsbezirk Braunschweig bereits über einen Anteil von 83,6 Prozent. Der dritte Raum in der Bundesrepublik Deutschland, in dem sich so starke Veränderungen vollzogen, war Rheinland-Pfalz. In den Regierungsbezirken Rheinhessen und Pfalz betrugen die Werte 1960 37,0 bzw. 16,9 Prozent. 1979 belief sich im Regierungsbezirk Rheinhessen-Pfalz der Anteil bereits auf 62,7 Prozent.

Drastische Veränderungen, wie hier aufgezeigt, gab es auch in der DDR. Es waren die Bezirke Magdeburg, Halle und Leipzig, die die Zuckerrübenflächenanteile an der Hackfruchtfläche stark erweiterten. Die geringsten Veränderungen gab es im Bezirk Magdeburg. Hier vergrößerte sich der Anteil von 36,2 Prozent (1960) auf 44,6 Prozent (1979). Im Bezirk Leipzig dagegen nahm der Flächenanteil von 28,4 (1960) auf 43,3 Prozent (1979) zu.

Mehrere Gründe lassen sich für diese Entwicklungen anführen. Zunächst ist zu beachten, daß der Bedarf an Zucker in den beiden Staaten zugenommen hat. Dieser ständig steigende Bedarf führte zur Ausdehnung der Zuckerrübenfläche. Für die Zeit von 1970 bis 1975 war der inländische Zuckermarkt in der Bundesrepublik Deutschland noch aufnahmefähig. Im Wirtschaftsjahr 1970/71 betrug

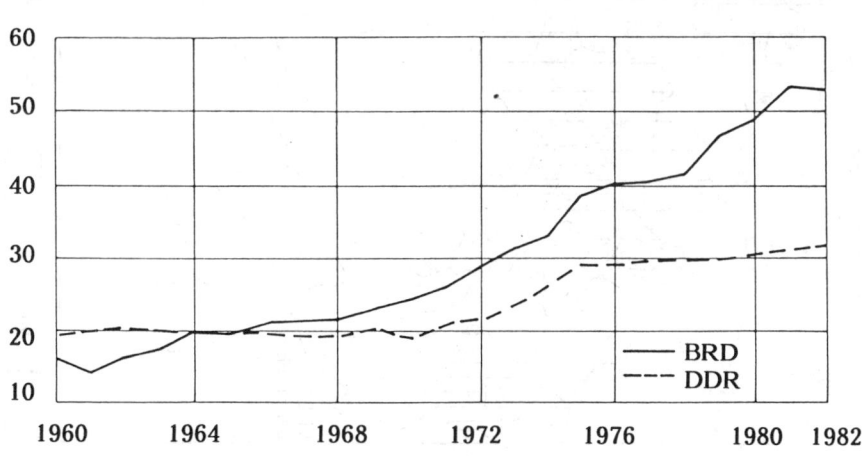

Figur 69:   Anteil der Zuckerrübenfläche an der Hackfruchtfläche (%)

Quelle: nach „Bodennutzung der Betriebe 1977", S. 164; „ZMP Bilanz Getreide-Futtermittel 1982/83", S. 70 und
Stat. Jahrb. d. DDR 1974, S. 208—209; 1979, S. 173; 1983, S. 191

Figur 70 Anteil der Zuckerrübenfläche an der Hackfruchtfläche 1960 und 1979 (%)

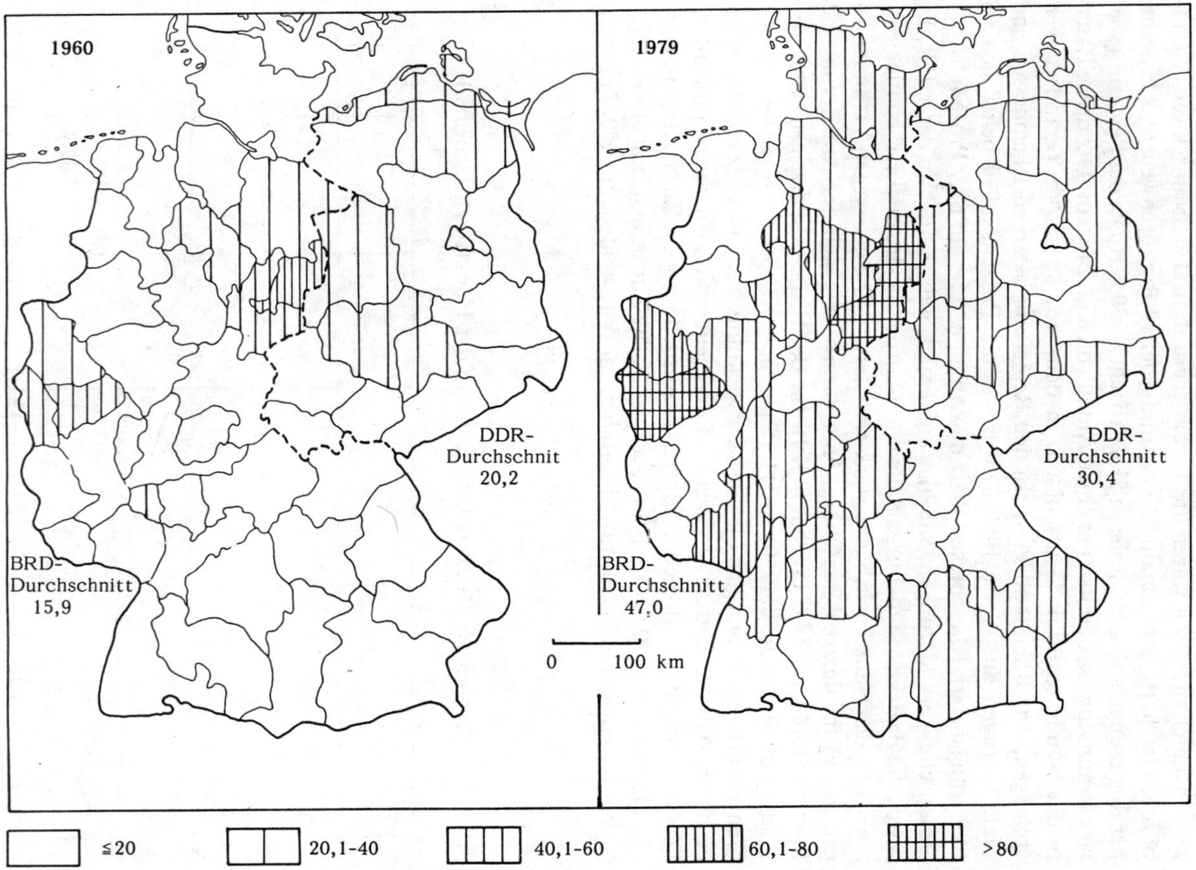

Quelle: nach „Bodennutzung und Ernte 1960", S. 31—32 und Stat. Jahrb. d. DDR 1960/61, S. 448; „Pflanzliche Erzeugung 1979", S. 24—25 und Stat. Jahrb. d. DDR 1980, S. 172

der Selbstversorgungsgrad erst 87 Prozent, 1974/75 aber bereits 100 Prozent. Es ergab sich somit seit dieser Zeit keine weitere Notwendigkeit der Flächenausdehnung (Stat. Jahrb. üb. ELuF d. BRD 1983, S. 165). Im Gegenteil: Wegen zunehmender Überproduktion wird die Anbaufläche seit 1981 wieder reduziert. Die Verringerung von 1982 gegenüber 1981 betrug rund 30 000 ha (Stat. Jahrb. d. BRD 1983, S. 149).

4.3 DIE FUTTERHACKFRUCHTFLÄCHE

Neben Kartoffeln und Zuckerrüben müssen innerhalb der Gruppe der Hackfrüchte auch noch die Futterhackfrüchte[28] berücksichtigt werden. Wie Fig. 71 zeigt, ist bis heute die Futterhackfruchtfläche in der Bundesrepublik Deutschland wesentlich größer als in der DDR. In den beiden Staaten ist sie aber stark verringert worden. In der DDR betrug die absolute Fläche 1960 noch 192 567 ha, 1982 nur noch 42 480 ha. Die Bundesrepublik Deutschland, die 1960 noch auf 524 511 ha Futterhackfrüchte angebaut hatte, reduzierte die Fläche bis auf 133 900 ha im Jahre 1982. Während sich jedoch der Flächenrückgang in der Bundesrepublik Deutschland ganz kontinuierlich vollzog, kann man in der DDR eine vergleichbar rapide Abnahme nur in der Zeit von 1968 bis 1976 erkennen. In allerjüngster Zeit nimmt sogar die Anbaufläche in der DDR wieder zu.
Auch der Anteil der Futterhackfruchtfläche an der gesamten Hackfruchtfläche verändert sich (Fig. 72). Auffällig ist für beide Staaten in Deutschland die parallele Entwicklung, wobei jedoch im gesamten Untersuchungszeitraum der Anteil in der Bundesrepublik Deutschland wesentlich höher lag als in der DDR. Besonders deutlich wird die relative Zunahme der Anbaufläche bis 1969 (Bundesrepublik Deutschland: 30,2 %; DDR: 18,4 %). Seit dieser Zeit nimmt der Anteil in der Bundesrepublik Deutschland ständig ab, während er in der DDR 1978 sein Minimum erreichte und erst in allerjüngster Zeit wieder anstieg. 1982 betrug der Anteil der Futterhackfruchtfläche an der gesamten Hackfruchtfläche in der Bundesrepublik Deutschland 17,0 Prozent, in der DDR nur noch 5,3 Prozent.
Regionale Unterschiede sind nicht zu übersehen (Fig. 73). Schwerpunkte in der Bundesrepublik Deutschland sind nach wie vor Schleswig-Holstein, der Regierungsbezirk Trier und andere.
Im gesamten Untersuchungszeitraum spielten in der Gruppe der Futterhackfrüchte die Runkel- oder Futterrüben in den beiden Staaten in Deutschland die dominierende Rolle (Fig. 74). Bis heute ist zwar die absolute Anbaufläche in der Bundesrepublik Deutschland wesentlich größer als in der DDR, die gewaltige

---

28 Dazu zählen Futterrüben, Kohlrüben, Futtermöhren und Futterkohl.

Figur 71: Entwicklung der Futterhackfruchtfläche (1000 ha)

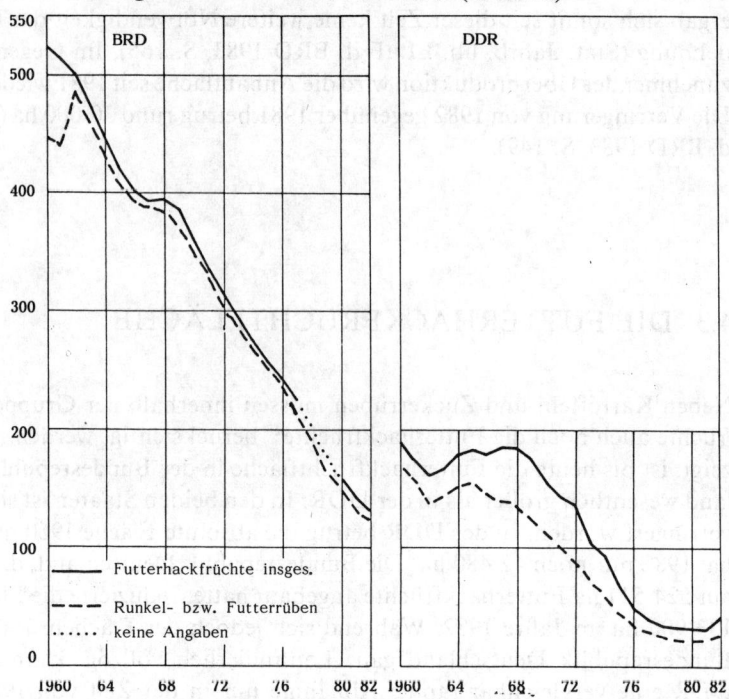

Quelle: nach „Bodennutzung der Betriebe 1977", S. 164; „ZMP Bilanz Getreide-Futtermittel 1982/83", S. 70 und
Stat. Jahrb. d. DDR 1974, S. 208—209; 1979, S. 173; 1983, S. 191

Figur 72: Anteil der Futterhackfruchtfläche an der gesamten Hackfruchtfläche (%)

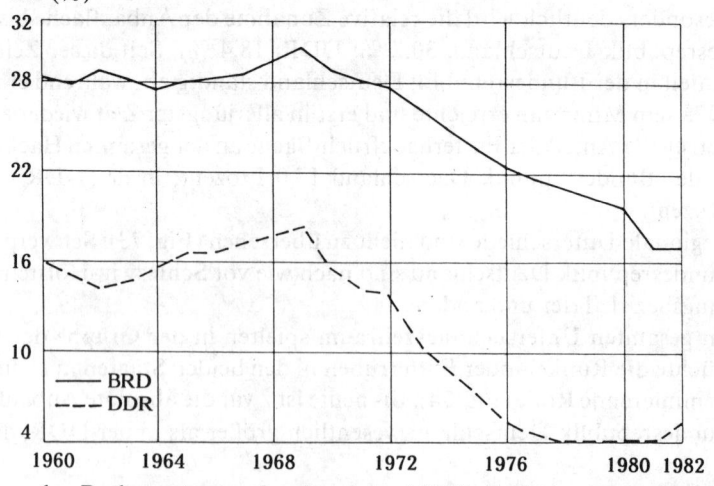

Quelle: nach „Bodennutzung der Betriebe 1977", S. 164; „ZMP Bilanz Getreide-Futtermittel 1982/83", S. 70 und
Stat. Jahrb. d. DDR 1974, S. 208—209; 1979, S. 173; 1983, S. 191

Figur 73   Anteil der Futterhackfruchtfläche an der Hackfruchtfläche 1960 und 1979 (%)

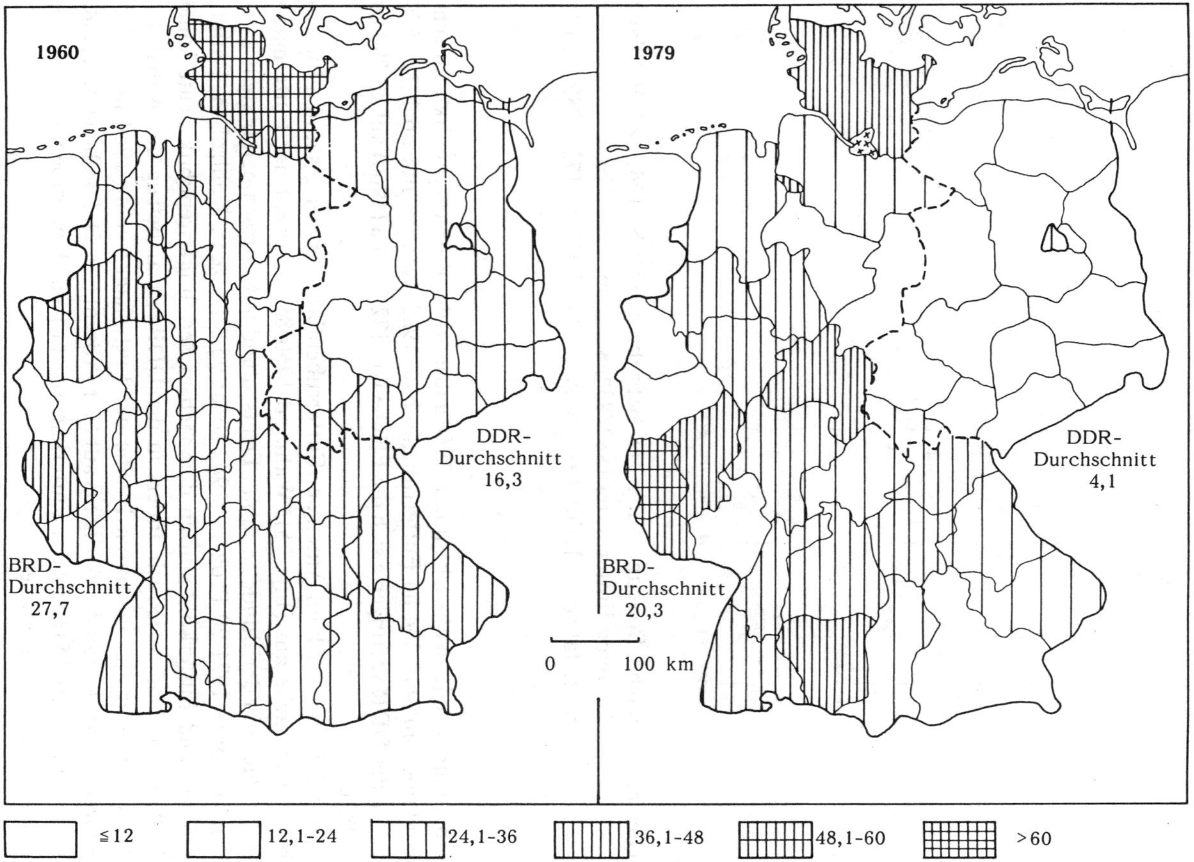

| ≦12 | 12,1-24 | 24,1-36 | 36,1-48 | 48,1-60 | >60 |

Quelle: nach „Bodennutzung und Ernte 1960", S. 30—31 und Stat. Jahrb. d. DDR 1960/61, S. 448; „Pflanzliche Erzeugung 1979", S. 24—25 und Stat. Jahrb. d. DDR 1980, S. 172

Figur 74: Entwicklung der Futterrüben-Runkelrübenflächen (1000 ha)

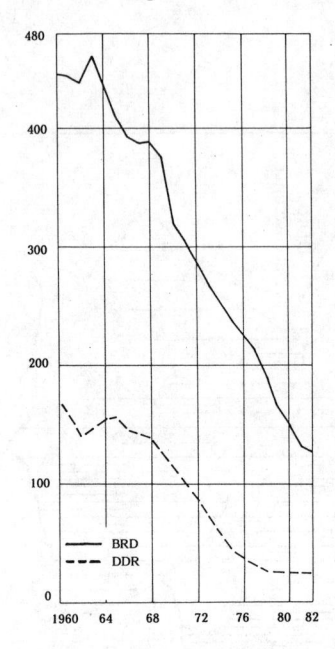

Quelle: nach „Bodennutzung der Betriebe 1977", S. 164; „ZMP Bilanz Getreide-Futtermittel 1982/83", S. 70 und
Stat. Jahrb. d. DDR 1974, S. 208—209; 1979, S. 173; 1983, S. 191

Abnahme ist jedoch unverkennbar. 1960 gab es in der Bundesrepublik Deutschland noch auf 446 334 ha Futterrübenanbau, 1982 waren es nur noch 127 500 ha. In der DDR verringerte sich die Fläche von 172 325 ha (1960) auf 26 790 ha (1982).
Das drückt sich auch im Anteil der Futterrübenfläche an der gesamten Futterhackfruchtfläche aus (Fig. 75). Während 1960 85,1 Prozent der Futterhackfruchtfläche in der Bundesrepublik Deutschland mit Futterrüben bestellt wurden, waren es 1971 90 Prozent, 1982 sogar 95,2 Prozent. Kohlrüben, Futtermöhren und Futterkohl spielen demnach in der Bundesrepublik heute keine Rolle mehr. Das ist jedoch anders in der DDR. Zwar betrug der Anteil der Futterrüben an der gesamten Fläche der Futterhackfrüchte 1960 noch 89,5 Prozent, er sank jedoch ständig bis auf 63,1 Prozent (1982). Das bedeutete, daß immerhin auf 26,9 Prozent der Futterhackfruchtfläche Kohlrüben, Futtermöhren und Futterkohl standen.
Die Futterrübe wird als die produktivste Futterpflanze überhaupt bezeichnet. Auf Futterrüben kann in der Milchviehfütterung nicht verzichtet werden. Futterrüben wirken stimulierend und kraftfuttersparend.
So müssen Milchviehhaltung und Futterhackfruchtanbau immer im Zusammenhang gesehen werden. Der Rückgang in der Zahl der landwirtschaftlichen

Figur 75: Anteil der Futter- bzw. Runkelrübenfläche an der gesamten Futterhackfruchtfläche in der Bundesrepublik Deutschland (%)

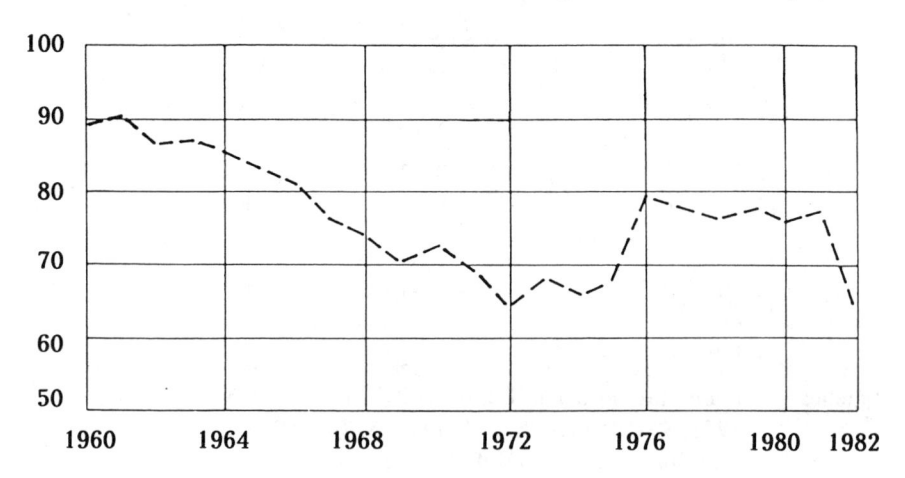

Quelle: nach „Bodennutzung der Betriebe 1977", S. 164; „ZMP Bilanz Getreide-Futtermittel 1982/83", S. 70 und
Stat. Jahrb. d. DDR 1974, S. 208—209; 1979, S. 173; 1983, S. 191

Betriebe in der Bundesrepublik Deutschland und die zum Teil damit verbundene Abschaffung der Milchkühe zog dann auch immer die Aufgabe der Futterrübenfläche nach sich (KÄMPF u. a. 1983, S. 48).
In der DDR stellte sich das Problem in dem Ausmaße nicht, weil in den großbetrieblichen Einheiten der KAP oder LPG-P Vertragslieferungen mit den LPG-T bestanden bzw. bestehen.
Einen wesentlichen Grund für die Einschränkung der Futterhackfruchtfläche muß man allerdings auch in der Ausdehnung des Silomaisanbaus, besonders wieder in der Bundesrepublik Deutschland, sehen. Der Silomais nämlich, der ähnlich hohen Stärkegehalt wie Futterrüben hat, läßt sich wesentlich leichter mechanisieren und erfordert deshalb einen viel geringeren Arbeitsaufwand.

4.4 HACKFRUCHTERTRÄGE

Betrachtet man die durchschnittlichen Kartoffelerträge in der Bundesrepublik Deutschland für 1960, dann gibt dafür die Statistik einen Wert von 235,8 dt/ha an. Frühkartoffeln hatten nur einen Durchschnittsertrag von 160,3 dt/ha. Für Zuckerrüben gab es einen Durchschnittswert von 419,9 dt/ha und für Futterrüben sogar von etwa 550 dt/ha. Einen sinnvollen Mittelwert hieraus zu ermitteln, ist nicht möglich. Die drei Hackfruchtarten werden deshalb im folgenden getrennt behandelt.

Figur 76: Entwicklung der Kartoffelerträge (dt/ha)

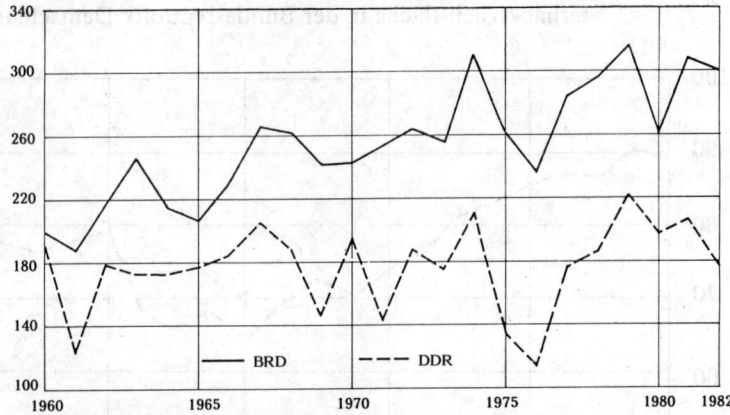

Quelle: nach Stat. Jahrb. d. DDR 1962, S. 182; 1965, S. 189; 1968, S. 155; 1971, S. 151; 1974, S. 171; 1977, S. 143; 1980, S. 143; 1983, S. 149 und Stat. Jahrb. d. DDR 1983, S. 40

Figur 77: Entwicklung der Erträge von Früh- sowie mittelfrühen und Spätkartoffeln (dt/ha)

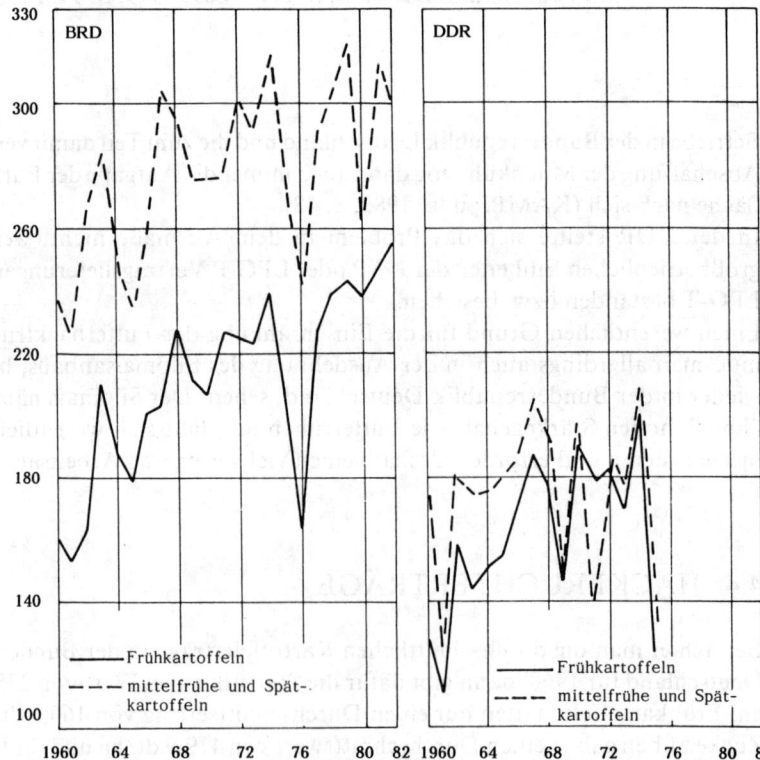

Quelle: nach „ZMP Jahresbericht Kartoffeln 73/74, 74/75", S. 7 und „ZMP Bilanz Kartoffeln 82/83", S. 7
Stat. Jahrb. d. DDR 1976, S. 192—193

Die in Fig. 76 dargestellte Ertragsentwicklung für Kartoffeln zeigt nicht nur zum Teil erhebliche Schwankungen im Laufe der letzten 22 Jahre, sondern in der DDR durchweg wesentlich geringere Erträge als in der Bundesrepublik Deutschland. Während sich in der DDR die Flächenerträge 1982 gegenüber 1960 nicht erhöht haben, erfolgte in der Bundesrepublik Deutschland eine Steigerung.

Die Darstellung der Erträge von Frühkartoffeln (Fig.77) sowie mittelfrühen und späten Kartoffeln macht aber auch deutlich, daß die Unterschiede in den beiden Staaten zum Teil sehr groß sind. Durchweg sehr groß sind sie auch innerhalb der Bundesrepublik Deutschland. Aus diesem Grunde ist verständlich, daß der Frühkartoffelanbau in der Bundesrepublik Deutschland kaum noch bedeutsam ist.

Neben den durchschnittlichen Entwicklungen über einen langen Zeitraum sind auch die großen regionalen Unterschiede zu beachten.

Aus den Angaben über die Kartoffelerträge (Fig. 78) geht hervor, daß nicht nur 1960 zwischen der Bundesrepublik Deutschland und der DDR große Unterschiede bestanden, sondern auch noch 1981. Während in der Bundesrepublik Deutschland 1960 die höchsten Erträge in Niedersachsen (Regierungsbezirke Stade, Hannover, Lüneburg, Hildesheim und dem Verwaltungsbezirk Braunschweig) sowie in den Regierungsbezirken Nordbaden, Südbaden und Schwaben mit 250,1 bis 300,0 dt/ha erzielt wurden, lagen in der DDR die höchsten Erträge im Bezirk Karl-Marx-Stadt mit nur 219,2 dt/ha. Der allergrößte Teil der Bezirke in der DDR hatte Erträge zwischen 150,1 und 200 dt/ha, in der Bundesrepublik Deutschland lag der größte Teil der Regierungsbezirke in der Klasse 200,1 bis 250 dt/ha. 1981 hatten in einigen mittleren und südlichen Bezirken der DDR die Erträge zugenommen. Drastische Veränderungen wie in der Bundesrepublik Deutschland gab es jedoch nicht. In der Bundesrepublik Deutschland kristallisierten sich als besonders ertragreiche Räume die Regierungsbezirke Münster, Düsseldorf, Aachen und Köln heraus. Teile Bayerns und Baden-Württembergs hatten 1981 mit 350,1 bis 400 dt/ha die höchsten Erträge.

Auch im Frühkartoffelanbau gab es 1960 zwischen der Bundesrepublik Deutschland und der DDR beträchtliche Unterschiede. Das zeigen nicht nur die Durchschnittswerte von 160,3 dt/ha (Bundesrepublik Deutschland) und 131,0 dt/ha (DDR) (Fig. 79). Den niedrigsten Wert in der Bundesrepublik Deutschland gab es mit 123,8 dt/ha im Regierungsbezirk Mittelfranken, den niedrigsten in der DDR mit nur 96,5 dt/ha im Bezirk Erfurt. Mit 152,5 dt/ha lag in der DDR im Bezirk Dresden der höchste Ertrag. Er lag aber weit unter den Höchsterträgen in der Bundesrepublik Deutschland (Regierungsbezirk Stade: 195,9 dt/ha, Regierungsbezirk Lüneburg: 190,1dt/ha).

Wegen fehlender Angaben kann für 1960 in der DDR keine regionale Verteilung der Erträge von mittelfrühen und Spätkartoffeln erfolgen. So muß auch eine regionale Darstellung über Ertragsunterschiede entfallen. Für die Bundesrepublik Deutschland ist diese jedoch in Fig. 80 möglich. Es ist die Ertragsdifferenz zwischen Frühkartoffeln und mittelfrühen und Spätkartoffeln aufgetragen.

Es zeigt sich, daß in allen Regierungsbezirken die Erträge von mittelfrühen und Spätkartoffeln wesentlich größer sind als die von Frühkartoffeln. Die Differenz betrug in vielen Regierungsbezirken 85,1 bis 115 dt/ha. Am geringsten waren sie

Figur 78: Kartoffelerträge 1960 und 1981 (dt/ha)

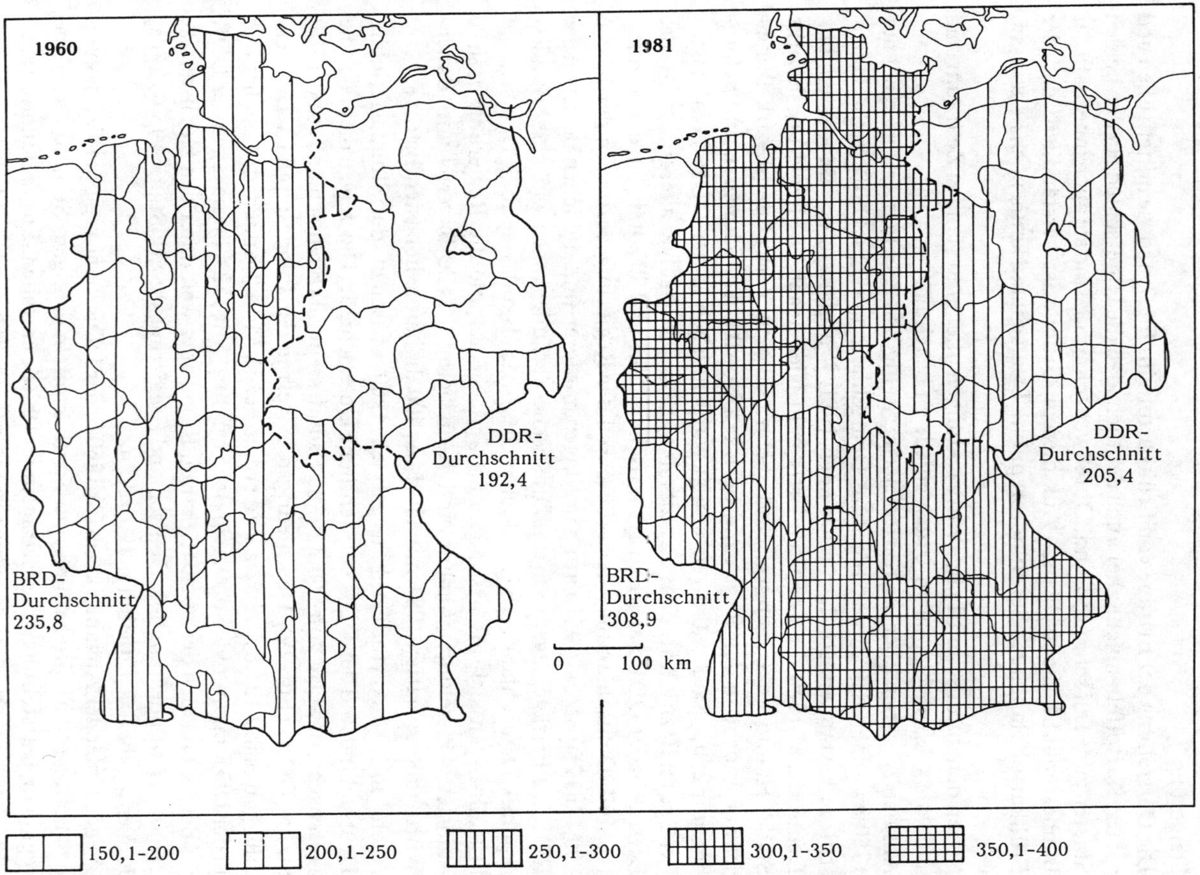

Legende: 150,1–200 | 200,1–250 | 250,1–300 | 300,1–350 | 350,1–400

Quelle: nach „Bodennutzung und Ernte 1960", S. 29 und Stat. Jahrb. d. DDR 1960/61, S. 466–467 „Bodennutzung und pflanzliche Erzeugung 1981", S. 20, 23—31; Stat. Jahrb. d. DDR 1983, S. 182

1960: DDR-Durchschnitt 192,4; BRD-Durchschnitt 235,8
1981: DDR-Durchschnitt 205,4; BRD-Durchschnitt 308,9

114

mit 43,4 dt/ha im Regierungsbezirk Südwürttemberg-Hohenzollern und mit 50,8 dt/ha im Regierungsbezirk Osnabrück.

Zwar sind, wie schon an anderer Stelle verdeutlicht wurde, in allen Regierungsbezirken der Bundesrepublik Deutschland die Erträge von Frühkartoffeln angestiegen und lagen 1971 zum Teil sogar weit über 230 dt/ha (Regierungsbezirk Düsseldorf: 331,4 dt/ha, Verwaltungsbezirk Oldenburg: 288,7 dt/ha), doch

Figur 79: Erträge von Frühkartoffeln 1960 (dt/ha)

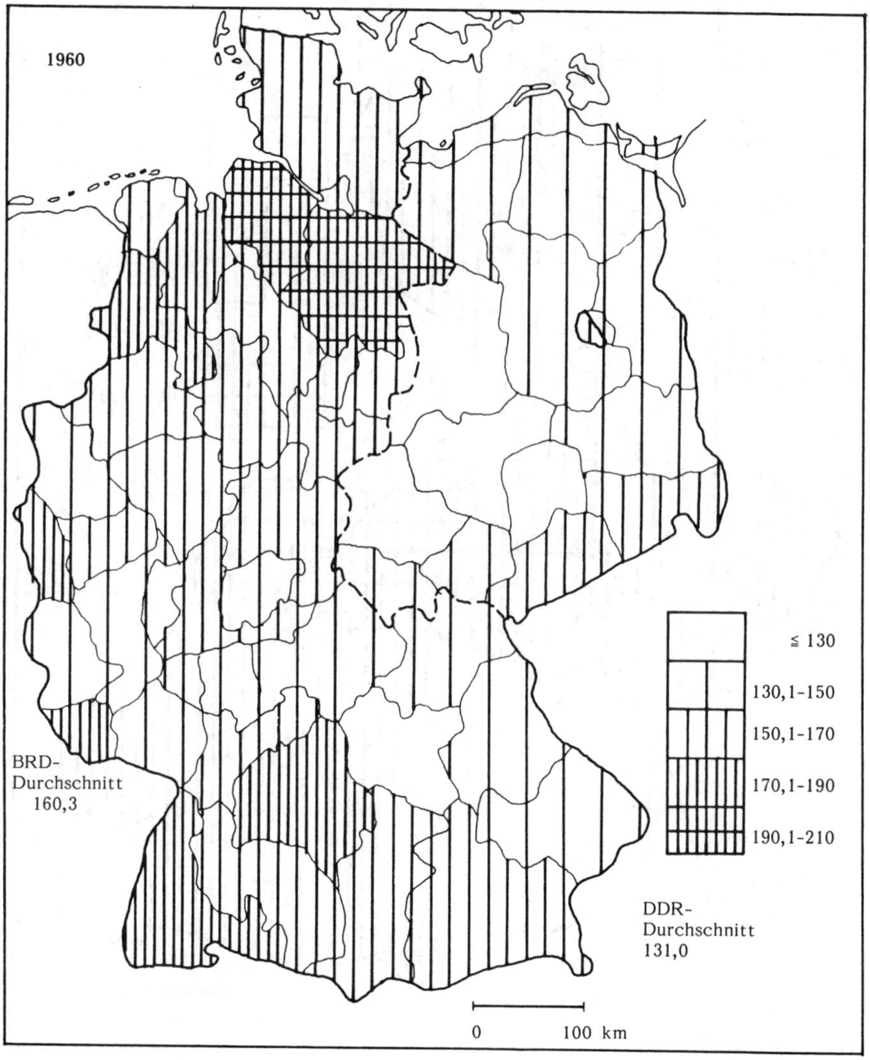

Quelle: nach „Bodennutzung und Ernte 1960", S. 29 und Stat. Jahrb. d. DDR 1960/61, S. 466—467

Figur 80: Ertragsdifferenz zwischen Früh- sowie mittelfrühen und Spätkartoffeln in der Bundesrepublik Deutschland 1960 (dt)

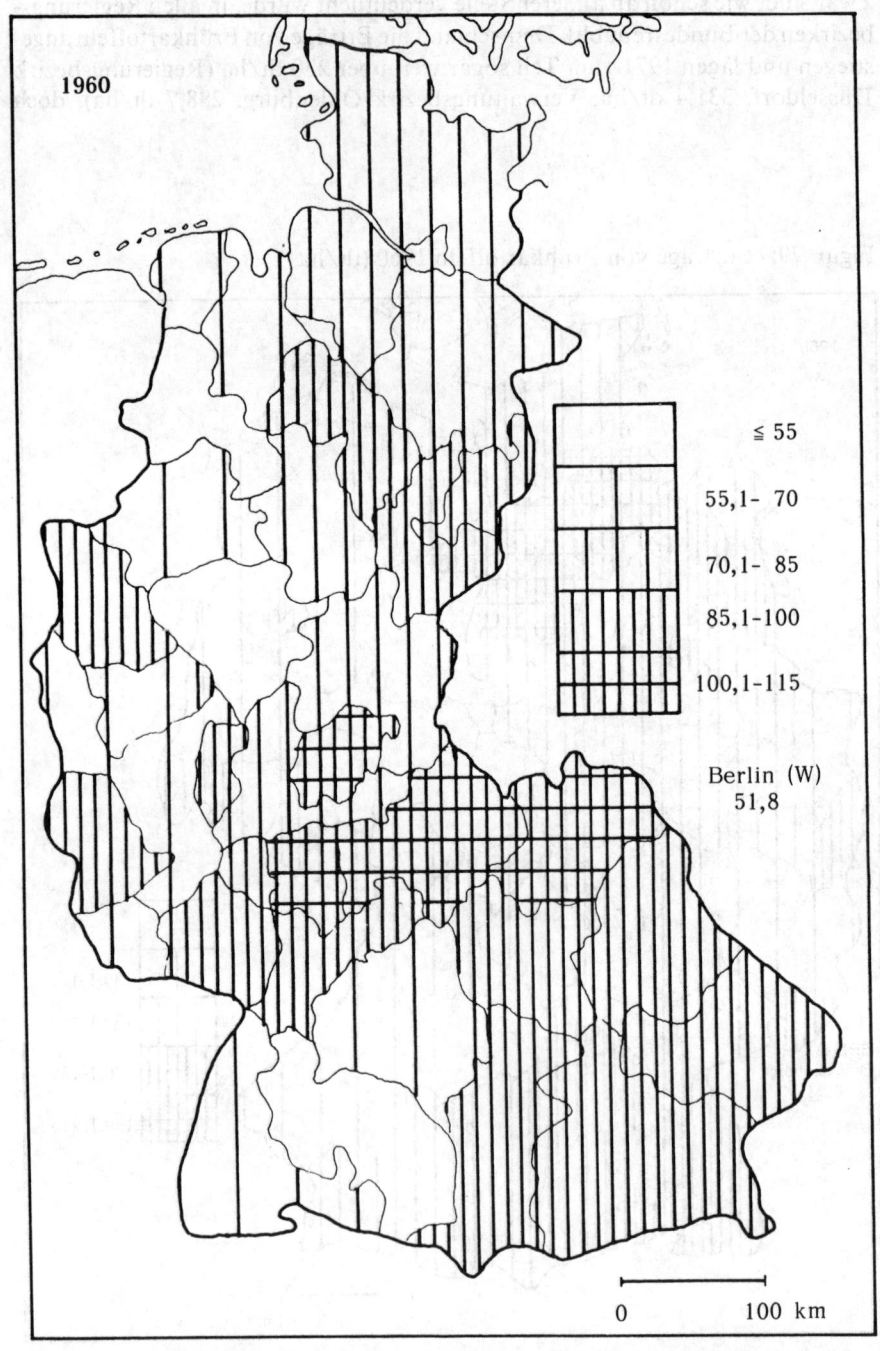

Quelle: nach „Bodennutzung und Ernte 1960", S. 29 und Stat. Jahrb. d. DDR 1960, S. 446—467

waren sie im Vergleich zu den mittelfrühen und Spätkartoffeln noch wesentlich geringer. Die maximale Differenz lag im Regierungsbezirk Detmold (Fig. 81). Der Ertrag von Frühkartoffeln lag bei 220,0 dt/ha, der von mittelfrühen und Spätkartoffeln bei 357,7 dt/ha. Damit betrug die Ertragsdifferenz immerhin 137,7 dt/ha. Über 100 dt/ha betrug auch die Ertragsdifferenz in den Regierungsbezirken Münster, Aachen und Schwaben. Allerdings gab es auch zahlreiche Regierungsbezirke, in denen die Differenzen weniger als 55 dt/ha betrugen. Bis in die Gegenwart hinein konnten in der Bundesrepublik Deutschland diese Ertragsunterschiede nicht abgebaut werden. Es ist deshalb wohl auch zu verstehen, daß der Frühkartoffelanbau auf ein Minimum beschränkt bleibt und Importe eine große Rolle spielen.

Abgesehen von den in erster Linie witterungsbedingten Ertragsschwankungen konnte an anderer Stelle bereits eine im Mittel über einen langen Zeitraum reichende Stagnation der Kartoffelerträge in der DDR festgestellt werden. Dagegen stiegen die Erträge in der Bundesrepublik Deutschland ständig an (Fig. 83). Als mögliche Gründe für die Diskrepanz der Ertragsentwicklung zwischen der Bundesrepublik Deutschland und der DDR kann man unter anderem aufführen:

— Nichteinhaltung agrarbiologischer und agrotechnischer Termine. Die günstigsten Saat- und Erntezeiten wurden häufig nicht eingehalten.
— Einsatz schwerer Bodenbearbeitungsmaschinen, Traktoren, Saat- und Erntemaschinen mit zu großem Eigengewicht verursachte häufig Unterbodenverdichtungen.
— Vollmechanisierung. Diese hatte zur Folge, daß ein großer Teil der Kartoffeln nicht aus dem Boden geholt wurde. Ein Nachlesen von Hand mußte mangels Arbeitskräften häufig unterbleiben.
— Erosion. Die Schaffung großer Anbauschläge führte zu beträchtlicher Wind- und Wassererosion, so daß häufig gerade die fruchtbarsten Bodenteile abgetragen wurden und dadurch eine Verminderung der Fruchtbarkeit des Bodens eintrat.

Die Energiekrise Ende der siebziger Jahre und die veränderten außenwirtschaftlichen Rahmenbedingungen hatten die DDR-Führung zur Änderung des agrarpolitischen Kurses gezwungen (ECKART 1984, S. 63—66). Auf dem X. Parteitag der SED 1981 und dem XII. Bauernkongreß 1982 wurden die neuen Richtlinien der zukünftigen Agrarpolitik festgelegt. Neue Schlagworte wurden geprägt und Beschlüsse gefaßt, die es ermöglichen sollten, unter anderem die hier angesprochene geringe Flächenproduktivität wesentlich zu erhöhen. Man verlangte nicht nur zuverlässige Durchschnittserträge für die gesamte DDR von mehr als 200 dt/ha, sondern forderte vor allem auch eine Verringerung des Verhältnisses von Aufwand und Ertrag. Über die am 1. 1. 1984 in Kraft getretene Agrarpreisreform versucht man die beiden genannten Probleme ebenfalls lösen zu können (ECKART 1985).[29]

---

29 Während bei Ablieferung von einer Dezitonne Kartoffeln von LPG oder Privatpersonen an den Staat bis 1983 27,00 Mark bezahlt wurden, gibt es dafür seit dem 1. 1. 1984 47,00 Mark (SPINDLER 1984, S. 9).

Figur 81: Erträge von Frühkartoffeln in der Bundesrepublik Deutschland 1971 (dt/ha)

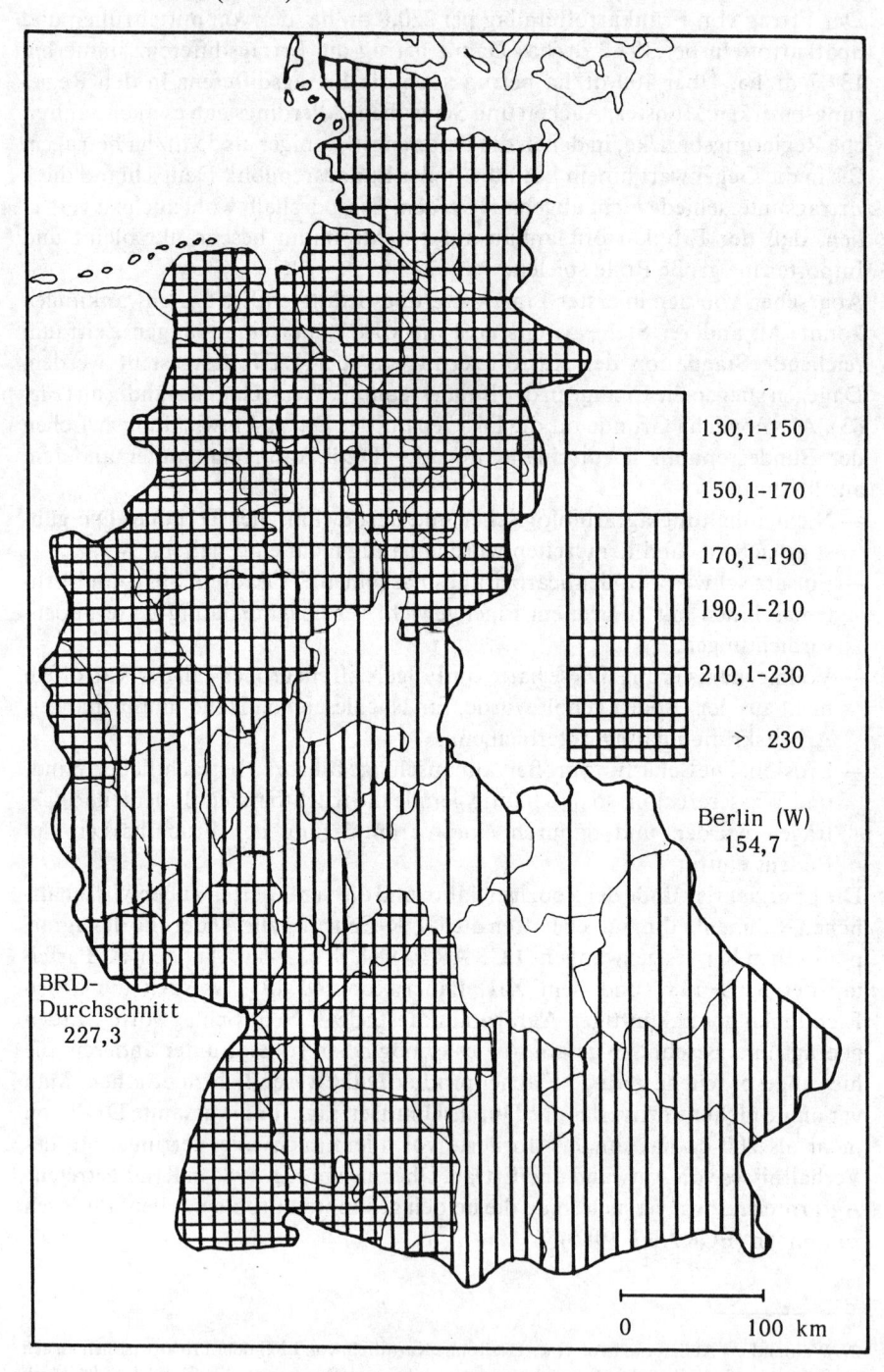

130,1-150
150,1-170
170,1-190
190,1-210
210,1-230
> 230

Berlin (W)
154,7

BRD-
Durchschnitt
227,3

0   100 km

Quelle: nach „Bodennutzung und Ernte 1971", S. 21

Figur 82: Ertragsdifferenz von Früh- sowie mittelfrühen und Spätkartoffeln in der Bundesrepulik Deutschland 1971 (dt)

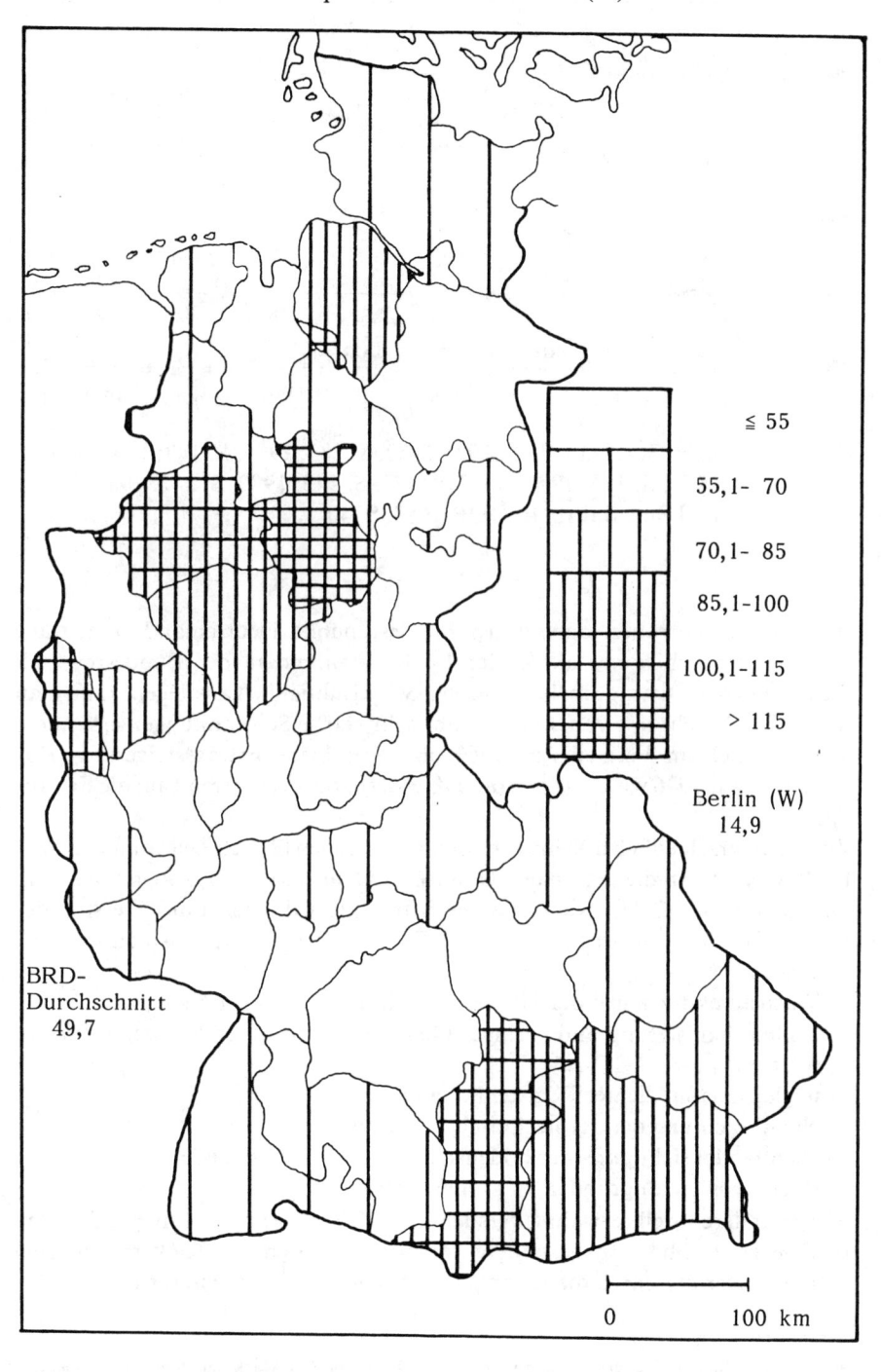

≦ 55
55,1- 70
70,1- 85
85,1-100
100,1-115
> 115

Berlin (W)
14,9

BRD-
Durchschnitt
49,7

0   100 km

Quelle: nach „Bodennutzung und Ernte 1971", S. 21

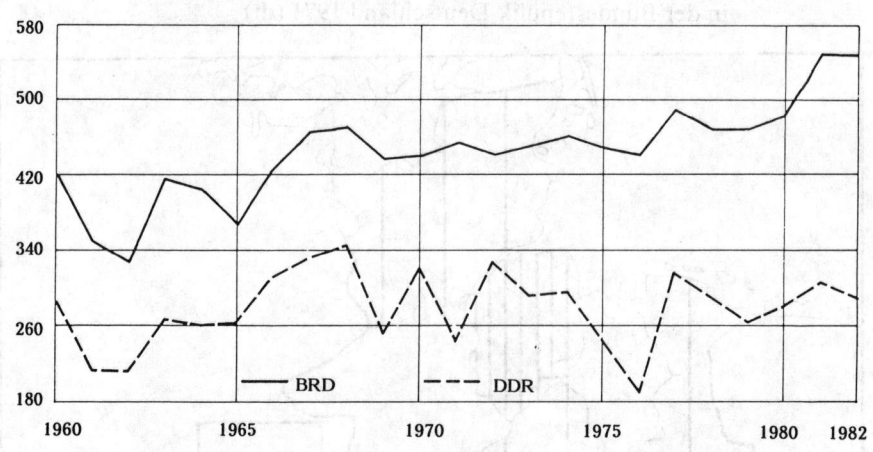

Figur 83: Entwicklung der Zuckerrübenerträge (dt/ha)

Quelle: nach Stat. Jahrb. d. BRD 1962, S. 183; 1965, S. 189; 1968, S. 155; 1971, S. 151; 1974, S. 171; 1977, S. 143; 1980, S. 143; 1983, S. 149 und Stat. Jahrb. d. DDR 1983, S. 40

Auch bei Zuckerrüben lagen in der Bundesrepublik Deutschland die Erträge bisher wesentlich höher als in der DDR. Während in der Bundesrepublik Deutschland die Erträge im langjährigen Mittel allmählich anstiegen, kann man in der DDR nicht nur von Jahr zu Jahr sehr starke Schwankungen erkennen, sondern auch im Vergleich zu 1960 bis heute keine Ertragssteigerung. Das trockene Jahr 1976 wirkte sich in der DDR besonders verheerend auf die Erträge aus.

Zu den unterschiedlich hohen Durchschnittserträgen für den Zeitraum von 1960 bis 1982 kommen die regionalen Unterschiede innerhalb der beiden Staaten in Deutschland (Fig. 84). Nicht nur die witterungsbedingten Einflüsse sind der Grund für diese insgesamt geringen Erträge. Zu beachten ist dabei noch folgendes:

— Wachstumsstörungen der Pflanzen durch Bodenverdichtungen,
— Vollmechanisierung und geringer Gebrauchswert, besonders der Erntemaschinen,
— ungleichmäßig dichter Pflanzenbestand,
— Nichtbeachtung der agrotechnischen Termine,
— Nichtberücksichtigung der bodenstrukturellen Unterschiede,
— Bodenerosion aufgrund allzu großer Anbauschläge.

Wie an anderer Stelle erwähnt, versucht die DDR auch hier seit einiger Zeit, die Erträge zu erhöhen. Insbesondere verspricht sie sich bei Zuckerrüben eine Ertragssteigerung durch die schon angesprochene Agrarpreisreform.[30]

---

[30] Bis 1983 erhielten Zuckerrübenanbauer für eine Dezitonne 8,50 Mark, seit dem 1. 1. 1984 jedoch 15,20 Mark (SPINDLER 1984, S. 9).

Figur 84: Zuckerrübenerträge 1960 und 1983 (dt/ha)

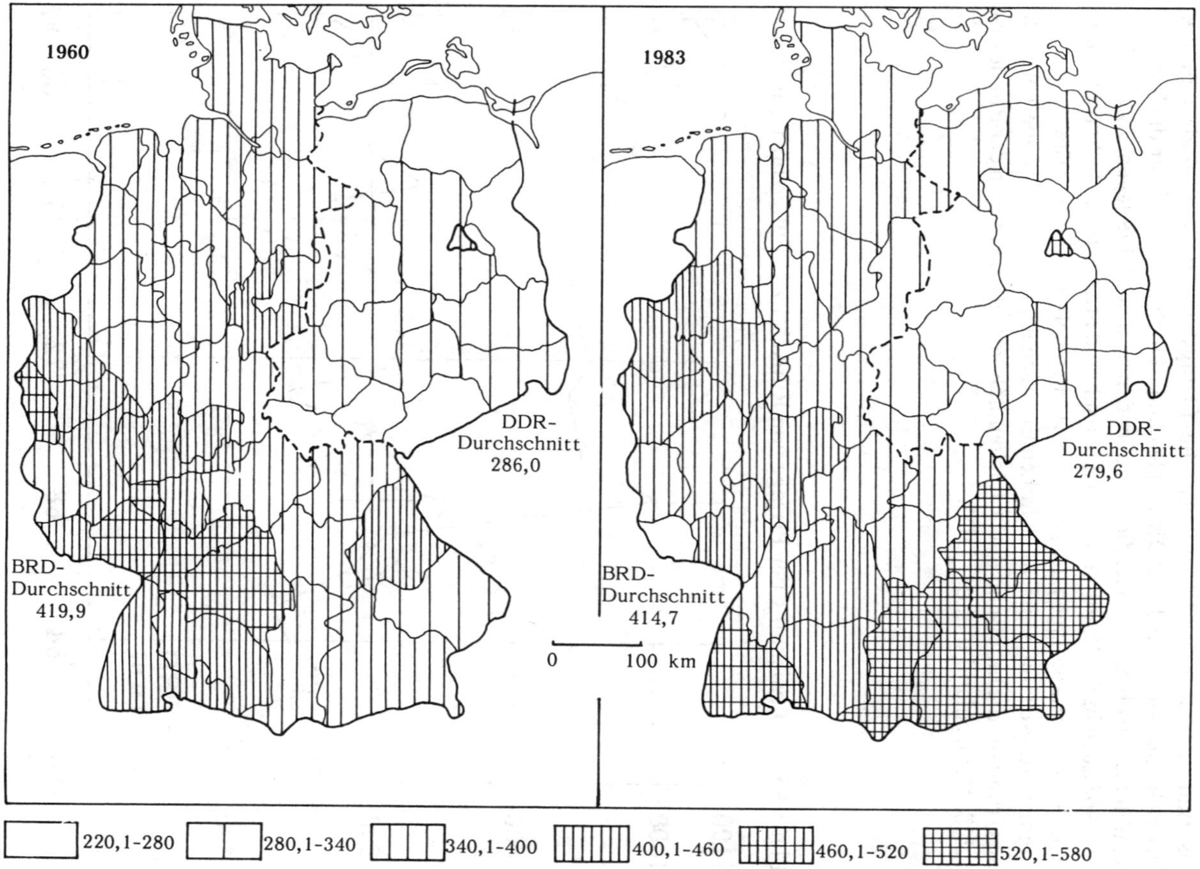

1960
DDR-Durchschnitt 286,0
BRD-Durchschnitt 419,9

1983
DDR-Durchschnitt 279,6
BRD-Durchschnitt 414,7

0   100 km

220,1-280   280,1-340   340,1-400   400,1-460   460,1-520   520,1-580

Quelle: nach „Bodennutzung und Ernte 1960", S. 30 und Stat. Jahrb. d. DDR 1960/61, S. 468; „Bodennutzung und pflanzliche Erzeugung 1983", S. 23 und Stat. Jahrb. d. DDR 1983, S. 197

121

Schließlich sind noch innerhalb der Gruppe der Hackfrüchte die Runkel- und Futterrüben zu berücksichtigen. Die Erträge haben sich im langjährigen Mittel in der DDR kaum verändert (Fig. 85), denn die Schwankungen waren ganz beträchtlich. Zwar lag das Ertragsmaximum 1968 bei 709,2 dt/ha, aber 1976 gab es zum Beispiel ein Ertragsminimum von nur 408,9 dt/ha.
Bis Ende der sechziger Jahre war die Ertragshöhe in der Bundesrepublik Deutschland mit der in der DDR vergleichbar. Doch dann erreichte die Bundesrepublik Deutschland Werte, die weit über denen in der DDR lagen. Zwar gab es seit 1968 auch in der Bundesrepublik Deutschland noch erhebliche Schwankungen, doch insgesamt lagen die Erträge zwischen 850 und 1100 dt/ha.
Gerade in diesen unterschiedlich hohen Erträgen liegt wohl unter anderem auch ein Grund für die unterschiedliche flächenmäßige Entwicklung in der Bundesrepublik Deutschland und der DDR.

Figur 85: Entwicklung der Erträge von Runkel- bzw. Futterrüben (dt/ha)

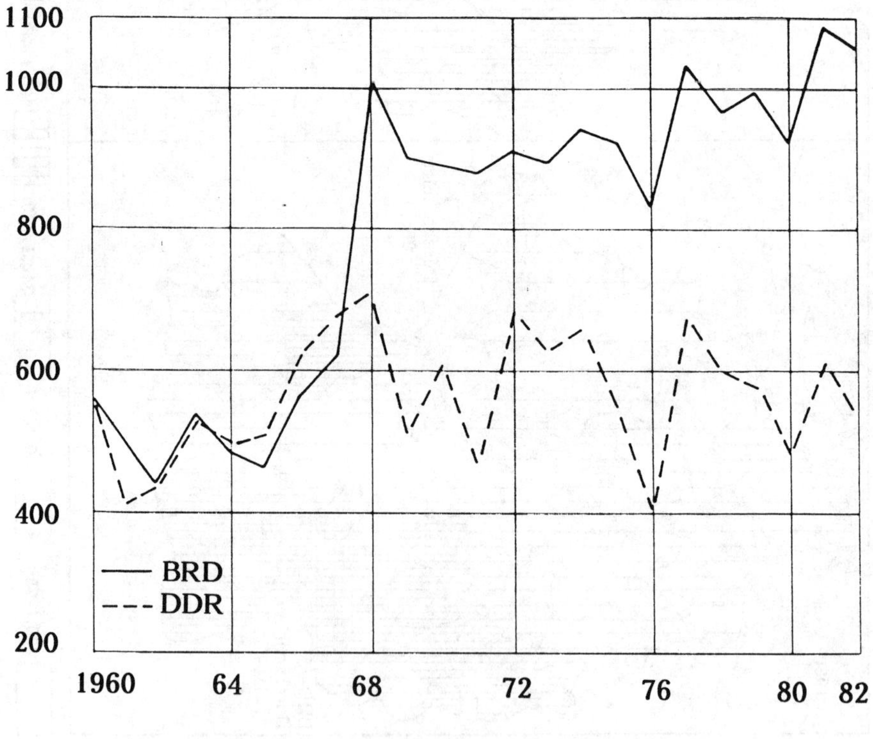

Quelle: nach „Bodennutzung und Ernte 1960", S. 30 und Stat. Jahrb. d. DDR 1960/61, S. 468;
„Bodennutzung und pflanzliche Erzeugung 1983", S. 23 und Stat. Jahrb. d. DDR 1983, S. 197

Wie bereits früher angeführt wurde, sind Runkel- und Futterrüben bisher keine Verkaufsfrucht, sondern sie dienen insbesondere in den Betrieben mit Milchvieh als wesentliche Futtergrundlage. Bisher wurden sie ausschließlich als Viehfutter angebaut. Wegen ihrer hohen Flächenproduktivität wird jedoch heute bereits die Einsatzmöglichkeit als Rohstoff zur Gewinnung von Äthanol diskutiert (IMA '84, S. 12).

5 VERÄNDERUNGEN IM FELDFUTTERPFLANZENBAU

In den beiden Staaten in Deutschland war in dem untersuchten Zeitraum der Feldfutterpflanzenanbau sehr bedeutsam (Fig. 86). Die gesamte Anbaufläche verringerte sich in den sechziger Jahren allmählich. 1960 betrug sie 891 500 ha, 1971 nur noch 743 000 ha. Das war der absolute Tiefpunkt. Seit 1971 nahm die Fläche sehr stark zu. Sie dehnte sich um mehr als 300 000 ha aus und betrug 1982 insgesamt 1 080 200 ha.

In der DDR ist bis heute die Feldfutterpflanzenfläche trotz einiger Einbrüche Mitte der sechziger Jahre und Mitte der siebziger Jahre sehr groß. Sie verringerte sich zwar von 851 874 ha (1960) auf 785 106 ha (1965), dehnte sich allerdings bis

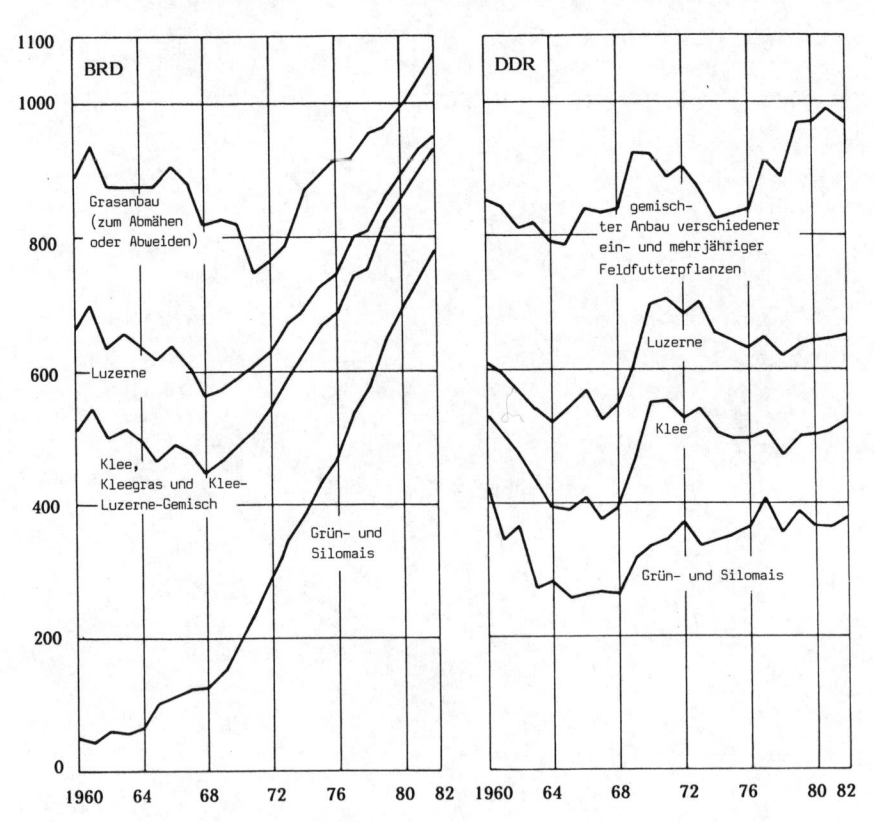

Figur 86: Entwicklung der Fläche der Feldfutterpflanzen (Mio. ha)

Quelle: nach „Bodennutzung der Betriebe 1977", S. 164; „ZMP Bilanz Getreide-Futtermittel 1982/83", S. 15 und
Stat. Jahrb. d. DDR 1974, S. 208—209; 1979, S. 173; 1983, S. 191

Figur 87: Anteil der Feldfutterpflanzenfläche an der Ackerfläche (%)

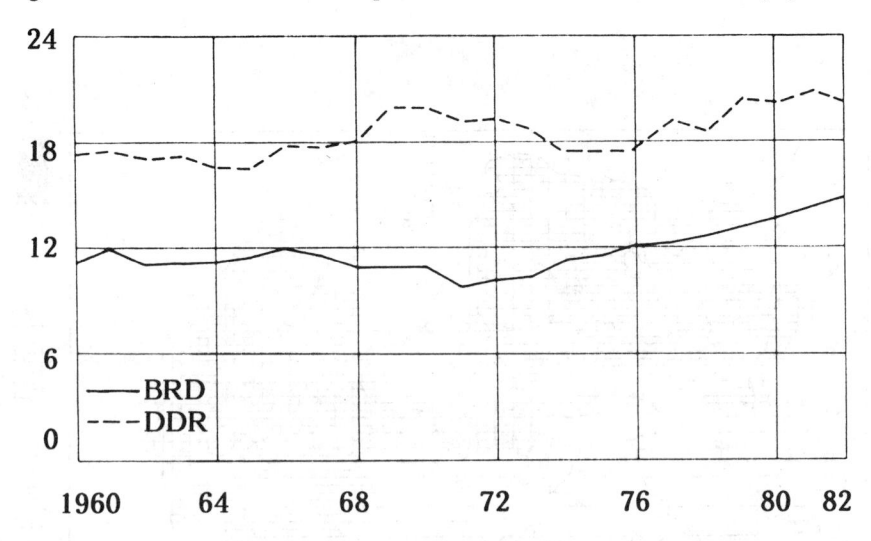

Quelle: nach „Bodennutzung der Betriebe 1977", S. 164; „ZMP Bilanz Getreide-Futtermittel 1982/83", S. 15 und
Stat. Jahrb. d. DDR 1974, S. 208—209; 1979, S. 173; 1983, S. 191

1969 auf 927 198 ha aus. Nach einer Verringerung der Fläche auf 825 850 ha (1974) erfolgte dann wieder eine Expansion auf 989 535 ha (1981).
Die absoluten Flächengrößen der Feldfutterpflanzen in der Bundesrepublik Deutschland und der DDR haben etwa die gleiche Ausdehnung. Dadurch kommt allerdings die sehr viel größere Bedeutung für die DDR zum Ausdruck, was sich beim Bezug dieser Anbaufläche auf die gesamte Ackerfläche zeigt (Fig. 87). Man kann nämlich erkennen, daß der prozentuale Anteil der Feldfutterpflanzenfläche an der Ackerfläche in der DDR immer wesentlich höher lag als in der Bundesrepublik Deutschland. In den beiden Staaten in Deutschland hat der prozentuale Anteil leicht zugenommen. 1982 betrug er in der Bundesrepublik Deutschland 14,9 Prozent, in der DDR 20,5 Prozent.
Der große Unterschied zwischen der Bundesrepublik Deutschland und der DDR wird auch aus Fig. 88 deutlich, in der für 1960 und 1979 die regionale Verteilung der Feldfutterpflanzen dargestellt ist. Mit durchschnittlich 19 Prozent war der Anteil der Feldfutterpflanzen an der Ackerfläche in der DDR wesentlich höher als in der Bundesrepublik Deutschland mit 12 Prozent. In der DDR gab es einen großen regionalen Gegensatz zwischen dem Norden und dem Süden. Abgesehen von Ostberlin mit einem Anteil von 33,9 Prozent lag das Maximum mit 28,8 Prozent im Bezirk Karl-Marx-Stadt, während der Bezirk Magdeburg mit 15,1 Prozent das Minimum aufwies.
Auch in der Bundesrepublik Deutschland bestand 1960 ein großer Unterschied zwischen den Regierungsbezirken, zwischen dem Norden und Süden. Abgesehen vom nördlichsten Bundesland Schleswig-Holstein mit einem Anteil von 17,8

Figur 88: Anteil der Feldfutterpflanzen am Ackerland 1960 und 1979 (%)

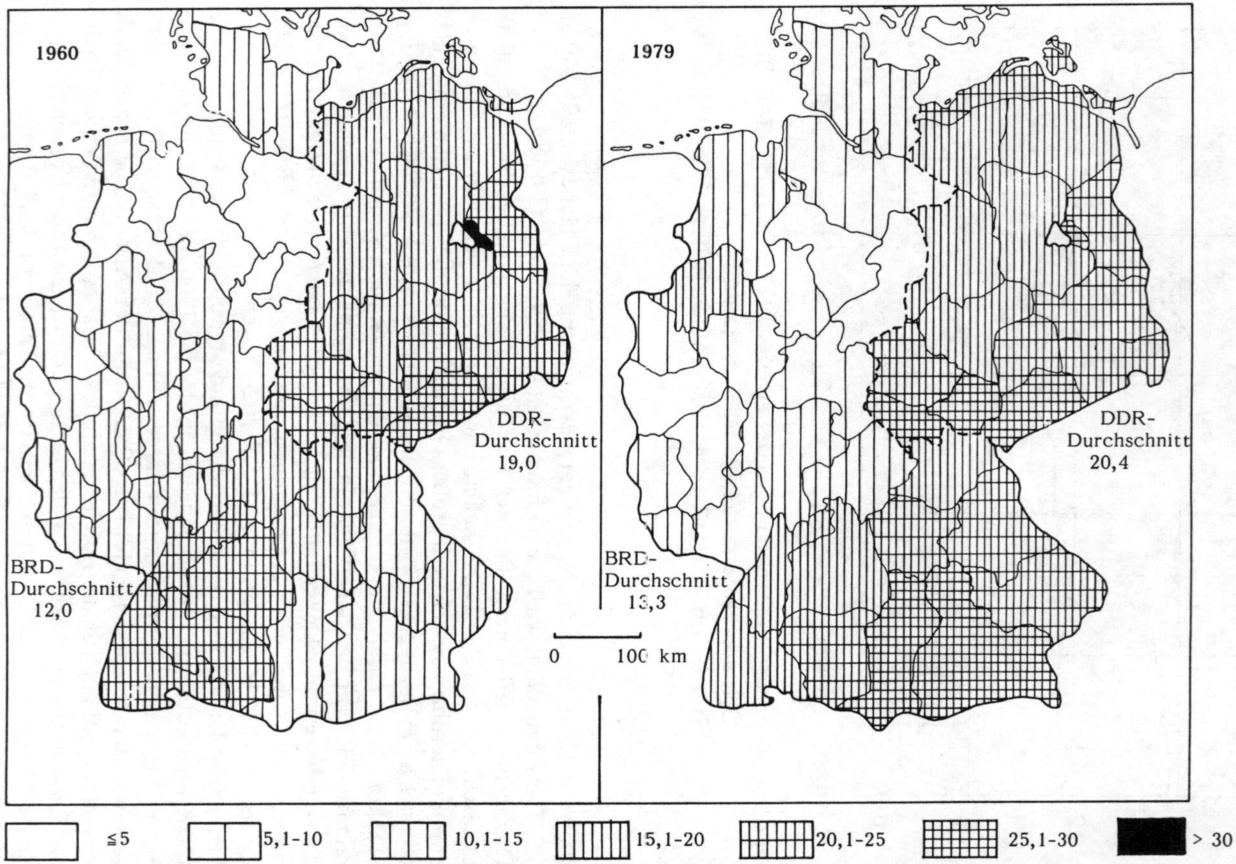

Quelle: nach „Bodennutzung der Betriebe 1977", S. 164; „ZMP Bilanz Getreide-Futtermittel 1982/83", S. 15 und nach Stat. Jahrb. d. DDR 1974, S. 208—209; 1979, S. 173; 1983, S. 191

Prozent hatten alle Regierungsbezirke Anteile mit zum Teil wesentlich weniger als 10 Prozent. Der regionale Schwerpunkt des Feldfutterpflanzenanteils an der Ackerfläche lag aber im Südwesten (Regierungsbezirk Nordbaden, Südbaden, Nordwürttemberg und Südwürttemberg-Hohenzollern) mit Werten zwischen 20,1 und 25 Prozent.

Auch 1979 gab es in den beiden Staaten in Deutschland noch regionale Schwerpunkte.

Die Gründe für die Veränderungen in der Größe der Ackerfutterfläche sind vielfältig, zudem in dem untersuchten Zeitraum in der Bundesrepublik Deutschland zum Teil andere als in der DDR.

Wenn Feldfutterbau in Hauptfruchtstellung ist, steht er in der Bundesrepublik Deutschland im Wettbewerb mit den Verkaufsfrüchten. Er muß deshalb hohe Erträge liefern. Wird Feldfutterbau jedoch in Zwischenfruchtstellung angebaut, dann ist er eine zusätzliche Kultur. In zweifacher Hinsicht ist er dann bedeutsam. Zwischen zwei Hauptfrüchten schafft er zusätzliche Ernteflächen, ohne die Verkaufsfruchtfläche einzuschränken. Zum anderen bringt er als Gründüngung eine Verbesserung der Leistungsfähigkeit der Böden.

Es besteht ein direkter Zusammenhang zwischen dem Rückgang des Feldfutteranbaus in den letzten Jahren und der stärkeren Spezialisierung auch in der Viehhaltung und der zum Teil sogar viehlosen Wirtschaftsweise. Bei der Auswahl der Futterpflanzen in den letzten 20 Jahren in der Bundesrepublik Deutschland war nicht mehr allein die Ertragsleistung ausschlaggebend.

Die Möglichkeiten der Mechanisierung, neue Erntemethoden und die Konservierung wurden immer wichtiger. Hingewiesen sei hier zum Beispiel auf die Expansion des Silomaises auf Kosten der Futterrübe.

Der Ackerfutterbau in Haupt- und Zwischenfruchtstellung übt einen deutlichen Einfluß auf die ganze Feldbewirtschaftung aus. Durch den Anbau von Feldfutterpflanzen kommt es zu einer starken Anreicherung des Bodens mit Wurzel-, Stoppel- und Blattrückständen. Weit an der Spitze aller unserer Kulturpflanzen stehen dabei die mehrjährigen Futterpflanzen Luzerne und Kleegras. Mit 55 bis 65 dt/ha Trockenmasse liegen sie an erster Stelle. Aber auch Rotklee sowie einjähriges Kleegras ist mit 28—40 dt/ha organischer Trockensubstanz noch bedeutsam. Die Ernterückstände der Winterzwischenfrüchte schwanken zwischen 9 und 20 dt/ha Trockenmasse, sommerjährige Zwischenfrüchte (Unter- und Stoppelsaaten) zwischen 6 und 10 dt/ha Trockenmasse (KÄMPF u. a. 1981, S. 11).

Die Ernterückstände der Feldfutterpflanzen sind also beträchtlich. Dazu kommt aber noch, daß der Ackerfutterbau den Boden nachhaltig vor Erosionsschäden schützt, und die tiefwurzelnden Leguminosen eine Aufschließung des Unterbodens verursachen.

Schließlich muß noch die Erhaltung und Verbesserung der Pflanzengesundheit beachtet werden, für die der Feldfutter- und Zwischenfruchtanbau eine wichtige Voraussetzung bilden. Die einseitige Feldbewirtschaftung führt zwangsläufig zu einer Zunahme an tierischen Schädlingen, Wildgräsern und Krankheiten.

Nach diesem generellen Überblick und den allgemeinen Ausführungen nun die wichtigste Pflanze, der Mais.

5.1 DIE GRÜN- UND SILOMAISFLÄCHE

Eine der zur Zeit bedeutsamsten Feldfutterpflanzen ist Mais. Sowohl in der Bundesrepublik Deutschland als auch in der DDR hat der Grün- und Silomais[31] eine wesentlich größere Flächenausdehnung als der bereits an anderer Stelle behandelte Körnermais.

Unmittelbar nach dem Zweiten Weltkrieg spielte der Maisanbau weder in der DDR noch in der Bundesrepublik Deutschland eine Rolle. Das geringe Interesse resultierte wohl hauptsächlich aus dem hohen Handarbeitsaufwand. So mußte die Unkrautbekämpfung mit Handhacke vorgenommen werden. Außerdem fiel dieser Arbeitseinsatz mit den Pflegearbeiten für Hackfrüchte und der Heuernte zusammen. Die Ernte war ebenso arbeitsaufwendig durch das Entlieschen und Aufhängen oder Einlagern der Kolben in Trockenschuppen. Auch die Silomaisernte mit der Sichel und das Aufladen der schweren Pflanzen erforderte viel Handarbeit (ZSCHEISCHLER u. a. 1984, S. 17).

Der Durchbruch zum Maisanbau erfolgte 1952 mit der Entdeckung der Triazine zur chemischen Unkrautbekämpfung. Dazu kam die rapide Entwicklung und Bereitstellung eines umfangreichen Maschinen- und Geräteparks von der Saat bis zur Verfütterung. Schließlich war die Züchtung früh reifer, standfester und ertragreicher Hybridmaissorten ausschlaggebend (ZSCHEISCHLER u. a. 1984, S. 17).

Die flächenhafte Ausbreitung erfolgte in den beiden Staaten in Deutschland unterschiedlich. Bereits in der zweiten Hälfte der fünfziger Jahre dehnte sich die Maisanbaufläche in der DDR explosionsartig aus. Parallel mit der Bildung der Landwirtschaftlichen Produktionsgenossenschaften und der Einrichtung von Maschinen-Traktoren-Stationen vergrößerte sich dort die Anbaufläche mehr und mehr.

Seit 1960 verlief die Entwicklung der Anbauflächen in den beiden Staaten in Deutschland ganz unterschiedlich (Fig.89).[32] Während sie nämlich in der DDR bis 1965 abnahm, und sich dann wieder ein wenig vergrößerte, erfolgte in der Bundesrepublik Deutschland bis heute eine stetige Zunahme. 1973 waren in beiden Staaten die absoluten Flächenanteile mit zirka 350 000 ha etwa gleich. Doch während sich in der DDR die Fläche bis heute kaum verändert hat, hat sich in der Bundesrepublik Deutschland die Fläche fast mehr als verdoppelt (778 800 ha).[33]

Nicht nur die absoluten Flächengrößen von Grün- und Silomais haben sich im Laufe der Zeit verändert, sondern auch ihre Anteile an der gesamten Fläche der

---

31 Silomais wird in der Statistik der Bundesrepublik Deutschland als Grünmais zur Frischverfütterung und Silagebereitung geführt (ZSCHEISCHLER u. a. 1984, S. 18).
32 In der DDR umfaßt die Anbaufläche von „Grün- und Silomais" „Mais im Gemisch mit Hülsenfrüchten" (ab 1964) und auch „Ganz-Pflanzenernte" ab 1974.
33 Einen wesentlichen Beitrag zur Ausbreitung des Maisanbaues in der Bundesrepublik Deutschland lieferte das Deutsche Maiskomitee, das am 18. Januar 1956 in Wiesbaden gegründet wurde. Die Nachkriegslandwirtschaft erholte sich zusehends, und die bereits in den USA erzielten Erfolge mit Hybridmais wollte man auch in Deutschland anstreben (TOUISSANT 1981, S. 4).

Figur 89: Entwicklung der Grün- und Silomaisfläche (1000 ha)

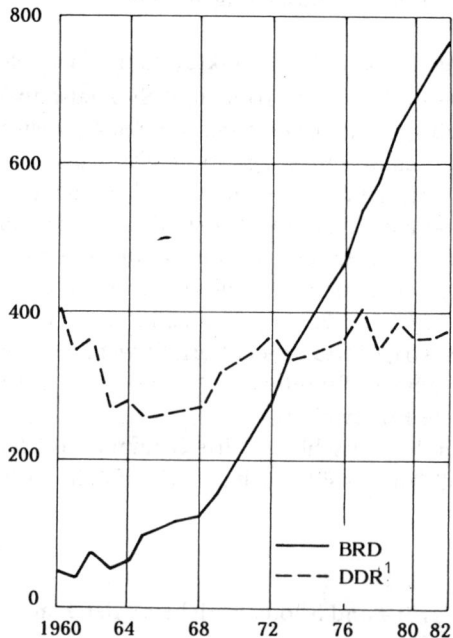

[1] Ab 1964 einschließlich im Gemisch mit Hülsenfrüchten, ab 1974 einschließlich Ganzpflanzenernte Mais

Quelle: nach „Bodennutzung der Betriebe 1977", S. 164; „MP Bilanz Getreide-Futtermittel 1982/83", S. 15 und
Stat. Jahrb. d. DDR 1974, S. 208—209; 1979, S. 173; 1983, S. 191

Feldfutterpflanzen (Fig. 90). In der DDR verringerte sich der Anteil von 51,5 (1960) auf 31,3 Prozent (1966). Bis 1977 gab es dann wieder eine Zunahme auf 44,2 Prozent, um bis 1982 wieder auf 38,4 Prozent abzunehmen. In der Bundesrepublik Deutschland dagegen nahm der Anteil rapide zu, und zwar von 5,6 (1960) auf 72,1 Prozent (1982). Innerhalb der Feldfutterpflanzen hat Mais in der Bundesrepublik Deutschland damit die dominierende Rolle eingenommen.
Die drastischen Veränderungen spiegeln sich auch bei der Darstellung der regionalen Verteilung wider. Die Angaben für 1960 und 1979 (Fig. 91) zeigen, daß sich die größten Veränderungen innerhalb der Bundesrepublik Deutschland ergeben haben, daß 1979 in den Regierungsbezirken des Nordens Grün- und Silomaisflächenanteile von 85,5 Prozent (Regierungsbezirk Lüneburg) und sogar 95,0 Prozent (Regierungsbezirk Münster) vorhanden waren. Im Bereich der Feldfutterpflanzen kann man deshalb von Monokulturen sprechen. Diese Entwicklung wurde durch mehrere Faktoren günstig beeinflußt:
— zunehmende regionale Konzentration von Rindern, Schweinen, Geflügel,
— steigender Futterbedarf, der nur zum Teil mit Hilfe importierter Futtermittel gedeckt werden konnte (hafennahe Standorte),

— relativ gute bodenstrukturelle Vorausetzungen für die Aufnahme der großen Güllemengen,
— Nähe des Absatzmarktes für tierische Produkte (Ruhrgebiet, Hamburg u. a.).

Bei den bisherigen Darstellungen zum Grün- und Silomaisanbau muß noch berücksichtigt werden, daß speziell der Grünmaisanbau als Zwischenfrucht in der DDR in den letzten Jahren bedeutsam geworden ist. Angaben in amtlichen Statistiken gibt es zwar nicht, dennoch liegen einige Schätzungen vor. Anfang 1980 wurden von der Maisanbaufläche etwa 10—15 Prozent als Grünmais frisch verfüttert. Der Anbau erfolgte in erster Linie auf schwer zu bewirtschaftenden Splitterflächen und Vorgewenden der Zuckerrübenschläge (RÖTSCHKE, GEORG und MÄRTIN 1982, S. 175). Es sind somit Reserveflächen, die im Rahmen der Großraumbewirtschaftung nicht erfaßt werden konnten. Da der Grünmais geringe Ansprüche an Standort und Saatzeit stellt, ist er für diese Sonderflächen die geeignete Futterpflanze.

Auch in der Bundesrepublik Deutschland wird Grünmais als Zwischenfrucht angebaut. Mit jährlich 30 000 bis 40 000 ha ist die Fläche bisher jedoch so

Figur 90: Anteil der Grün- und Silomaisfläche an der Fläche der Feldfutterpflanzen (%)

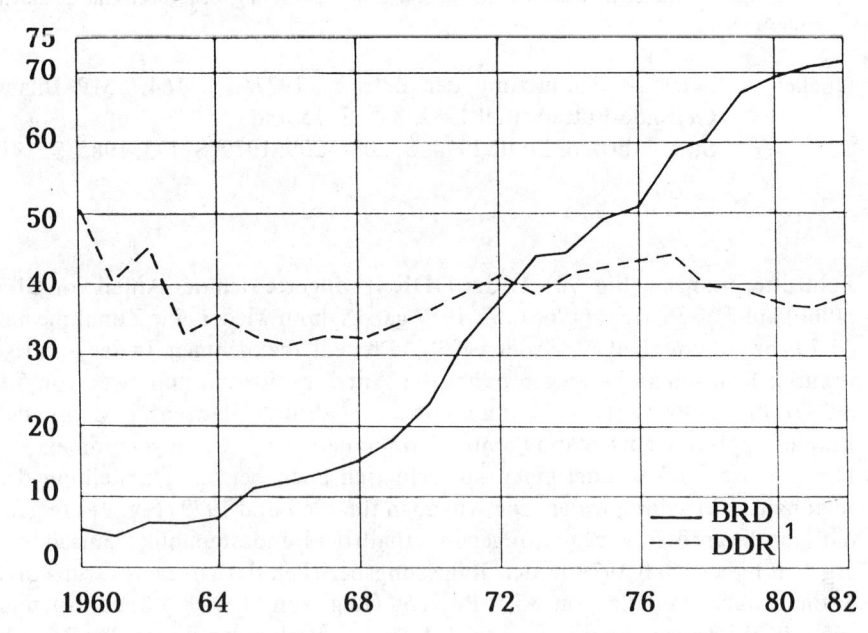

[1] Ab 1964 einschließlich im Gemisch mit Hülsenfrüchten, ab 1974 einschließlich Ganzpflanzenernte

Quelle: nach „Bodennutzung der Betriebe 1977", S. 164; „ZMP Bilanz Getreide-Futtermittel 1982/83", S. 15 und
Stat. Jahrb. d. DDR 1974, S. 208—209; 1979, S. 173; 1983, S. 191

Figur 91: Anteil des Grün- und Silomaisanbaus (als Hauptfrucht) an der gesamten Fläche der Feldfutterpflanzen 1960 und 1979 (%)

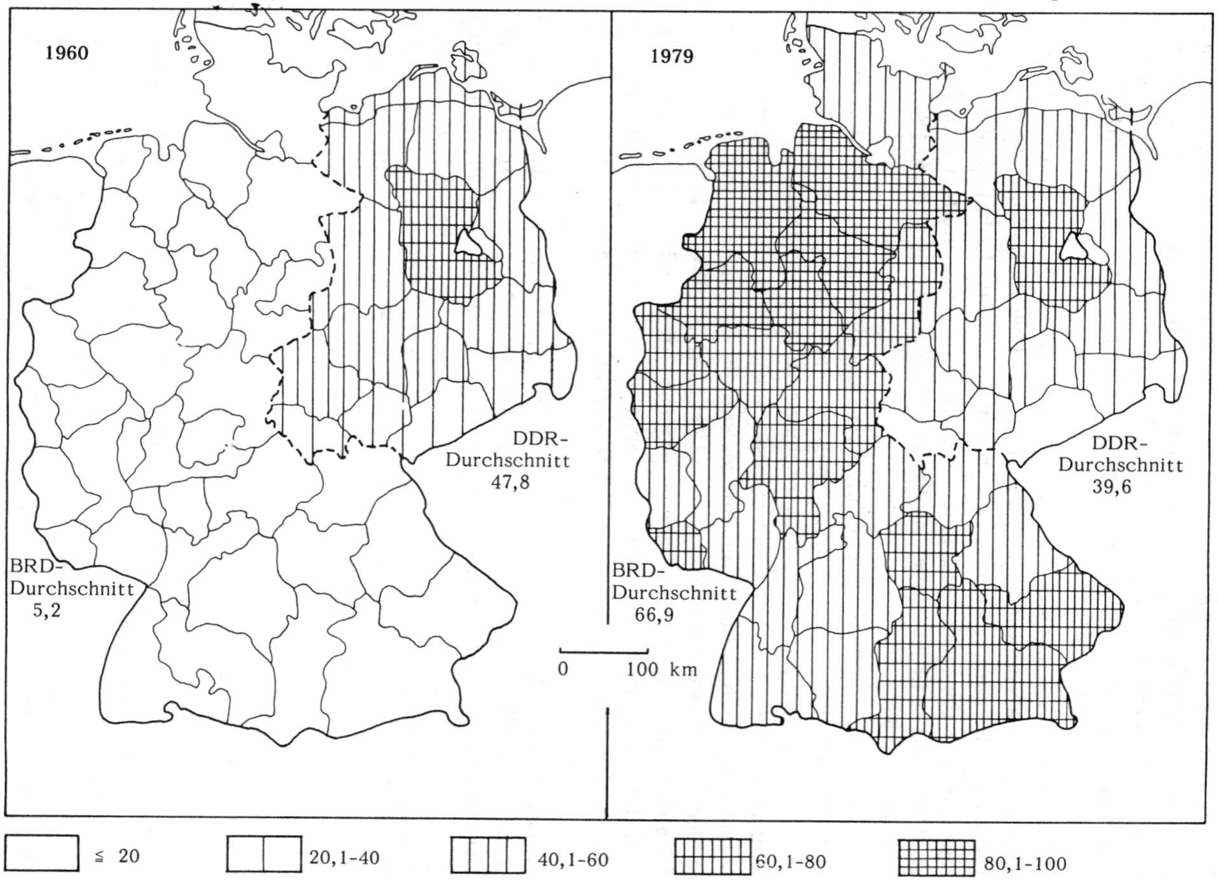

Quelle: nach „Bodennutzung und Ernte 1960", S. 34—35 und Stat. Jahrb. d. DDR 1960/61, S. 448; „Pflanzliche Erzeugung 1979", S. 16, 29 und Stat. Jahrb. d. DDR 1980, S. 173

gering, daß sie ab 1978 statistisch gar nicht mehr erfaßt wird (ZSCHEISCHLER u. a. 1984, S. 20) Im Vergleich zur DDR ist dieses Frischfutter von nur geringer Bedeutung.

Die Bestellung von Grünmais kann von Ende April bis spätestens 10. Juni erfolgen (GEORG u. a. 1984, S. 170). In günstigen Räumen kann er etwa an 60 Tagen, in ungünstigen Räumen an etwa 40 Tagen gleichbleibend gutes Frischfutter liefern. Um optimal hohe, dichte und standfeste Bestände auszunutzen, sollten je Saatzeit 15—20, höchstens 25 Tage eingeplant werden. Bei einer Nutzungsdauer von 60 Tagen ergeben sich deshalb drei Saatzeiten (SIMON und WEILAND 1984, S. 72).

Während Grünmais ausschließlich als Frischfutter im Sommer zur Verfügung steht, ist Silomais ein wichtiges Winterfutter und besonders für die gegenwärtig verbreitete Bullenintensivmast von großer Bedeutung. Er hat diese Mast erst ermöglicht. In der DDR werden beispielsweise im Durchschnitt etwa 35 Prozent des Energiebedarfs der Rinder im Winter durch Maissilage gedeckt (WATZKE u. a. 1981, S. 71).

Der Grün- und Silomaisanbau erfolgt fast ausschließlich zur Verbesserung der Futtergrundlage im eigenen Betrieb bzw. in benachbarten Betrieben. Das trifft sowohl für die Bundesrepublik Deutschland als auch für die DDR zu. Größere Transporte, besonders von Grünmais, sind ausgeschlossen. In allerjüngster Zeit bahnt sich jedoch zwischen der Bundesrepublik Deutschland und den Niederlanden ein Austausch von Silomais an (RIEMANN 1984, S. 44).

Wenn anfangs von Maisimporten gesprochen wurde, so ist zu beachten, daß es sich dabei lediglich um Körnermais und Saatgut handelt. Ein Import von Grün-und Silomais existiert — bis auf die sich anbahnende Entwicklung — bisher nicht.

Zwar hat bisher die flächenmäßige Ausdehnung des Maisanbaus weder in der Bundesrepublik Deutschland noch in der DDR die Ausmaße erreicht wie zum Beispiel in den Niederlanden (etwa 20 %), dennoch scheinen aber allmählich Grenzen sichtbar zu werden, wenn man beispielsweise an die jüngsten Flächenverringerungen in Bayern und einigen südlichen Bezirken der DDR denkt. Besonders die Bodenerosion kann große Probleme mitbringen und in einigen Räumen den Anbau einschränken.

5.2. DIE LUZERNEFLÄCHE

Neben Grün- und Silomais ist Luzerne unter den Feldfutterpflanzen bedeutsam. Während die Anbaufläche in der DDR 1960 mit nur 80 407 ha weit unter der Anbaufläche in der Bundesrepublik Deutschland (155 800 ha) lag, hat sie sich bis 1966 stark ausgedehnt (Fig. 92). Damals betrug sie 166 400 ha und übertraf die Anbaufläche[34] in der Bundesrepublik Deutschland (141 700 ha). Seit 1966

---

34 Zu beachten ist, daß in der DDR ab 1974 auch der gemischte Anbau von Luzerne und Gras miterfaßt wurde.

Figur 92: Entwicklung der Luzernefläche (1000 ha)

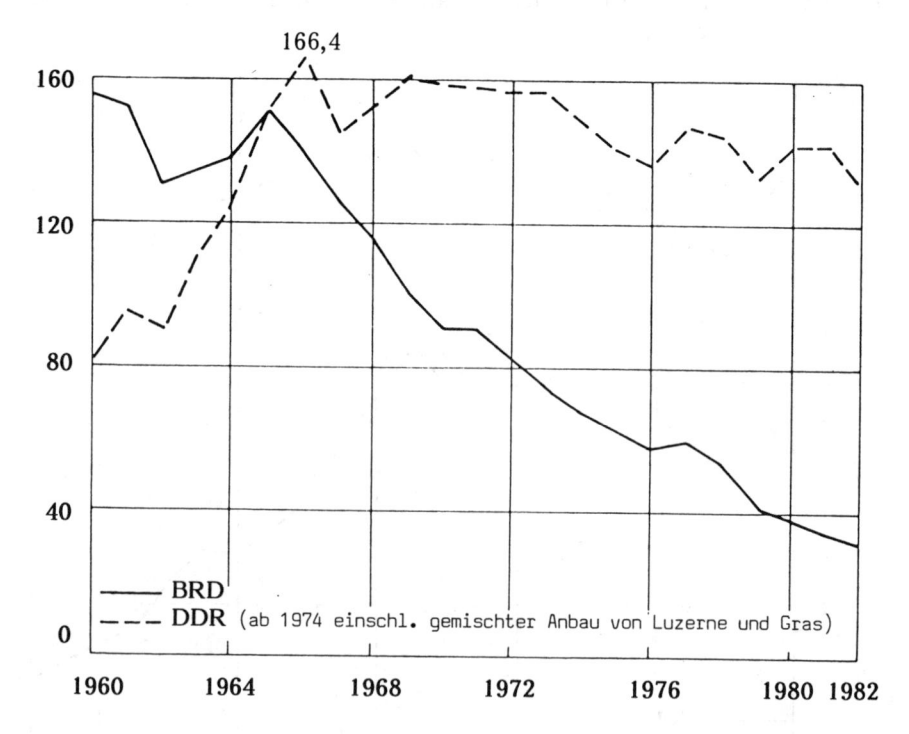

Quelle: nach „Bodennutzung der Betriebe 1977", S. 164; „ZMP Bilanz Getreide-Futtermittel 1982/83", S. 15 und
Stat. Jahrb. d. DDR 1974, S. 208—209; 1979, S. 173; 1983, S. 191

hat die Anbaufläche in der DDR mit geringfügigen Schwankungen bis auf 132 787 ha (1982) abgenommen. Der Rückgang in der Bundesrepublik Deutschland dagegen war viel drastischer, 1965 wurde auf 150 900 ha Luzerne angebaut, 1982 nur noch auf 31 500 ha.
Der Anteil der Luzernefläche an der gesamten Fläche der Feldfutterpflanzen war 1960 mit 17,5 Prozent in der Bundesrepublik Deutschland wesentlich höher als in der DDR mit 9,4 Prozent (Fig. 93). Die Entwicklung ist seitdem jedoch in den beiden Staaten in Deutschland ganz unterschiedlich verlaufen. 1964 gab es mit 15,8 Prozent in den beiden Staaten den gleichen prozentualen Anteil. Doch während in der Bundesrepublik Deutschland der Rückgang bis in die Gegenwart unaufhörlich weiterlief und 1982 der Anteil nur noch 2,9 Prozent betrug, erreichte die DDR ihr Maximum 1966 mit 19,8 Prozent. Erst seit dieser Zeit verläuft der Rückgang mehr oder weniger kontinuierlich. Der Anteil lag 1982 mit 13,7 Prozent weit über dem Anteil in der Bundesrepublik Deutschland. Die Bedeutung des Luzerneanbaus in der DDR ist damit größer als in der Bundesrepublik Deutschland.

Figur 93: Anteil der Luzernefläche an der gesamten Feldfutterpflanzenfläche (%)

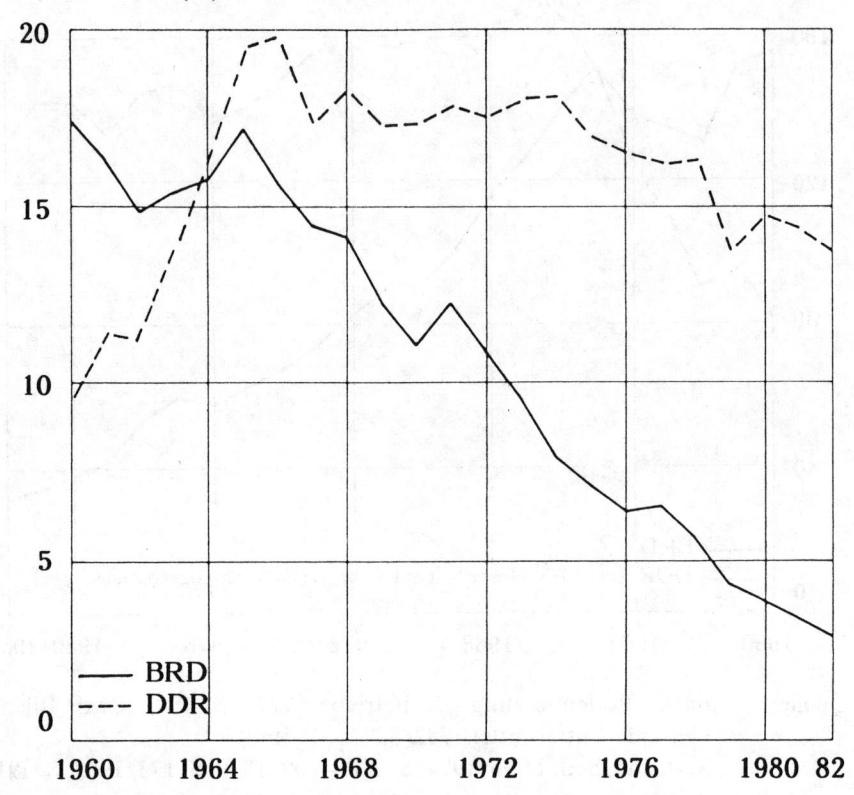

——— BRD
--- DDR

Quelle: nach „Bodennutzung der Betriebe 1977", S. 164; „ZMP Bilanz Getreide-Futtermittel 1982/83", S. 15 und
Stat. Jahrb. d. DDR 1974, S. 208—209; 1979, S. 173; 1983, S. 191

Für 1960 vermittelt Fig. 94 die regionale Verteilung des Luzerneanbaus. Der Schwerpunkt lag in Süd- bzw. Südwestdeutschland in Nordbaden (41,7 %), Unterfranken (46,5 %) und der Pfalz (46,7 %). Das absolute Maximum erreichte mit 76,4 Prozent der Luzernefläche an der Feldfutterfläche der Regierungsbezirk Rheinhessen. Prozentuale Anteile über 40 Prozent gab es in der DDR damals nicht. Aber immerhin hatte der Bezirk Halle mit 26,5 Prozent das Maximum in der DDR.
Vergleichbare Anteile zwischen 24,1 und 30 Prozent gab es in der Bundesrepublik Deutschland in den Regierungsbezirken Koblenz, Darmstadt und Mittelfranken. Im Südosten der DDR und der Bundesrepublik Deutschland und im Norden in den beiden Staaten in Deutschland war der Luzerneanbau bedeutungslos.

Figur 94: Anteil der Luzernefläche an der gesamten Fläche der Feldfutterpflanzen 1960 und 1979 (%)

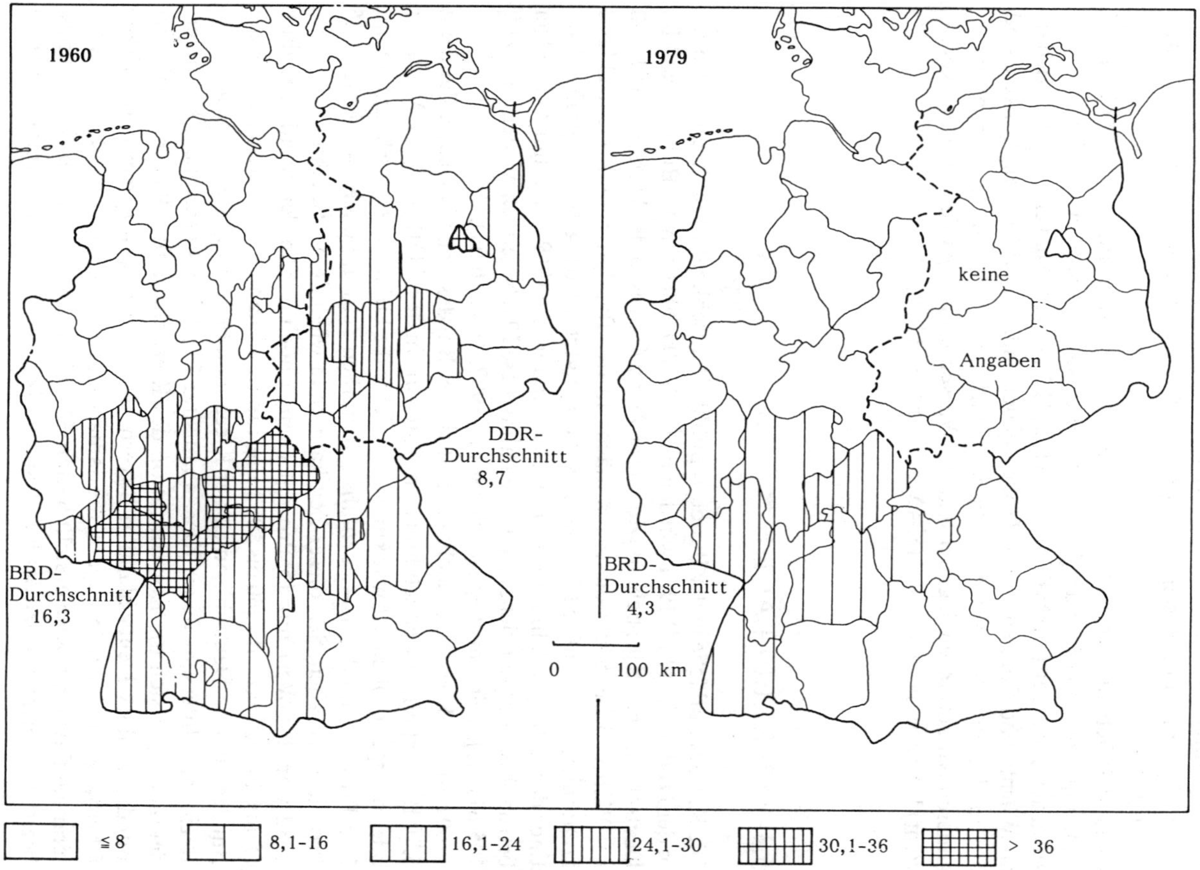

Quelle: nach „Bodennutzung und Ernte 1960", S. 34—35 und Stat. Jahrb. d. DDR 1960/61, S. 448; „Pflanzliche Erzeugung 1979", S. 16, 28

Mit der vorhin beschriebenen Veränderung im Laufe der Zeit vollzog sich auch eine räumliche Verschiebung.

In der Bundesrepublik Deutschland liefert Luzerne als Futterpflanze Höchsterträge mit einer Grünmasse von 400 bis 600 dt/ha. Der Gehalt an Eiweiß und Mineralstoffen ist hoch. Bei Sommerdürre ist der Luzerneanbau bezüglich der Ertragsleistung, der Raschwüchsigkeit und der Anbausicherheit dem Rotklee überlegen.

Es handelt sich um eine mehrjährige Nutzpflanze. Allerdings sollten Anbau und Nutzung wegen überhand nehmender Vergrasung nicht über drei Jahre hinaus ausgedehnt werden (KÄMPF u. a. 1981, S. 112). Luzerne hat einen hohen Bedarf an Wärme und Sonnenschein. Hohe Niederschläge und Luftfeuchtigkeit sind ungünstig, obwohl ein hoher Wasserbedarf notwendig ist. Im Verhältnis zu anderen Nutzpflanzen liegt der relative Wasserverbrauch (Verdunstungskoeffizient) bei Luzerne sehr hoch (KÄMPF 1981, S. 115).

5.3 DIE KLEEFLÄCHE

Die Kleeanbaufläche in der Bundesrepublik Deutschland ist bis heute höher als in der DDR (Fig. 95).[35] 1961 wurden mehr als 500 000 ha in der Bundesrepublik Deutschland mit Klee bebaut. Zu dieser Zeit waren es in der DDR nur 151 350 ha. Während bis heute die Anbaufläche in der Bundesrepublik Deutschland kontinuierlich bis auf 163 400 ha (1982) verringert wurde, gab es in der DDR am Ende der sechziger Jahre eine starke Ausdehnung, die 1969 immerhin 245 250 ha betrug. Bis Ende der siebziger Jahre nahm diese Fläche jedoch wieder ab (1977: 105 611 ha). Seitdem stieg sie wieder an (1982: 146 336 ha).

1960 hatte die Kleeanbaufläche (Fig. 96) in der Bundesrepublik Deutschland mit 52,0 Prozent einen vielfach höheren Anteil als in der DDR (11,0 %). Mit mehr oder weniger großen Schwankungen erreichte die DDR 1969 das Maximum mit 26,5 Prozent, um dann — ebenfalls mit starken Schwankungen — bis auf 11,5 Prozent abzufallen. Seit dieser Zeit kann man wieder eine Zunahme erkennen. 1982 war der Wert mit 15 Prozent ebenso hoch wie in der Bundesrepublik Deutschland, wo seit 1960 bis 1982 eine rapide Abnahme festzustellen ist. In der Bundesrepublik Deutschland ist der Kleeanbau bedeutungslos geworden.

Regionale Unterschiede im Kleeanbau sind Fig. 97 zu entnehmen. Besonders deutlich zeigt sich die Konzentration des Kleeanbaus für 1960 innerhalb der Bundesrepublik Deutschland in Bayern, und zwar in den Regierungsbezirken Oberbayern und Niederbayern, die damals 80,8 bzw. 80,3 Prozent ihrer Feldfutteranbaufläche mit Klee bestellt hatten. Daneben gab es zahlreiche Regierungsbezirke, auch im Norden der Bundesrepublik Deutschland, die Anteile von 60,1

---

35 Man beachte jedoch, daß in der DDR Rot- und Weißklee in der Gruppe „Klee" zusammengefaßt wurden. In den Statistiken der Bundesrepublik Deutschland ist die Kleefläche nicht allein aufgeführt, sondern zusammen mit Kleegras und Klee-Luzerne-Gemisch.

Figur 95: Entwicklung der Kleeanbaufläche (1000 ha)

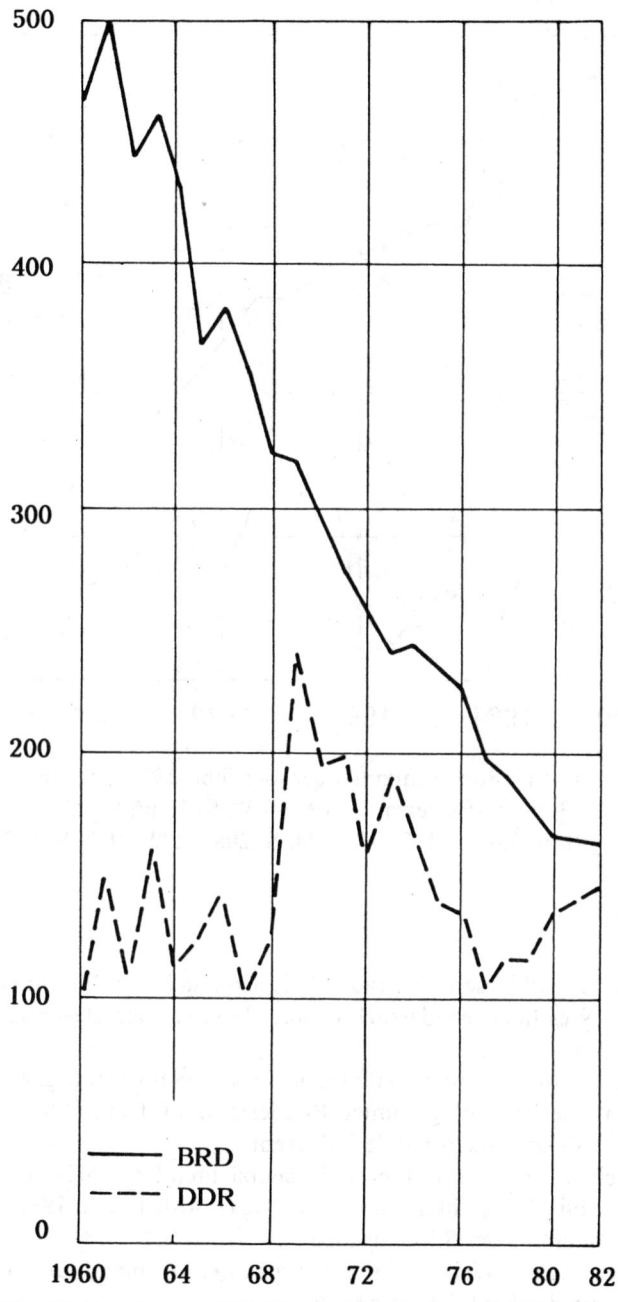

—— BRD
--- DDR

(für die Bundesrepublik Deutschland einschließlich Kleegras und Klee-Luzerne-Gemisch)

Quelle: nach „Bodennutzung der Betriebe 1977", S. 164; „ZMP Bilanz Getreide-Futtermittel 1982/83", S. 15 und
Stat. Jahrb. d. DDR 1974, S. 208—209; 1979, S. 173; 1983, S. 191

Figur 96: Anteil der Kleeanbaufläche an der gesamten Feldfutterpflanzenfläche (%)

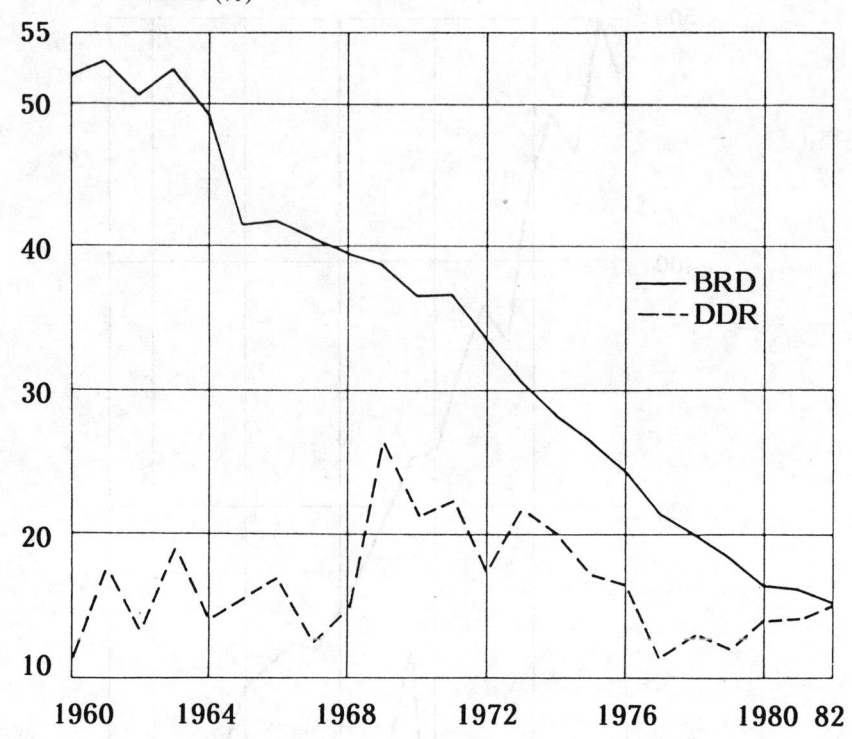

Quelle: nach „Bodennutzung der Betriebe 1977", S. 164; „ZMP Bilanz Getreide-Futtermittel 1982/83", S. 15 und
Stat. Jahrb. d. DDR 1974, S. 208—209; 1979, S. 173; 1983, S. 191

bis 80 Prozent aufwiesen. Der radikale Rückgang bis 1979 ist unverkennbar. In Nordrhein-Westfalen, Niedersachsen und Hessen ist der Kleeanbau bedeutungslos geworden.

Nur in Bayern und Rheinland-Pfalz spielte er 1979 noch eine gewisse Rolle. Das Maximum innerhalb der gesamten Bundesrepublik Deutschland lag im Regierungsbezirk Oberfranken mit 45,3 Prozent.

Die Ursachen für den seit Jahren zu beobachtenden Flächenrückgang in der Bundesrepublik Deutschland sind vielfältig (KÄMPF u. a. 1981, S. 91):
— starke Zunahme des Silomaisanbaus,
— Ausdehnung der Weiden, Intensivierung der Grünlandnutzung,
— Steigerung des Kraftfutterverbrauchs,
— Zunahme des Zuckerrübenanbaus und damit Anfall von Nebenfutter,
— Verbesserung der Bodenkultur vor allem in Zuckerrübenbetrieben,
— Ertragssteigerung durch höhere Mineraldüngergaben,
— Schwierigkeiten bei Untersaaten in dicht stehendem Getreide,

Figur 97: Anteil der Kleeanbaufläche an der gesamten Feldfutterpflanzenfläche 1960 und 1979 (%)

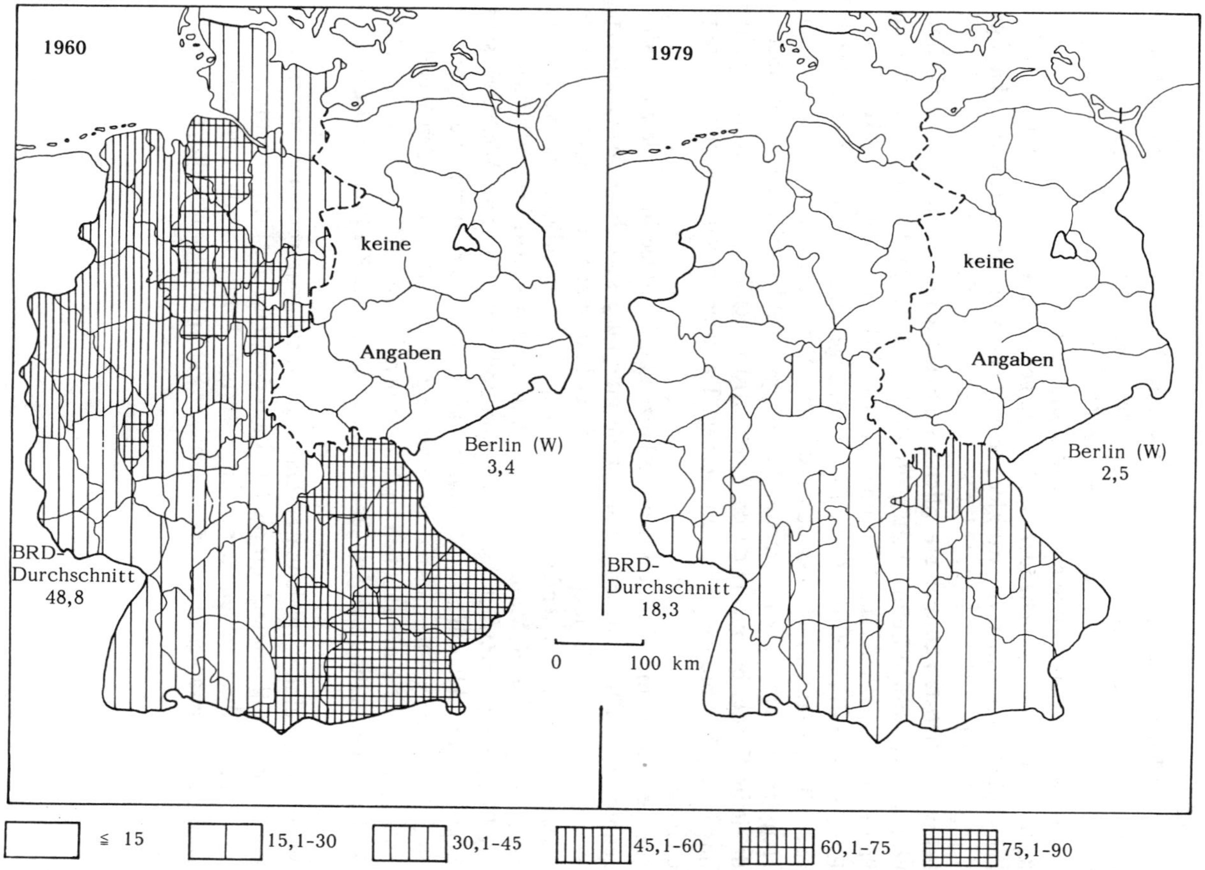

Quelle: nach „Bodennutzung und Ernte 1960", S. 33, 35 und „Pflanzliche Erzeugung 1979", S. 28

— Erschwerung des Mähdrusches bei Untersaaten,
— Ernteverzögerung durch Mähdrusch,
— Abkehr von Milchviehhaltung in bäuerlichen Betrieben.

Von den wichtigsten Ackerfutterpflanzen (Klee, Luzerne, Kleegras, Silomais) nimmt Rotklee von kleeartigen Feldfutterpflanzen die größte Fläche ein. Unter dem Sammelbegriff „Klee" wird jedoch in der Statistik Rotklee nicht gesondert aufgeführt.

Trotz des Rückgangs in der Fläche hat Rotklee bis heute in der Bundesrepublik Deutschland noch eine beachtliche Bedeutung, und zwar aufgrund seiner Genügsamkeit und Anbausicherheit. Rotklee läßt sich gut in Fruchtfolgen einordnen und liefert zudem ein hochwertiges Futter.

Kühle Lagen mit ausreichenden Niederschlägen und relativ hoher Luftfeuchtigkeit sind für den Anbau von Rotklee geeignet. Vorsommerdürren sowie häufige Wechselfröste im Februar und März sind ungünstig. Die Auswinterungsschäden bei Wechselfrösten können erheblich sein. Feuchte mittlere bis schwere Lehmböden sowie tonige Lehme bieten für Rotklee günstige Anbaumöglichkeiten. Saure Böden scheiden für den Anbau aus (KÄMPF u. a. 1981, S. 93).

Rotklee ist eine überjährige Nutzpflanze. Im allgemeinen wird er unter Getreide gesät. Blanksaat (ohne Deckfrucht) ist selten. Kleesaaten nach frühräumenden Hauptfrüchten (z. B. Wintergerste, Winterraps, Frühkartoffeln) sind ungünstig, da sie im Winter besonders durch Wechselfröste gefährdet sind. Rotklee sollte nur in der Vollblüte geschnitten werden. Dadurch lassen sich hohe Erträge erzielen.

Als Feldfutter- und Gründüngungspflanze hat Weißklee in den letzten Jahrzehnten eine Zunahme erfahren. Er ist eine ausgesprochene Weidepflanze. Wegen seines kriechenden Wuchses wird er häufig auch im Kleegrasgemenge verwendet. Im Zwischenfruchtanbau wird er zu Gründüngungszwecken im Getreide gesät. Der Mähdrusch wird aufgrund des niedrigen Wuchses von Weißklee nicht beeinträchtigt. Klima- und Bodenansprüche des Weißklees sind relativ gering. Allerdings sind sehr trockene, stark versauerte und staunasse Böden ungünstig. Die meisten Standorte eignen sich jedoch für den Weißkleeanbau. Er wird hauptsächlich in Kleegemengen und Kleegrasgemengen zur Weide- oder Mähnutzung angebaut. Eine genügende Kalkversorgung ist notwendig.

Wenn auch keine vergleichbaren Daten für die Bundesrepublik Deutschland vorliegen, so soll dennoch für die DDR aus der Reihe der Feldfutterpflanzn der gemischte Anbau verschiedener mehrjähriger Feldfutterpflanzen sowie der gemischte Anbau verschiedener einjähriger Feldfutterpflanzen dargestellt werden (Fig. 98).

Figur 98: Gemischter Anbau verschiedener einjähriger und mehrjähriger Feldfutterpflanzen in der DDR (1000 ha)

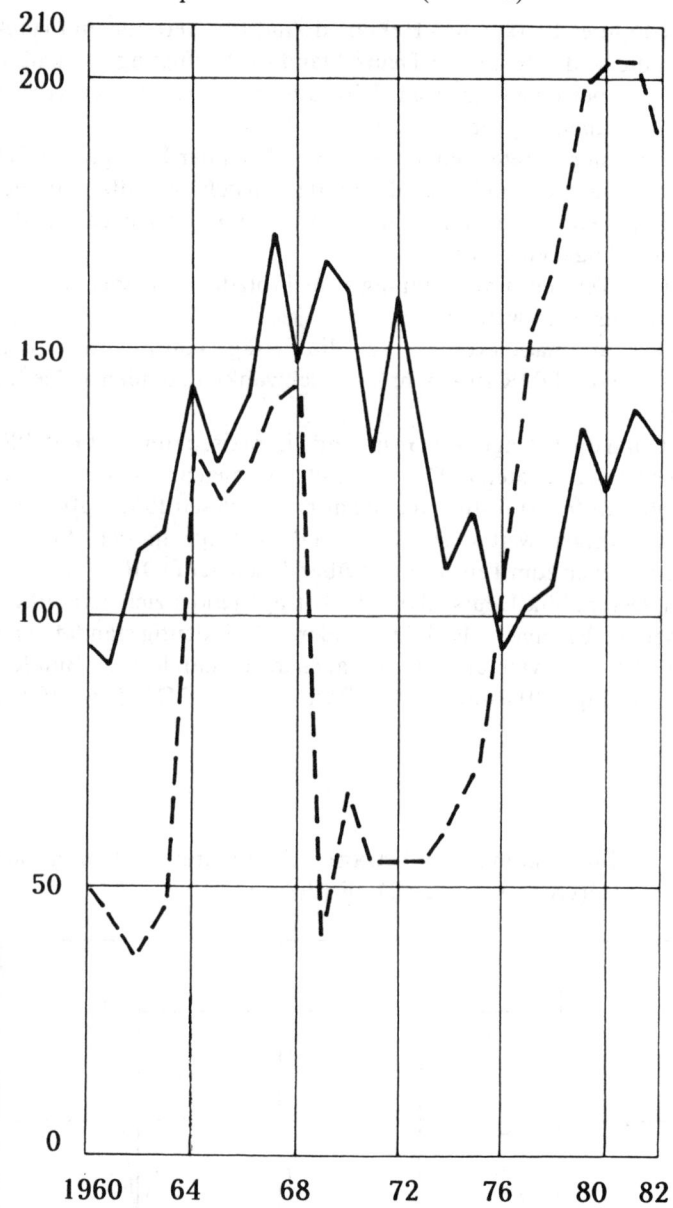

— — — Gemischter Anbau verschiedener mehrjähriger Feldfutterpflanzen (bis 1968 einschließlich Kleegras)

———— Gemischter Anbau verschiedener einjähriger Feldfutterpflanzen (ab 1967 einschließlich Serradella und Welsches Weidelgras)

Quelle: nach „Bodennutzung der Betriebe 1977", S. 164; „ZMP Bilanz Getreide-Futtermittel 1982/83", S. 15 und
Stat. Jahrb. d. DDR 1974, S. 208—209; 1979, S. 173; 1983, S. 191

5.4 ERTRÄGE DER FELDFUTTERPFLANZEN

Die Angaben über Erträge pro Hektar (dt/ha) für Getreide und Hackfrüchte standen für die beiden Staaten in Deutschland zur Verfügung. Deshalb war auch ein Vergleich über einen längeren Zeitraum und zwischen den verschiedenen Produktionsräumen unproblematisch.
Unlösbare Probleme treten jedoch beim Vergleich der Erträge von Feldfutterpflanzen auf. Das liegt nicht nur daran, daß anstelle von dt/ha in Heuwerten oder Grünmassen Zahlen angegeben sind, sondern auch daran, daß kaum vergleichbare Angaben vorliegen.
So muß dieser Teil sehr unvollständig sein. Trotzdem soll aber auf die wenigen Angaben eingegangen werden.
Aus Fig. 99 kann man erkennen, daß die Erträge von Feldfutterpflanzen (in Grünmasse) in der DDR zwar sehr stark schwankten, tendenziell jedoch angestiegen sind.
Betrachtet man die Erträge von Grün- und Silomais, dann zeigt Fig. 100, daß sie 1967 in den beiden Staaten in Deutschland etwa gleich waren und mit zirka 400 dt/ha eine beachtliche Größe erreicht hatten. Doch seit 1967 klaffen die Erträge mehr oder weniger weit auseinander. Die Erträge in der Bundesrepublik Deutschland liegen zum Teil erheblich über denen der DDR. Während seit 1967 in der Bundesrepublik Deutschland die Erträge tendenziell geringfügig zunehmen, weisen die Erträge in der DDR tendenziell eindeutig ständig abnehmende Werte auf. Diese Entwicklung läßt sich auch in den Ländern der Bundesrepublik Deutschland (Fig. 101) und in den Bezirken der DDR (Fig. 102 und 103) verfolgen.

Figur 99: Entwicklung der Erträge von Feldfutterpflanzen ohne Mais (Grünmasse) in der DDR (dt/ha)

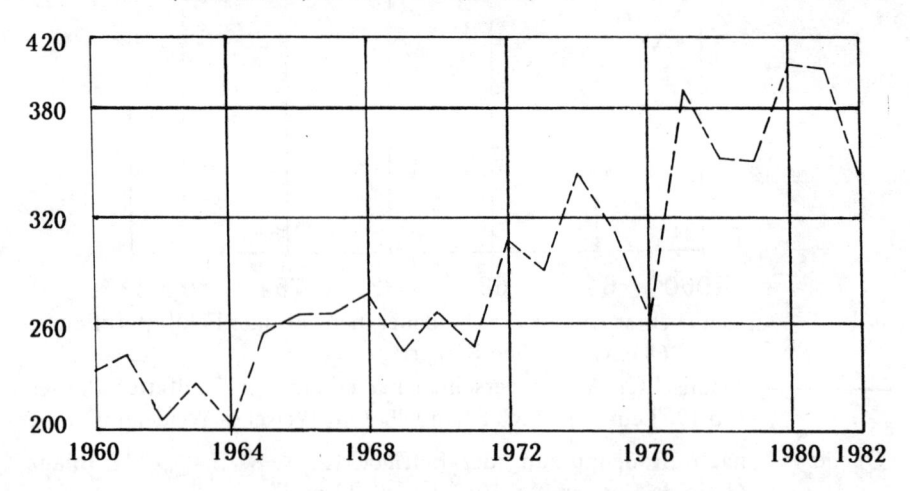

Quelle: Stat. Jahrb. d. DDR 1977, S. 190—191; 1983, S. 194—195

Figur 100: Entwicklung der Grün- und Silomaiserträge (dt/ha)

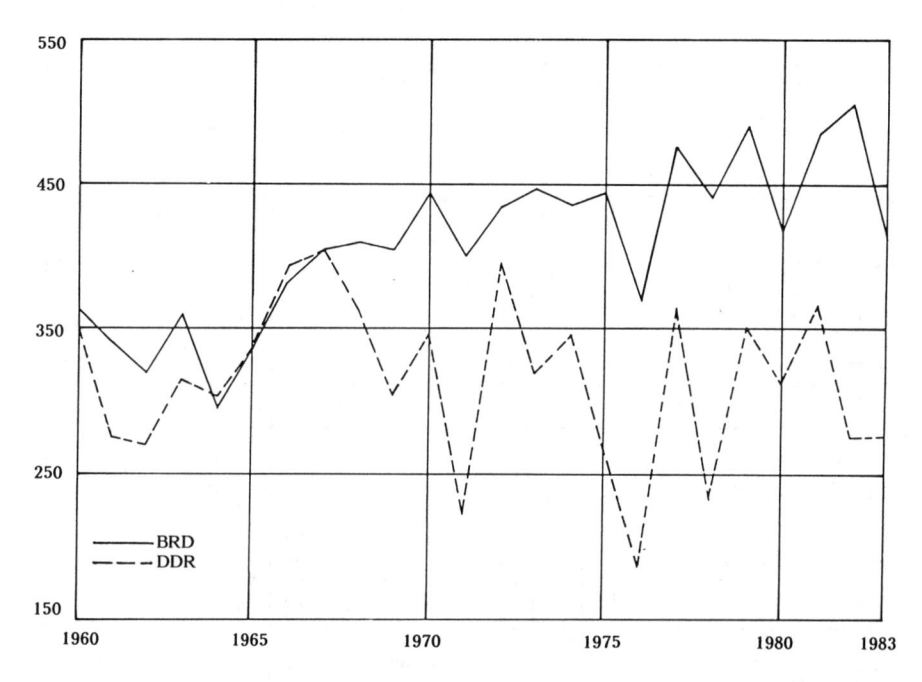

Quelle: nach „Bodennutzung der Betriebe 1977", S. 164; „ZMP Bilanz Getreide-Futtermittel 1982/83", S. 15 und Stat. Jahrb. d. DDR 1974, S. 208—209; 1979, S. 173; 1983, S. 191

Zu den unterschiedlichen Entwicklungen kommen noch die großen regionalen Unterschiede. Die nur für 1981 dargestellten Angaben (Fig. 104) zeigen, daß ein beträchtliches Ertragsgefälle innerhalb der beiden Staaten in Deutschland und zwischen den Bezirken der DDR und den Regierungsbezirken der Bundesrepublik Deutschland besteht. Man vergleiche nur den Bezirk Neubrandenburg (328,9 dt/ha) mit dem Regierungsbezirk Koblenz (568,3 dt/ha). Für diese relativ geringe Flächenproduktivität führt MATSCHKE (1984, S. 51) folgende Gründe an:
— Die optimalen Aussaattermine werden nicht eingehalten. In den letzten Jahren sind etwa 50 Prozent der Maisanbaufläche nach dem 15. Mai (dem optimalen Aussaattermin) bestellt worden.
— Der Erntetermin lag zu früh. Der optimale Zeitpunkt für den Erntebeginn liegt vom 20. September bis 10. Oktober. In den letzten drei Jahren waren bereits 45 Prozent der Maisbestände früher geerntet. Der Ernteverlust pro Tag in der Vegetationszeit beträgt 1—2 Prozent. Trockensubstanzgehalt und Energiekonzentration werden verringert.
— Die Legetechnik kommt nur ungenügend zum Einsatz. Der Gleichstandsaat muß mehr Aufmerksamkeit geschenkt werden.

Figur 101: Entwicklung der Erträge von Grün- und Silomais in den Ländern der Bundesrepublik Deutschland (dt/ha) in Grünmasse

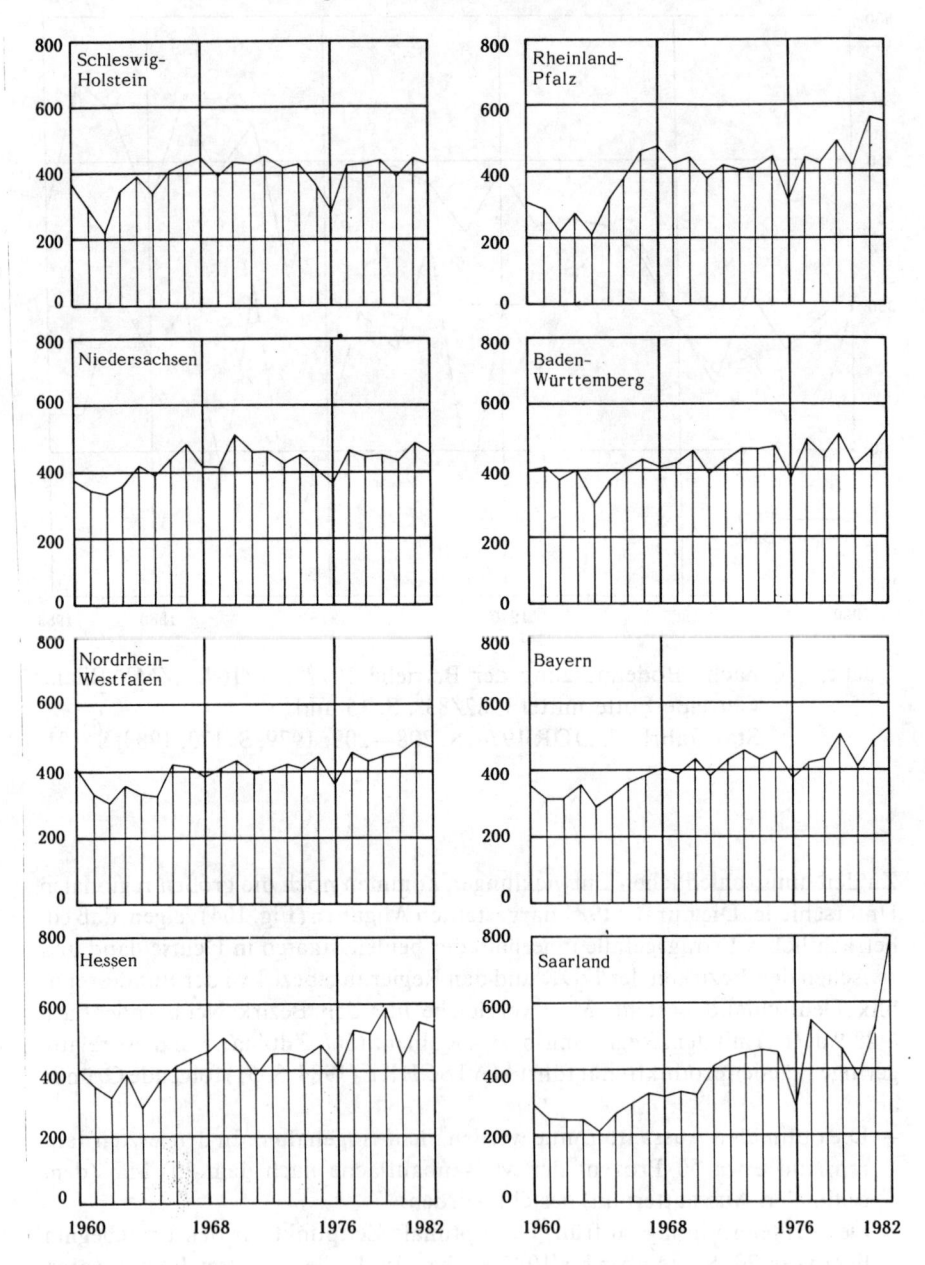

Quelle: nach „Bodennutzung der Betriebe 1977", S. 164; „ZMP Bilanz Getreide-Futtermittel 1982/83", S. 15 und
Stat. Jahrb. d. DDR 1974, S. 208—209; 1979, S. 173; 1983, S. 191

Figur 102: Entwicklung der Erträge von Grün- und Silomais in den Bezirken der DDR (dt/ha)

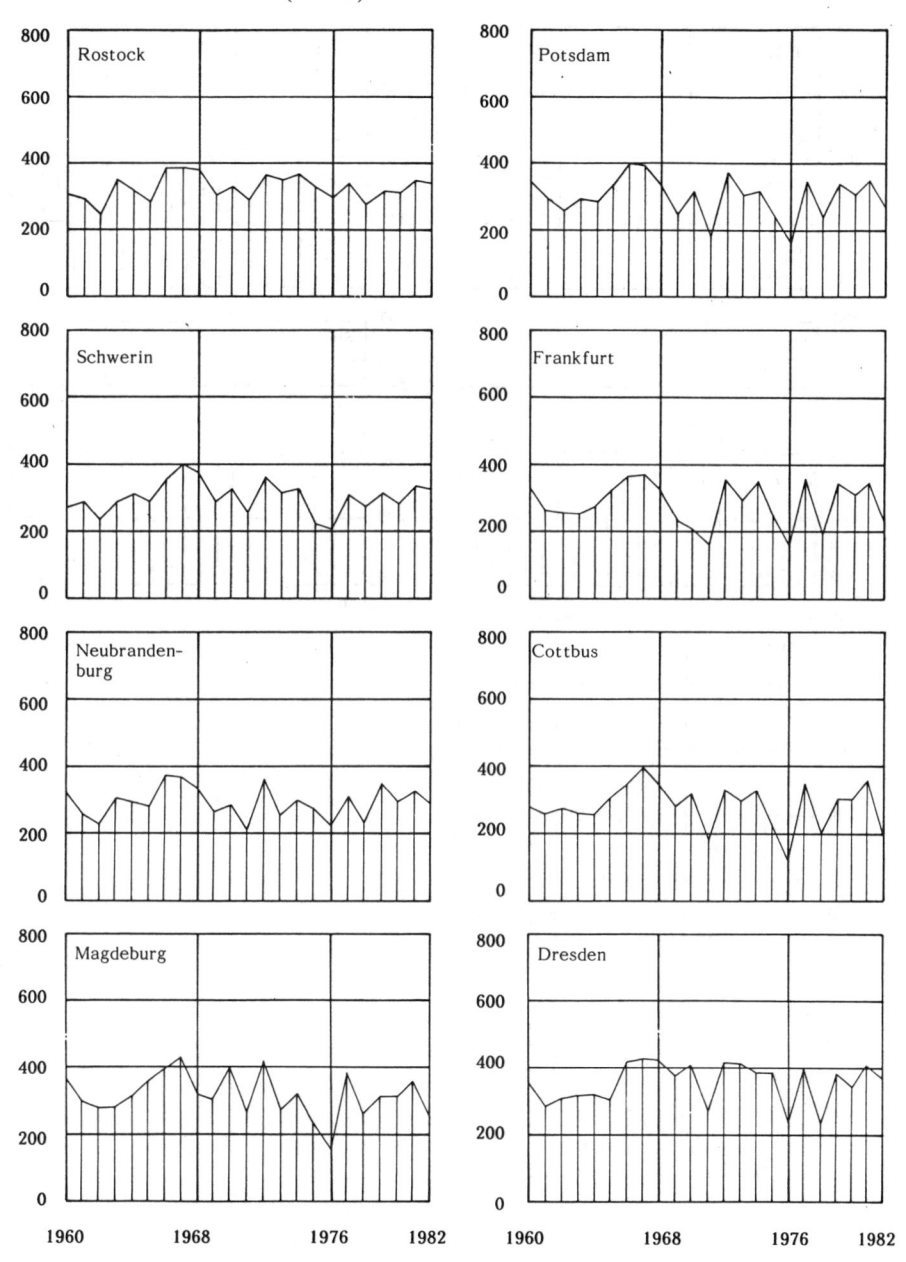

Quelle: nach „Bodennutzung der Betriebe 1977", S. 164; „ZMP Bilanz Getreide-Futtermittel 1982/83", S. 15 und
Stat. Jahrb. d. DDR 1974, S. 208—209; 1979, S. 173; 1983, S. 191

Figur 102: Teil 2

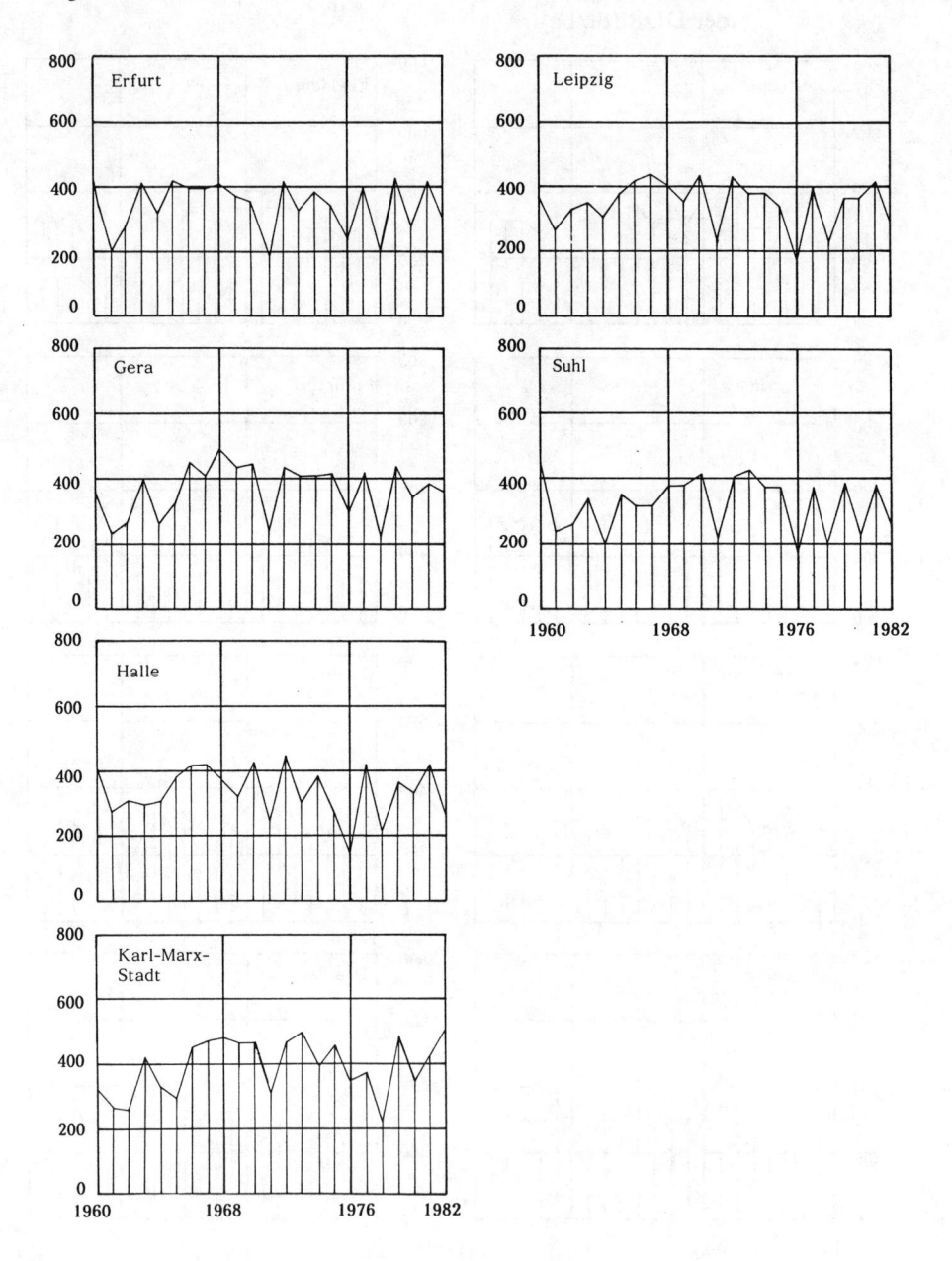

146

Figur 103: Entwicklung der Hektarerträge von Luzerne (umgerechnet auf Heuertrag) (dt/ha)

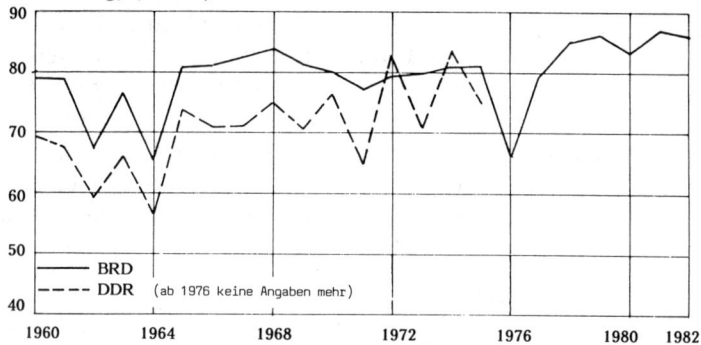

Quelle: nach Stat. Jahrb. d. BRD 1962, S. 184; 1965, S. 190; 1968, S. 156; 1971, S. 152; 1974, S. 171; 1977, S. 143; 1980, S. 143; 1983, S. 149 und Stat. Jahrb. d. DDR 1976, S. 192—193

Figur 104: Ertrag von Luzerne 1971 (dt/ha Heuertrag)

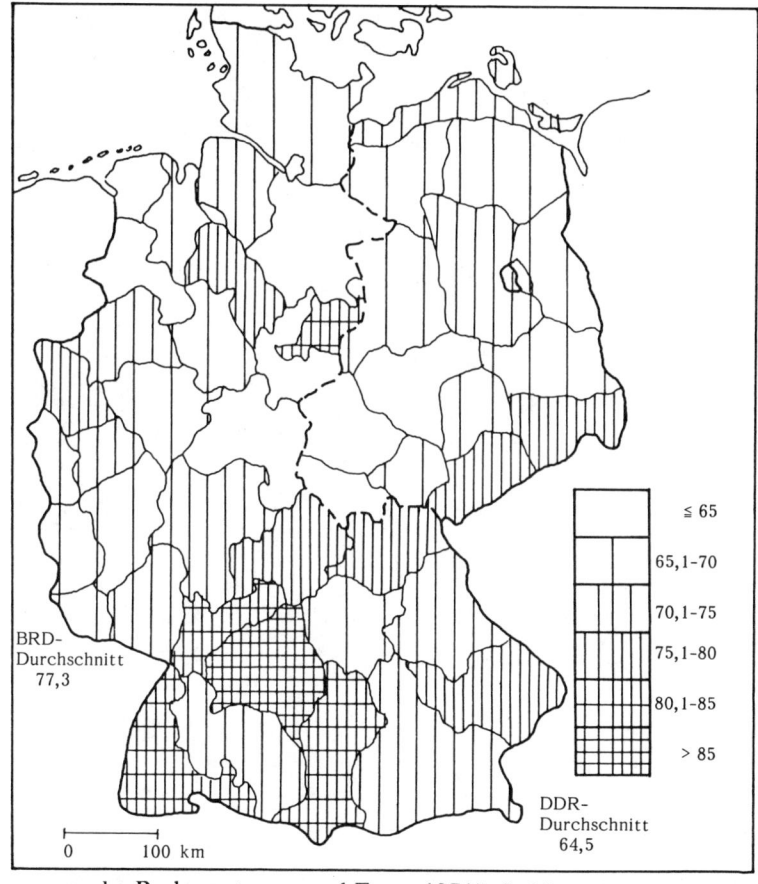

Quelle: nach „Bodennutzung und Ernte 1971", S. 25 und Stat. Jahrb. d. DDR 1972, S. 229

Die Erträge von Luzerne (Fig. 104) waren im gesamten Untersuchungszeitraum nicht nur stark schwankend und besonders niedrig in den Jahren 1964 und 1976, sondern zudem auch im langjährigen Mittel nicht angestiegen. In dieser fehlenden Ertragssteigerung muß unter anderem auch der Grund für die ständig abnehmende Anbaufläche gesehen werden. Im Gegensatz zum Getreide und den Hackfrüchten werden Futterpflanzen ausschließlich zur Verwendung als Viehfutter angebaut. Hinzu kommt, daß es sich nur um betriebseigenes Futter handelt, daß also Ex- und Importe (bis auf Saat- und Pflanzgut)[36] wie sie zum Beispiel bei Getreide und Hackfrüchten üblich sind, nicht stattfinden.

---

36 Die DDR importierte zum Beispiel 1965 immerhin 10 261 t Saat- und Pflanzgut (Stat. Jahrb. d. DDR 1974, S. 305); 1976 waren es 3079 t (Stat. Jahrb. d. DDR 1977, S. 277)

6. VERÄNDERUNGEN DER DAUERGRÜNLANDFLÄCHEN

1960 war die Dauergrünlandfläche in der Bundesrepublik Deutschland mit rund 5 705 000 ha etwa viermal so groß wie in der DDR (1 370 000 ha). In der Bundesrepublik Deutschland erfolgte eine geringfügige Ausdehnung in der zweiten Hälfte der sechziger Jahre (Fig. 105). Seit dieser Zeit nimmt sie jedoch ständig ab und betrug 1983 nur noch etwas mehr als 80 Prozent der Fläche von 1960.

Die bis heute festzustellende generelle Reduzierung der Fläche kann als Ausdruck der zunehmenden Bedeutung der Ackerfutterpflanzenfläche sowie als Folge der drastischen Umstellung der Futtergrundlage auf Konzentratfutter (u. a. in Form von Pellets) angesehen werden. Jedoch ist der deutliche Rückgang von 1979 gegenüber 1978 auch auf die Veränderung in der Erhebungsgrundlage zurückzuführen.

Anders als in der Bundesrepublik Deutschland verlief die Flächenentwicklung in der DDR[37]. Mit dem Aufstocken der Tierbestände (insbesondere Rinder) erfolgt ein Jahrzehnt lang (1960 bis 1970) eine Ausdehnung der Grünlandfläche. Sie erreichte 1970 mit 1 469 172 ha ihre größte Flächenausdehnung. Bis 1978 nahm sie dann wieder ständig ab und war 1975 genauso groß wie 1960.

Die Zeit von 1970 bis 1980 war gekennzeichnet durch die Bestrebungen nach ganzjähriger Aufstallung der Rinder in Großviehanlagen. Das Grünland wurde vielerorts umgebrochen und zum Teil als Acker genutzt, zum Teil aufgeforstet. Feldfutterpflanzen die vor der Verfütterung erst getrocknet werden mußten, gewannen an Bedeutung. Doch die Trocknung erforderte hohe Energiekosten. Mit der Energieverknappung und -verteuerung Ende der siebziger Jahre wurden zahlreiche Trockenwerke geschlossen. Ganzjährige Stallhaltung wird seitdem nicht mehr konsequent durchgeführt, nun aber die Weidehaltung der Tiere gefordert und praktiziert. Die Grünlandfläche dehnt sich wieder aus.

Bezieht man die Dauergrünlandfläche auf die landwirtschaftliche Nutzfläche (Fig 106), dann kann man für die Bundesrepublik Deutschland 1971 einen Durchschnittswert von 40,1 Prozent feststellen. Nur etwas mehr als die Hälfte dieses Wertes betrug der Durchschnitt für die DDR (24 %). Zieht man das Jahr 1983 heran, dann sieht man für die beiden Staaten in Deutschland gegenläufige Entwicklungen. Der Anteil in der Bundesrepublik Deutschland erhöhte sich auf 45,9 Prozent, in der DDR verringerte er sich auf 20,0 Prozent. 1971 gab es im Norden und Süden der Bundesrepublik Deutschland die größten Anteile der Dauergrünlandfläche an der landwirtschaftlichen Nutzfläche. In Aurich an der Nordseeküste betrug er 70,7 Prozent, im Regierungsbezirk Schwaben 62,2 Pro-

---

[37] Es handelt sich hierbei jedoch um die Grünlandfläche, die geringfügig größer ist als die Dauergrünlandfläche.

Figur 105: Entwicklung der Dauergrünlandfläche (Mio. ha)

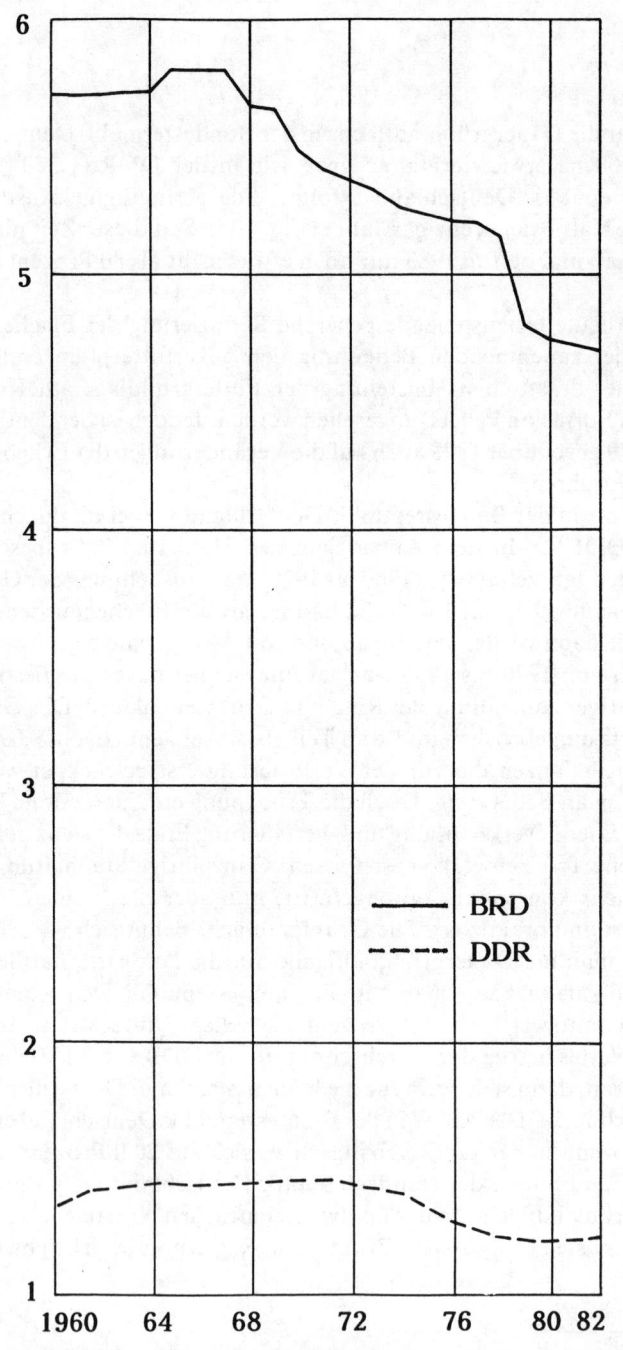

——— BRD
– – – DDR

1960 64 68 72 76 80 82

Quelle: nach Stat. Jahrb. d. DDR 1984, S. 34 und Stat. Jahrb. ü. ELuF 1966/67, 1981 und 1982, S. 75

Figur 106: Anteil der Dauergrünlandfläche an der landwirtschaftlichen Nutzfläche bzw. landwirtschaftlich genutzten Fläche 1971 und 1979 (%)

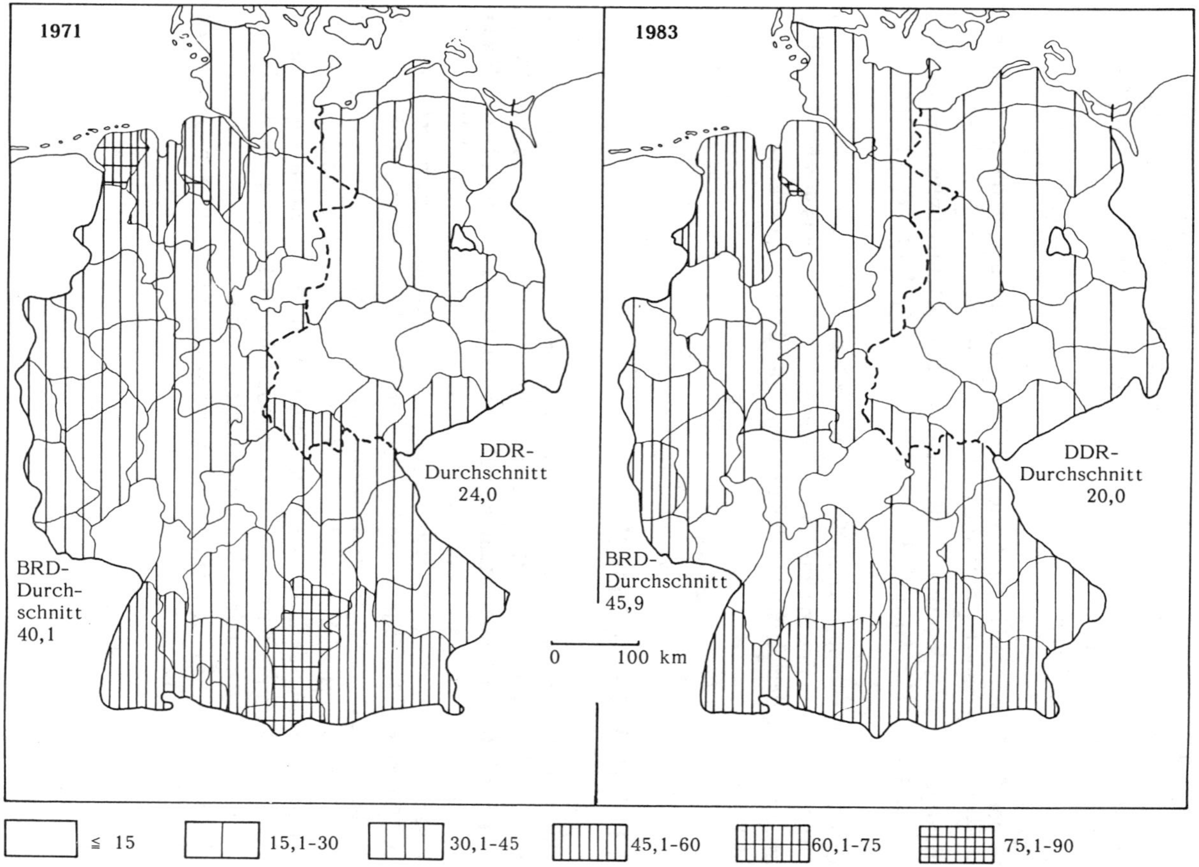

Quelle: nach „Bodennutzung und Ernte 1971" S. 14 und Stat. Jahrb. d. DDR 1972, S. 206—207 „Bodennutzung und pflanzliche Erzeugung 1983", S. 14 und Stat. Jahrb. d. DDR 1984, S. 178

zent. Aber auch einige andere Regierungsbezirke im Süden hatten relativ hohe Werte. Diese lagen in Südbaden, Südwürttemberg-Hohenzollern und Oberbayern immerhin über 50 Prozent. Die maritim beeinflußten Küstenstandorte und die klimatisch begünstigten Gebirgs- und Vorgebirgsregionen sind seit jeher die prädestinierten Grünlandgebiete. Bis in allerjüngster Zeit hat sich an dieser regionalen Konzentration im Norden und Süden nur wenig verändert. Bis heute liegen auch hier die Intensivgebiete der Milchvieh- und Rinderhaltung. In den Regierungsgebieten Nordbaden und Unterfranken wurden, abgesehen vom Regierungsbezirk Rheinhessen-Pfalz (14,8 %) mit 17,6 Prozent im Jahre 1971, die niedrigsten Werte innerhalb der ganzen Bundesrepublik Deutschland registriert.

In der DDR war 1971 der Dauergrünlandanteil an der landwirtschaftlichen Nutzfläche im Thüringer Wald und Erzgebirge, aber auch in Mecklenburg (heutiger Bezirk Schwerin) relativ hoch. Der Bezirk Suhl dominierte innerhalb der DDR (46,2 %). Auch 1983 war der Anteil mit 44,4 Prozent der höchste in der DDR.

Innerhalb des Grünlandes muß man mindestens zwischen den beiden großen Gruppen Wiesen und Weiden unterscheiden. An den bereits geschilderten Veränderungen in den beiden Staaten in Deutschland haben diese ganz unterschiedliche Anteile.

6.1 DIE VIEHWEIDEN

Die Weidenflächen in der Bundesrepublik Deutschland betrugen 1960 über zwei Millionen Hektar, in der DDR war es nicht einmal eine halbe Million Hektar (Fig. 107). In den beiden Staaten in Deutschland hatte sich bis 1970 die Fläche ausgedehnt. Ganz besonders groß war die Zunahme in der DDR, wo die Flächenvergrößerung um etwa ein Drittel erfolgte. Gegenüber 1970 war die Weidenfläche 1983 jedoch wieder geringer. Für die Bundesrepublik Deutschland muß beachtet werden, daß sich die Erhebungsbasis mehrere Male geändert hat. Doch die grundsätzlichen Entwicklungstendenzen konnten dadurch nicht beeinträchtigt werden. Ähnliches gilt für die DDR. Die bereits an anderer Stelle erwähnten Veränderungen in den Methoden der Viehhaltung, in den Futtergrundlagen, insbesondere durch den Einsatz von Feldfutterpflanzen und von Kraftfutter auch in der Rindviehhaltung, wirkten sich auf den Umfang der Weideflächen aus.

Figur 107: Entwicklung der Weidenfläche (Mio. ha)

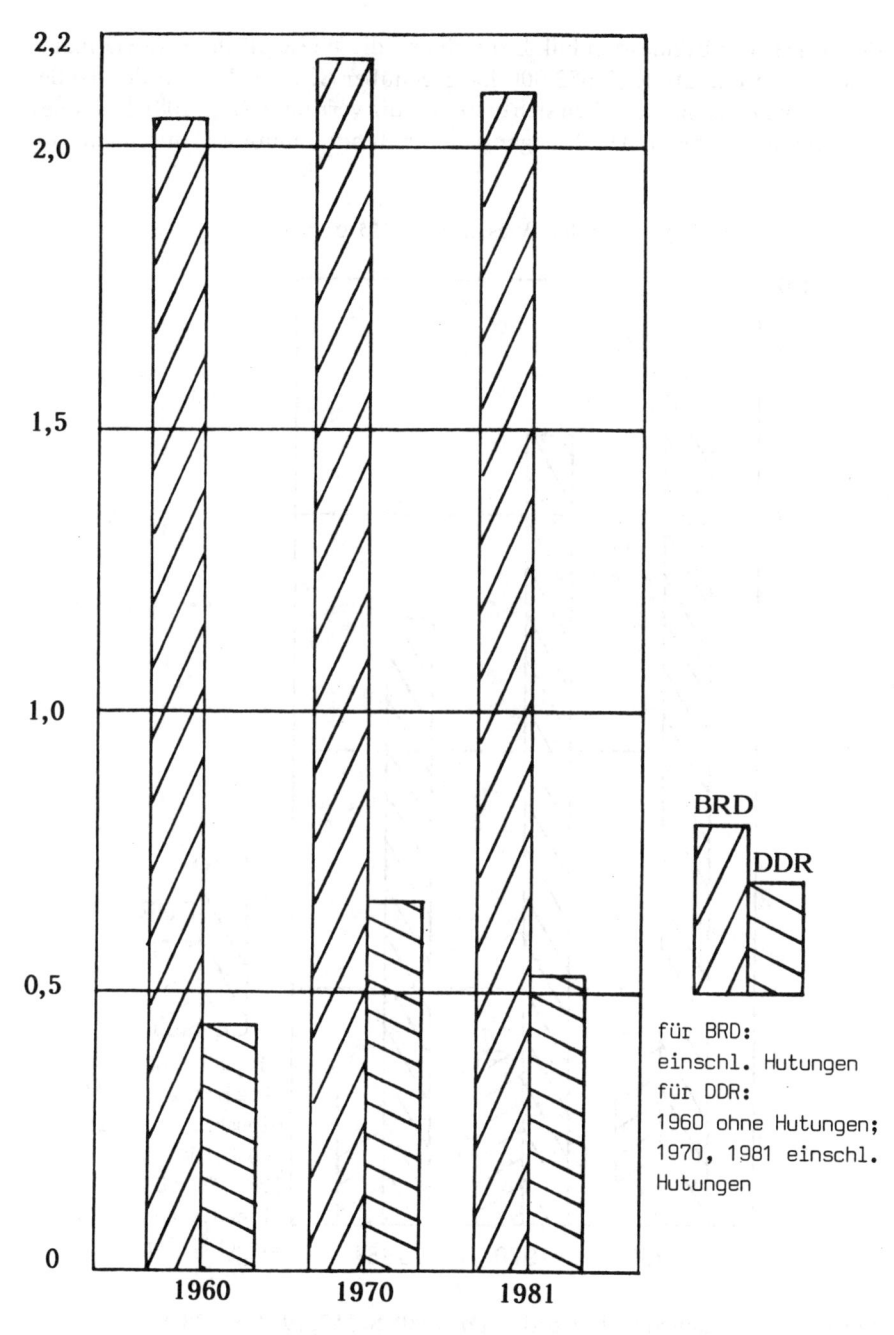

BRD
DDR

für BRD:
einschl. Hutungen
für DDR:
1960 ohne Hutungen;
1970, 1981 einschl.
Hutungen

Quelle: nach Stat. Jahrb. d. DDR 1979, S. 157; 1984, .S 178 und Stat. Jahrb. ü. ELuF 1966/67, 1981, 1982

6.2 DIE WIESEN

1960 war in der Bundesrepublik Deutschland die Wiesenfläche etwa viermal so groß wie in der DDR (3 652 000 ha gegenüber 893 000 ha). In den beiden Staaten in Deutschland haben sich diese ständig verringert (Fig. 108). Besonders drastisch ist bis heute der Rückgang in der Bundesrepublik Deutschland (um

Figur 108:   Entwicklung der Wiesenfläche (Mio. ha)

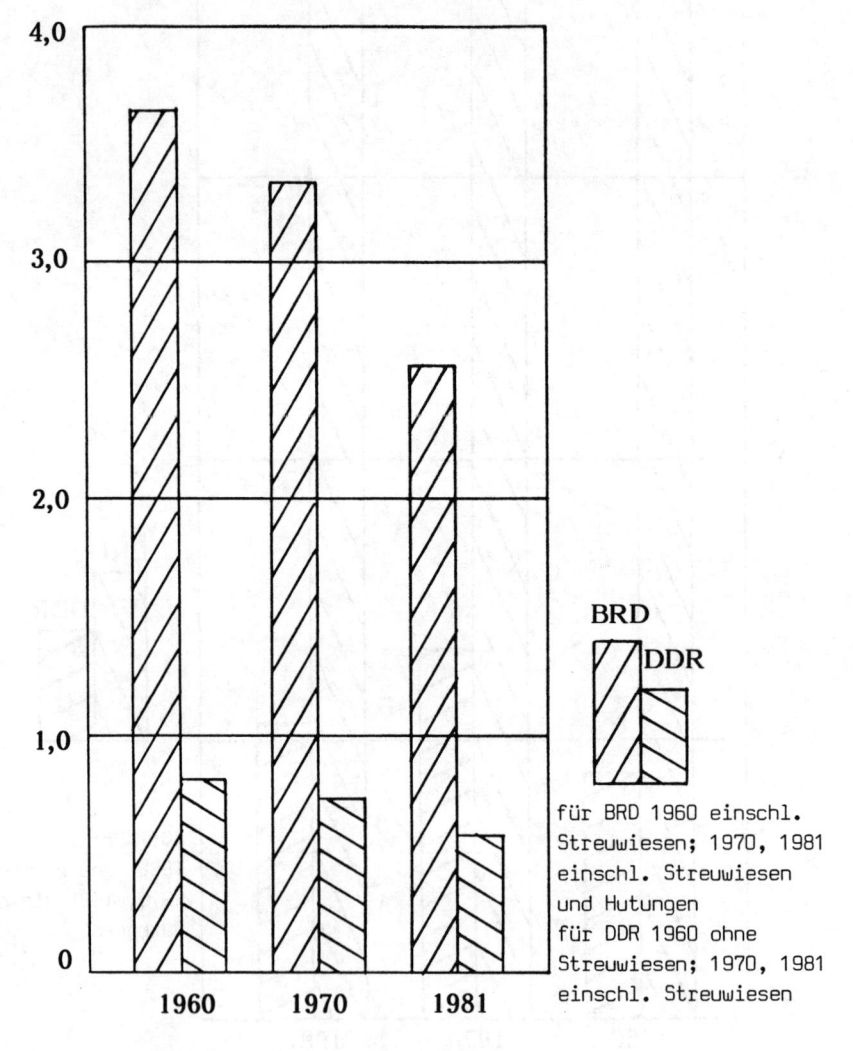

für BRD 1960 einschl. Streuwiesen; 1970, 1981 einschl. Streuwiesen und Hutungen
für DDR 1960 ohne Streuwiesen; 1970, 1981 einschl. Streuwiesen

Quelle: nach Stat. Jahrb. d. DDR 1980, S. 157; 1984, S. 178; Stat. Jahrb. ü. ELuF 1966/67, 1981, 1982
für die BRD einschl. Streuwiesen; 1970, 1981 einschl. Streuwiesen und Hutungen für DDR 1960 ohne Streuwiesen 1970, 1981 einschl. Streuwiesen

Figur 109: Anteil der Wiesen an der Dauergrünlandfläche 1971 und 1979 (%)

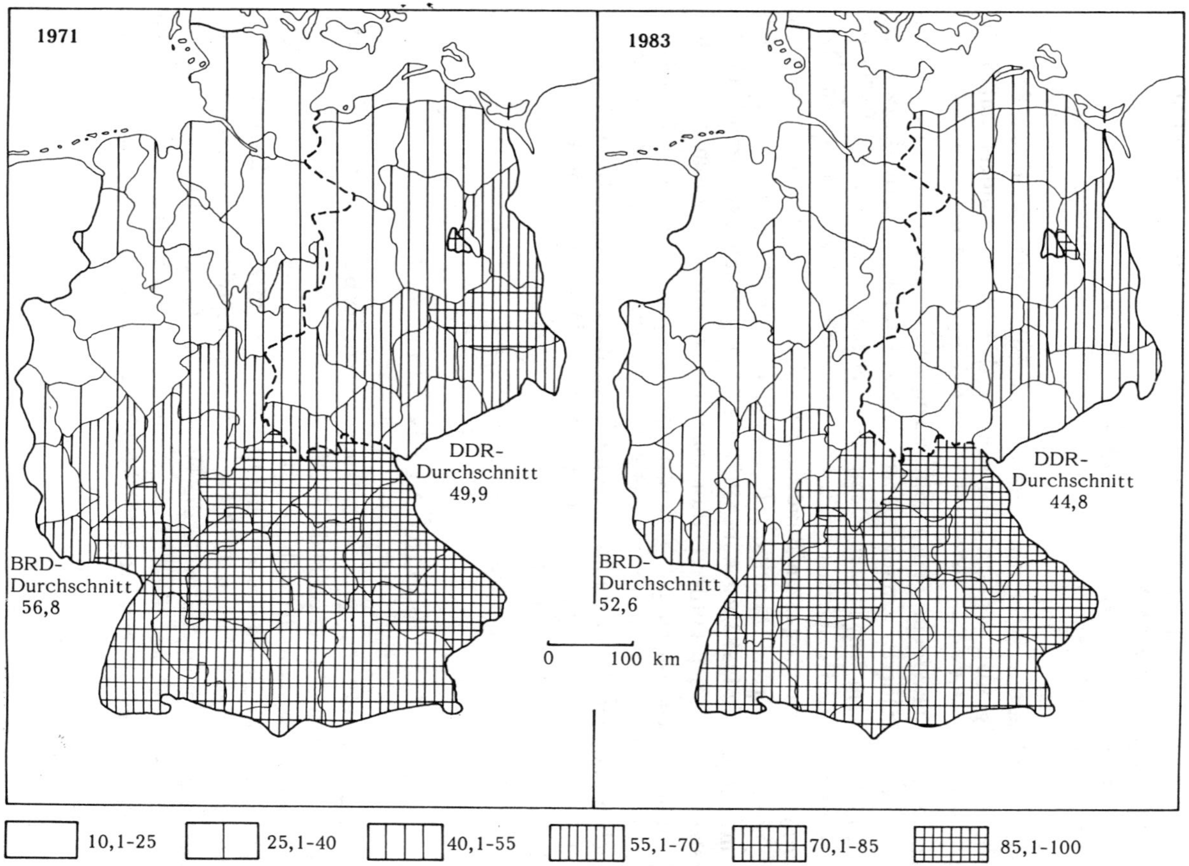

Quelle: nach „Bodennutzung und Ernte 1971" S. 14 und Stat. Jahrb. d. DDR 1972, S. 206—207
„Bodennutzung und pflanzliche Erzeugung 1983", S. 14 und Stat. Jahrb. d. DDR 1984, S. 178

etwa 1 Mio. ha). Die Veränderung in der Erfassungsgrundlage in den Jahre 1965 und 1978 konnte diese Entwicklung kaum verändern. In der DDR verringerte sich die Wiesenfläche seit 1960 um etwa 240 000 ha. Die Wiesenflächen, die in den beiden Staaaten in Deutschland lange Zeit für die eigene Futtergrundlage von Bedeutung waren, nahmen in dem Maße in den letzten Jahrzehnten ab, wie sich die Feldfutterpflanzenfläche vergrößerte. Besonders Grün- und Silomais trat mehr und mehr als Konkurrent auf.

Der Anteil der Wiesen an der Dauergrünlandfläche betrug 1971 im Durchschnitt in der Bundesrepublik Deutschland 56,8 Prozent. Mit 49,9 Prozent lag er in der DDR knapp 7 Prozent darunter (Fig. 109). In den beiden Staaten in Deutschland hatte sich der prozentuale Anteil bis 1983 um vier bis fünf Prozent verringert. Regionale Unterschiede sind deutlich. Ein besonders auffälliger Gegensatz bestand schon 1971 in der Bundesrepublik Deutschland zwischen dem Norden und dem Süden. Südbaden, Südwürttemberg-Hohenzollern, Schwaben und Oberbayern sowie Rheinhessen-Pfalz hatten Werte, die zwischen 70 und 80 Prozent schwankten. Demgegenüber hatten zum Beispiel die Regierungsbezirke Niedersachsens nur Anteile zwischen 30 und 40 Prozent. Die geringsten Werte im ganzen Bundesgebiet gab es in den Regierungsbezirken Münster (24,8 %) und Düsseldorf (18,9 %). In Bayern, Baden-Württemberg und dem Saarland sind 1983 gegenüber 1971 nur relativ geringfügige Veränderungen festzustellen. In den mittleren Bundesländern, besonders Hessen und Nordrhein-Westfalen, waren die Veränderungen aber beträchtlich. Jedoch zeigt Figur 109 auch, daß in den einzelnen Regierungsbezirken nicht nur Zu-, sondern auch Abnahmen der prozentualen Anteile feststellbar sind. Auch in der DDR hat es Veränderungen gegeben. Durchweg haben die südlichen Bezirke in ihren Flächenanteilen abgenommen.

6.3 ERTRÄGE DES GRÜNLANDES

Abgesehen von 1977 lagen die Grünlanderträge in der Bundesrepublik Deutschland[38] wesentlich höher als in der DDR[39] (Fig. 110). Während sich die Ertragsdifferenz bis Anfang der siebziger Jahre kaum veränderte, nahm sie seitdem beträchtlich ab. Besonders auffällig ist die relativ stärkere Ertragszunahme in der DDR in der Zeit von 1972 bis 1979. Umfangreiche Meliorationen und verstärkte Düngung sind wohl die Hauptgründe für diese Entwicklung. Der trockene Sommer des Jahres 1976 zeigt in den beiden Staaten in Deutschland jedoch einen drastischen Ertragsrückgang, der jedoch nur vorübergehend war.

---

38 Ab 1974 wurden Dauerwiesen und Mähweiden erfaßt.

39 Ab 1976 werden in den Stat. Jahrb. die Erträge nicht mehr in Heuwert, sondern in Grünmasse angegeben. Es wurde eine Umrechnung durchgeführt (1 dt/ha Heuwert entspricht 4 dt/ha Grünmasse).

Figur 110: Entwicklung der Wiesenerträge in Heuwert (dt/ha)

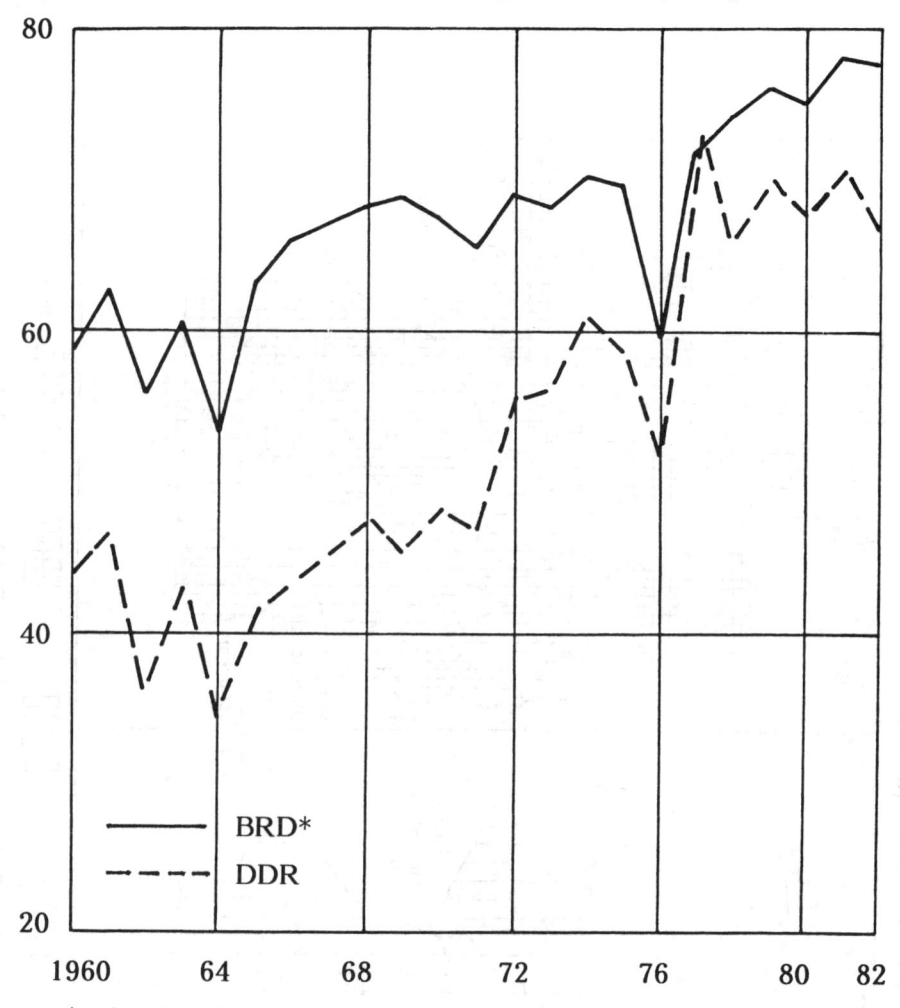

——— BRD*
- - - - DDR

* ab 1974 Dauerwiesen und Mähweiden

Quelle: nach Stat. Jahrb. d. DDR 1967, 1978, S. 174—178; 1984, S. 199 und Stat. Jahrb. ü. ELuF d. BRD 1966/67, 1981, S. 76; 1982, S. 81

1960 lag der mittlere Heuertrag in der Bundesrepublik Deutschland mit 58,9 dt/ha wesentlich höher als in der DDR mit nur 45,0 dt/ha (Fig. 111). Die Steigerung im Laufe der Zeit war beträchtlich, ganz besonders groß in der DDR. Mit etwa 74 dt/ha waren im Mittel in den beiden Staaten in Deutschland die Erträge 1983 gleich groß. Innerhalb der Bundesrepublik Deutschland lagen sie im Südwesten erheblich über dem Durchschnitt. In der DDR waren es die südlichsten Bezirke, die über dem Mittelwert lagen. Nordrhein-Westfalen, Niedersachsen und Schleswig-Holstein wowie Südostbayern haben 1983 gegenüber

Figur 111: Erträge der Wiesen 1960 und 1983 in Heuwert (dt/ha)

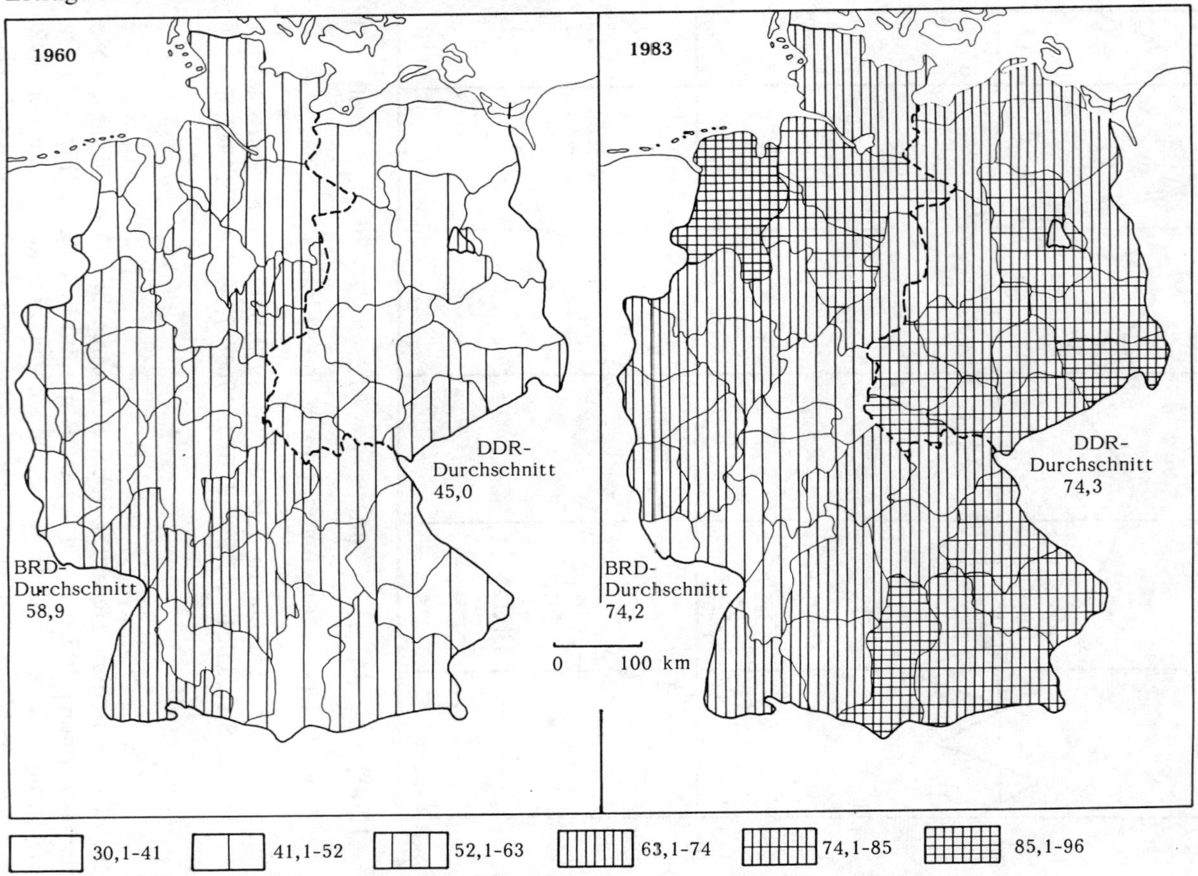

Quelle: nach „Bodennutzung und Ernte 1960, S. 35 und Stat. Jahrb. d. DDR 1960/61, S. 472 „Bodennutzung und pflanzliche Erzeugung 1983, S. 15 und Stat. Jahrb. d. DDR 1984, S. 193

1971 zunehmende Flächenerträge zu verzeichnen. Die Regierungsbezirke Schwaben und Osnabrück sind heute diejenigen in der Bundesrepublik Deutschland mit den höchsten Erträgen (85,1 bis 96 dt/ha). Die Futtergrundlage für die Rindviehhaltung ist gerade hier besonders günstig.

Zwar konnten die Erträge auf den Wiesen und Weiden in der DDR im Untersuchungszeitraum beträchtlich gesteigert werden (Fig 112), doch lag stets der Ertrag der Wiesen unter dem der Dauerweiden. Hierin mag wohl auch ein Grund für die ständige Abnahme der Wiesenfläche zu suchen sein.

Der wichtigste Grund für die Abnahme der Wiesenfläche muß trotz generell zunehmender Erträge wohl in mangelnder Konkurrenzfähigkeit insbesondere zu Feldfutterpflanzen und Kraftfutter gesehen werden.

Figur 112: Entwicklung der Erträge von Wiesen und Weiden (in Grünmasse) in der DDR

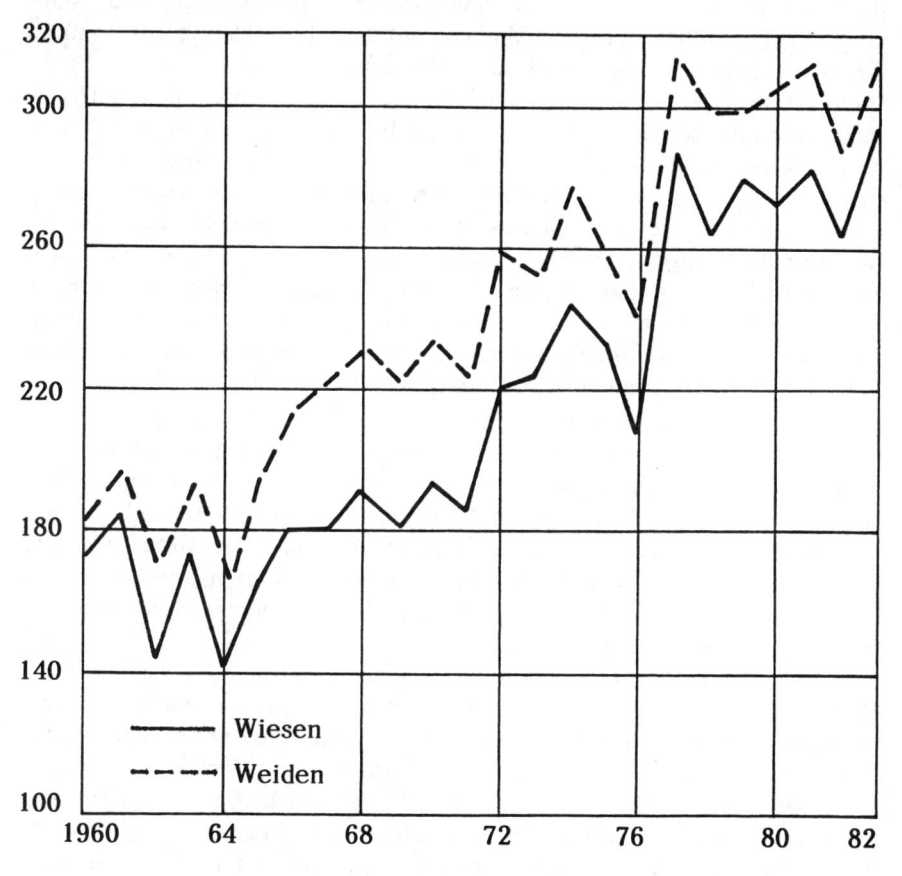

Quelle: nach Stat. Jahrb. d. DDR 1978, S. 174—175; 1984, S. 198—199

7 ZUSAMMENFASSUNG UND AUSBLICK

In der vorliegenden Untersuchung wurde auf der Grundlage des amtlichen statistischen Materials in der Bundesrepublik Deutschland und der DDR die Veränderung in der Ackernutzung untersucht. Die strukturellen und regionalen Veränderungen in den beiden Staaten in Deutschland wurden detailliert in zahlreichen Kartogrammen und Karten dargestellt.

Im einzelnen brachte die Arbeit folgende Ergebnisse:
Bis Mitte der siebziger Jahre erfolgte in den beiden Staaten in Deutschland eine Ausdehnung der Getreidefläche. Diese Vergetreidung, die in erster Linie durch ständige Erweiterung des Wintergerstenanbaus zustande kam, verlief in der Bundesrepublik Deutschland wesentlich schneller als in der DDR und zum größten Teil auf Kosten der Roggen- und Menggetreidefläche.

Die größten räumlichen Veränderungen vollzogen sich in der Bundesrepublik Deutschland und dort besonders in den Regierungsbezirken außerhalb Bayerns, in den Gebieten mit großen Viehbeständen und Futtermittelfabriken.

Von der zweiten Hälfte der siebziger Jahre an stagnierte die Größe der Getreidefläche in der DDR, während sie in der Bundesrepublik Deutschland wieder stark abnimmt. Daran läßt sich wohl ablesen, daß diese Entwicklung insgesamt an Grenzen gestoßen ist, die nur schwer zu überschreiten sind.

Im einzelnen ist jedoch beim Gerstenanbau zwischen Winter- und Sommergerste zu unterscheiden. In den beiden Staaten in Deutschland dehnte sich besonders stark nur der Wintergerstenanbau aus. Wintergerste liefert hohe und relativ stabile Erträge und ist die wichtigste Futtergrundlage in der Viehwirtschaft. Sommergerste dagegen, die fast ausschließlich in der Brauereiwirtschaft bei der Bierherstellung eingesetzt wird, hat sich nur in der DDR seit Mitte der siebziger Jahre auffallend im Anbau ausgedehnt. Da Sommergerste andere Ansprüche an Klima und Boden stellt als Wintergerste, ist die regionale Verteilung des Anbaus entsprechend unterschiedlich. In der Bundesrepublik Deutschland ist die starke räumliche Konzentration auf Süddeutschland unverkennbar.

Seit jeher gilt Weizen als wichtiges Brotgetreide. Mit zunehmendem Pro-Kopf-Verbrauch von Weizenmehl aber auch zunehmendem Einsatz in der Futtermittelindustrie hat sich die Anbaufläche von Weizen auch bis Mitte der siebziger Jahre (wie Gerste) stark ausgedehnt. In der Bundesrepublik Deutschland stagniert sie seitdem, in der DDR nahm sie stark ab. Auch hier machen sich wohl wie bei Gerste Anbauprobleme bemerkbar. Der Sommerweizenanbau ist in den beiden Staaten in Deutschland sehr gering, so daß der überwiegende Anteil der Weizenfläche aus Winterweizen besteht.

Neben Gerste und Weizen wird in den beiden Staaten in Deutschland auch Hafer angebaut. Als Futtergetreide wurde er bisher fast ausschließlich eingesetzt. In der Bundesrepublik Deutschland ist bis heute die Anbaufläche wesentlich größer als in der DDR. Mit geringen Schwankungen nahm die Anbaufläche in der Bundesrepublik Deutschland bis Mitte der siebziger Jahre zu. Dann waren die geringen Erträge und die relativ beschränkten Einsatzmöglichkeiten des Getreides gegenüber anderen heimischen und auch importierten Futtermitteln nicht mehr wettbewerbsfähig, so daß bis Anfang 1980 eine starke Verdrängung einsetzte, die eine Verringerung der Anbaufläche bewirkte. Erst als sich in der gesamten Fruchtfolge Probleme einstellten, besann man sich auf Hafer und dehnte die Anbaufläche aus. In der DDR verringerte sich die Anbaufläche bis Ende der siebziger Jahre. Auch hierfür waren wohl in erster Linie die relativ geringen Erträge verantwortlich. Doch seit 1979 erfolgt wieder eine Ausdehnung der Anbaufläche. Diese Notwendigkeit ergab sich aus der sich immer teurer gestaltenden Preise für Futtermittelimporte.

Veränderungen in den Verzehrgewohnheiten und damit in dem Pro-Kopf-Verbrauch der Bevölkerung haben in beiden Staaten in Deutschland dazu beigetragen, daß die Anbaufläche von Roggen im Untersuchungszeitraum stark zurückgegangen ist. 1978 war mit etwas mehr als 610 000 ha die Anbaufläche in der Bundesrepublik Deutschland und der DDR gleich groß. Da insgesamt gesehen die Bedeutung des Roggenanbaus in der DDR bis heute größer ist als in der Bundesrepublik Deutschland, hat es dort auch nicht so große räumliche Verschiebungen gegeben. Dagegen hat sich in der Bundesrepublik Deutschland der Anbau in den letzten Jahren auf den Norden und damit die günstigsten Standorte (leichte Böden, Sand) zurückgezogen.

Neben den vier Hauptgetreidearten (Gerste, Hafer, Weizen, Roggen) wird auch in den beiden Staaten in Deutschland Mais zur Körnergewinnung angebaut. In der DDR ist er jedoch bedeutungslos. In der Bundesrepublik Deutschland dagegen erfolgte die Ausdehnung ganz rapide in zwei Entwicklungsschüben: 1960 bis 1972 und 1980 bis in die Gegenwart. Als wichtige Mischfutterkomponente spielt Mais eine große Rolle. Da jedoch mit der Energiekrise Anfang der siebziger Jahre das Trocknen immer teurer wurde, ließ der Anbau nach. Erst mit der Verwendung von Corn-Cob-Mix und dem damit verbundenen Wegfall der Trocknungskosten nahm die Ausdehnung der Anbaufläche wieder sehr stark zu.

Im Gegensatz zur gesamten Getreidefläche hat es bei der Hackfruchtfläche im gesamten Untersuchungsraum keine nennenswerte Vergrößerung, im Gegenteil, in den beiden Staaten in Deutschland nur eine Verringerung der Anbauflächen gegeben. Die Hackfruchtfläche, die noch 1960 in der Bundesrepublik Deutschland wesentlich größer war als in der DDR, verringerte sich jedoch so schnell, daß sie 1982 auch nur noch etwa so groß war wie in der DDR und etwa 800 000 ha betrug.

Der ständige Rückgang der Arbeitskräfte wirkte sich auf diese arbeitsintensive Nutzung ebenso aus wie die bis heute zum Teil problematisch gebliebenen Mechanisierungsmöglichkeiten.

Die weiteren Gründe für die Flächenveränderungen der einzelnen Hackfruchtarten sind jedoch zum Teil unterschiedlich. Obwohl die Kartoffelanbaufläche noch 1960 in der Bundesrepublik Deutschland beträchtlich größer war als in der DDR, war es 1982 umgekehrt. Es ist zwar der Pro-Kopf-Verbrauch der Bevölkerung durch veränderte Eßgewohnheiten in den beiden Staaten zurückgegangen, er ist jedoch in der DDR höher als in der Bundesrepublik Deutschland. Eine sehr große Bedeutung hat der Kartoffeleinsatz nach wie vor in der DDR als Futter in der Viehwirtschaft. In der Bundesrepublik Deutschland dagegen hat die Wettbewerbskraft gegenüber einheimischem Futtergetreide oder importierten Getreidesubstituten ständig nachgelassen. Ein Zurückdrängen der Anbauflächen auf die leichten Sandböden des Nordens war die Folge.

Die geringfügige Ausdehnung der Zuckerrübenanbaufläche in den beiden Staaten in Deutschland ist auf zunehmenden Zuckerverbrauch der Bevölkerung zurückzuführen. Die in jüngster Zeit festzustellende Einschränkung der Anbaufläche in der Bundesrepublik Deutschland hat ihren Grund in der Überproduktion von Zucker, die auf dem gesamten EG-Markt zu einem Problem geworden ist.

Der sehr starke Rückgang der Futterhackfruchtfläche ist in erster Linie auf das Fehlen von Arbeitskräften und die Schwierigkeiten bei der Mechanisierung zurückzuführen.

Figur 113: Entwicklung des Grün- und Silomaisanbaus im Vergleich zu den konkurrierenden Ackerfutterpflanzen

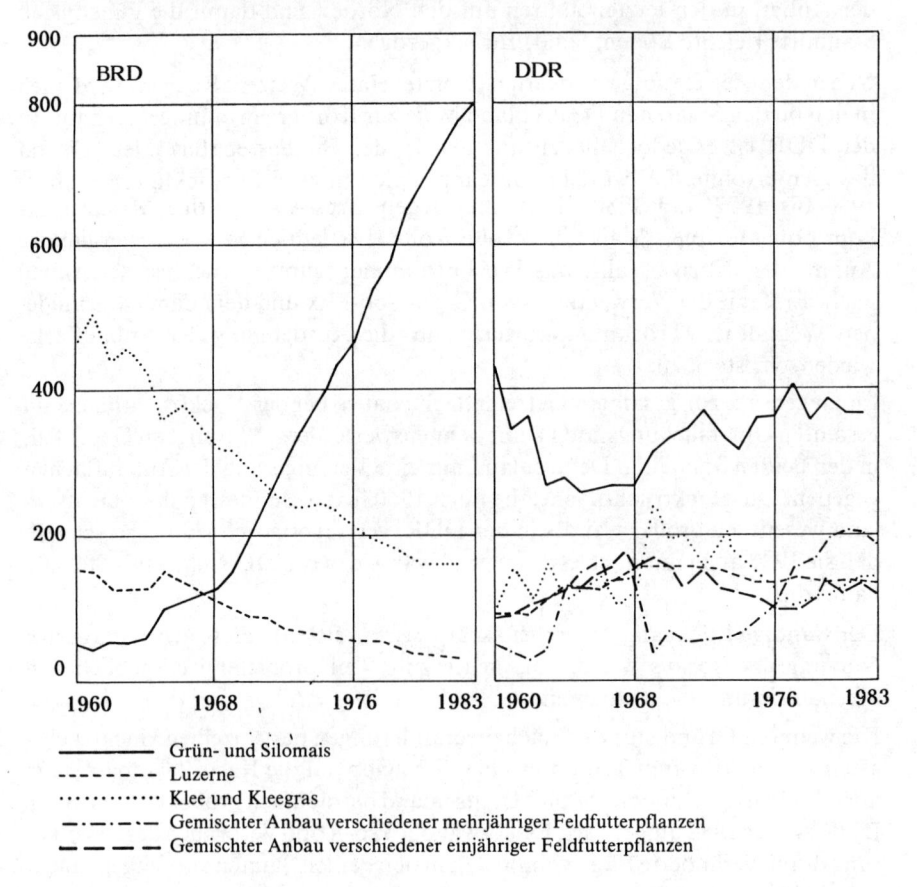

——————— Grün- und Silomais
- - - - - - - Luzerne
·············· Klee und Kleegras
—·—·—·— Gemischter Anbau verschiedener mehrjähriger Feldfutterpflanzen
— — — — Gemischter Anbau verschiedener einjähriger Feldfutterpflanzen

Quelle: nach „Bodennutzung der Betriebe 1977", S. 164; „ZMP Bilanz Getreide-Futtermittel 1982/83", S. 15 und
Stat. Jahrb. D. DDR 1974, S. 208—209; 1979, S. 193; 1983, S. 191

Während sich die Hackfruchtfläche verringerte, vergrößerte sich die Fläche der Feldfutterpflanzen. In der Bundesrepublik Deutschland erfolgte die gewaltige Ausdehnung von Grün- und Silomais und gleichzeitige Verringerung des Anbaus von Klee, Luzerne und Gras. In der DDR hatte bereits seit 1960 Grün-und Silomais von allen Feldfutterpflanzen den größten Anteil, diesen aber bis 1982 nicht vergrößert. Auch Klee und Luzerne haben sich in ihren Anbauflächen nur geringfügig verändert. So kann bis heute in der DDR Grün- und Silomais nicht als konkurrierende und den anderen Feldfutterpflanzen überlegene Feldfutterpflanze angesehen werden wie in der Bundesrepublik Deutschland (Fig. 113).

Nicht nur die Ackerfläche und die Struktur der Ackerflächennutzung haben sich in den beiden Staaten in Deutschland verändert, sondern auch die Grünlandflächen. Sie sind in der Bundesrepublik Deutschland bis heute nicht nur um ein Vielfaches größer als in der DDR, sondern haben auch in viel stärkerem Maße abgenommen. Als eigenbetriebliche Futtergrundlage gerieten sie immer mehr in Konkurrenz zu den Ackerfutterflächen. Auch zunehmende — besonders importierte — Futterkonzentrate verdrängten unter anderem mehr und mehr die Grünlandflächen.

Alle hier aufgezeigten Veränderungen in der agraren Nutzungsstruktur in den beiden Staaten in Deutschland können unter anderem auf folgende Ursachen zurückgeführt werden:

— ständig steigende Nachfrage nach bestimmten pflanzlichen und tierischen Produkten,
— Veränderung der Verbrauchsgewohnheiten (zum Beispiel Rückgang des Verbrauchs von Kartoffeln, Zunahme des Verbrauchs von Schweine- und Rindfleisch),
— zunehmende Mechanisierung und Schaffung überbetrieblicher Einrichtungen im Maschineneinsatz,
— Fortschritte der Anbau-, Ernte- und Verwertungstechnik (z. B. Zuckerrüben, Mais),
— Abnahme der Zahl der Arbeitskräfte,
— Veränderungen in der Betriebsgrößenstruktur sowie Kooperationen zwischen Betrieben,
— züchterische Fortschritte (z. B. bei Raps und Mais),
— staatliche Markt- und Preispolitik in der Bundesrepublik Deutschland (z. B. Stützung der Erzeugerpreise für Milch, sowie für Weizen, Raps und Zuckerrüben im Vergleich zu Roggen und Kartoffeln),
— Markt- und Preispolitik in der DDR (z. B. staatlich festgelegte Aufkaufpreise, Verbrauchersubventionen, Preisstützungen für Produktionsmittel).

8. LITERATUR

ALTENBUNG, A. und SCHUMANN, G. (1983): Nutzung des Kartoffelsortimentes der DDR nach Gebrauchswert und Reifezeit. — Feldwirtschaft, **24**, H. 7, 291—294, Berlin (O).
ANDREAE, B. 1983: Agrargeographie, Berlin/New York.
ANDREAE, B. und GREISER, E. 1978: Strukturen deutscher Agrarlandschaft. — (Forschungen zur deutschen Landeskunde, Bd. 199), 2. Aufl., Trier.
ANORDNUNG ÜBER DIE ERMITTLUNG DER ERNTEERTRÄGE (1965): Gesetzblatt der DDR. — Teil II, Nr. 46 vom 26. April 1965, 321.
ARBEITSGEMEINSCHAFT ZUR FÖRDERUNG DES QUALITÄTSGERSTENBAUES IM BUNDESGEBIET e.V. (Braugersten-Gemeinschaft) (Hrsg.) 1982: Braugersten-Fibel. — 12. Aufl., Eichenau.
ATLAS FÜR JEDERMANN (1978): — Hrsg. von der Geographisch-Kartographischen Anstalt. 2. Aufl., Gotha/Leipzig.
ARENDS, H. (1982): Struktur der Mischfutterherstellung in der Bundesrepublik Deutschland. Kraftfutter, **9**, 342—349.
AUTORENKOLLEKTIV (1974): Fragen der Objektplanung und des Nutzeffekts von Investiionen in der Landwirtschaft. Kooperation, 115—118, Berlin (O) **8,** H. 3.
AVENRIEP, G. (1980): Silomais und Corn-Cob-Mix als Handelsware. — mais, **8,** H. 4, 17, Bonn.

BERNHARDT, H. (1984): Erfahrungen und Ergebnisse bei der Produktion von Maiskorn-Spindel-Gemischen. — Feldwirtschaft, **25,** H. 2, 75—77, Berlin (O)
BODENNUTZUNG UND ERNTE (1960): Statistik der Bundesrepublik Deutschland (1961). — Hrsg. vom Statistischen Bundesamt. Bd. 262, Stuttgart und Mainz.
BODENNUTZUNG UND ERNTE 1971 (1972): Fachserie B. Land- und Forstwirtschaft, Fischerei. — Hrsg. vom Statistischen Bundesamt. Reihe 1, Stuttgart und Mainz.
BODENNUTZUNG DER BETRIEBE 1977 (1979): Fachserie 3. Land- und Forstwirtschaft, Fischerei. — Hrsg. vom Statistischen Bundesamt. Reihe 1, Stuttgart und Mainz.
BODENNUTZUNG UND PFALNZLICHE ERZEUGUNG 1979 (1980): Fachserie 3. Land- und Forstwirtschaft, Fischerei. — Hrsg. vom Statistischen Bundesamt. Reihe 3, Stuttgart und Mainz.
BODENNUTZUNG UND PFALNZLICHE ERZEUGUNG 1981 (1982): Fachserie 3. Land- und Forstwirtschaft, Fischerei. — Hrsg. vom Statistischen Bundesamt. Reihe 3, Stuttgart und Mainz.
BODENNUTZUNG UND PFALNZLICHE ERZEUGUNG 1983 (1984): Fachserie 3. Land- und Forstwirtschaft, Fischerei. — Hrsg. vom Statistischen Bundesamt. Reihe 3, Stuttgart und Mainz.
BRUGGER, H. (1982): Landbau — alternativ und konventionell. —, Bonn.
BUCHHOFER, E. (1982): Flächennutzungsveränderungen in der Bundesrepu-

blik Deutschland. — Flächennutzungsänderungen in Mitteleuropa (= Marburger Geographische Schriften, H. 88, 13—40), Marburg/Lahn,
BUNDESMINISTERIUM FÜR INNERDEUTSCHE BEZIEHUNGEN (Hrsg.) (1978, 1981, 1983): Zahlenspiegel. Bundesrepublik Deutschland — Deutsche Demokratische Republik - Ein Vergleich. — Bonn.
BUNNIES, H. (1983): Roggen, wertvoller Rohstoff für Brot (= AID 127), Bonn.

DEBRUCK, J.; FISCHBECK, G. und KAMPE, W. (1983): Getreidebau aktuell. — 7. Aufl., Frankfurt (Main), München, Münster-Hiltrup, Wien, Bern.
DOLL, H. (1983): Strukturelle Entwicklungstendenzen in der Schweinehaltung. — Kraftfutter, 294—297, **66**, H. 7, Hannover.
DOLL, H. (1983): Struktur der Milchkuhhaltung in der Bundesrepublik Deutschland. — Ernährungsdienst, **38**, Nr. 24 vom 26. Febr., Frankfurt (Main).

ECKART, K. (1977): Landwirtschaftliche Kooperationen in der DDR. Eine geographische Untersuchung der Struktur und Entwicklung sozialistischer Landwirtschaftsbetriebe. — (= Wissenschaftliche Paperbacks Geographie). Wiesbaden.
ECKART, K. (1977): Die Bedeutung der privaten Anbauflächen für die Versorgung der Bevölkerung in der DDR. — Deutschand Archiv, **16**, H. 4, 415—420, Köln.
ECKART, K. (1983): Regionale und strukturelle Konzentrationen in der Milch- und Molkereiwirtschaft in der Bundesrepublik Deutschland. — Zeitschrift für Agrargeographie, **1**, H. 3, 239—261, Paderborn.
ECKART, K. (1984): DDR (= Klett/Länderprofile), 2. Aufl., Stuttgart.
ECKART, K. (1984): Neuere Entwicklungen in den Agrarräumen in beiden Staaten in Deutschland. — Deutsche Studien, **87**, 268—316, Lüneburg.
ECKART, K. und SIEDENSTEIN, U.(1983): Die Landwirtschaftliche Bodennutzung in der DDR im Wandel. — Zeitschrift für Agrargeographie, **1**, H. 1, 45—66, Paderborn.
EPPLE, K. (1981): Mais gedeiht nicht auf jedem Boden. — mais, **9**, H. 3, 10—12, Bonn.
ESTLER, M. (1981): Die Ernte von Körnermais und Corn-Cob-Mix. — mais, **9**, H. 4, 46—51, Bonn.

FACHVERBAND DER FUTTERMITTELINDUSTRIE (Hrsg.)(o. J.): Mischfutter-Tabellarium 1982/83. — Bonn.

GEORG, R., MÄRTIN, B., RÖTSCHKE, W., LIPPMANN, J., JEROCH, H., ACKERMANN, R. und SOUFFRANT, S.(1984): Grünmais stabilisiert die Frischfutterperiode. — Feldwirtschaft, **25**, H. 4, 170—171, Berlin (O).
GIESSLER, H.(1982): Anforderungen an Futtermais. mais, **10**, H. 1, 34—36, Bonn.

HAENDCKE-HOPPE, M. (1983): DDR-Außenwirtschaft unter neuen Vorzeichen. — Deutschland Archiv, **16**, H. 4, 378—385, Köln.

HEIDHUES, T.(1972): Ursachen und Ausmaß der unzureichenden Faktormobilität in der Landwirtschaft (= Schriften der Gesellschaft für Wirtschafts- und Sozialwissenschaften des Landbaus e. V., Bd. 9), München/Bern/Wien .

HEIN, N. (1982): Erzeugergemeinschaften für Kartoffeln in der Bundesrepublik Deutschland. — (= „Ländliches Genossenschaftswesen". Schriften aus dem Institut für ländliches Genossenschaftswesen an der Justus-Liebig-Universität Gießen, Heft 22), Gießen.

HEUPEL, H. (1973): Erzeugergemeinschaften für Kartoffeln in Westfalen. Der Kartoffelbau, 7, 159—160, Gelsenkirchen-Buer.

HOFMANN, K. (1982): Zur energetischen Effizienz der Agrarproduktion in der DDR. — (= FS-Analysen der Forschungsstelle für gesamtdeutsche wirtschaftliche und soziale Fragen, H. 4), Berlin.

HOFFMANN, H. (1980): Mais-Monokultur auf Sandböden. mais, **8**, H. 1, 21—24Bonn.

HOFFMANN, H. (1981): Gülledüngung bei Mais. mais, **9,** H. 1, 30—33, Bonn.

HOFFMANN, M. (1982): Der Wandel der Flächennutzung in der Deutschen Demokratischen Republik. Ursachen, Entwicklungstendenzen, Hauptbedarfsträger. Flächennutzungsveränderungen in Mitteleuropa (= Marburger Geographische Schriften, Heft 88, 41—75), Marburg/Lahn.

HOFFMAN, W. (1980): Kooperation in der Schweinemast. — Überbetriebliche Zusammenarbeit in der Tierhaltung (= KTBL-Schrift 245 59—75), Darmstadt.

HUNNIUS, W. (1981): Die Kartoffelwirtschaft der Bundesrepublik Deutschland. Der Kartoffelbau, **32**, H. 8, 223—227, Gelsenkirchen-Buer.

IMA (Hrsg.) (1984): Agrimente '84. — Hannover.

ISERMEYER, H.-G. (1980): Organisationsformen der überbetrieblichen Maschinenverwendung, Entwicklung und Verbreitung. — Kuratorium für Technik und Bauwesen in der Landwirtschaft (Hrsg.): Überbetriebliche Maschinenverwendung in der Landwirtschaft, 180—184, Münster-Hiltrup.

JANINHOFF, A. (1980): Die Wettbewerbsfähigkeit von Silomais und Körnermais in der Köln-Aachener-Bucht. mais, **8**, H. 1, 34—36, Bonn.

JUNGEHÜLSING, H. (1984): Wettbewerbskraft und Anbauentwicklung von Mais. mais, **1,** H.1, 10—12,Bonn.

KAMPF, R. (1983): Fruchtfolge aktuell. — Frankfurt (Main), München, Münster-Hiltrup, Wien, Bern, 5. Aufl. .

KÄMPF, R., NOHE, E. und PETZOLDT, K. (1981): Feldfutterbau, Frankfurt (Main), München, Wien, Bern.

KAHNT, G. (1983): Gründüngung. — Frankfurt (Main.), München, Münster-Hiltrup, Wien, Bern, 2. Aufl.

KEMPF, W. (1982): Mais für die menschliche Ernährung. mais, **10,** H. 1, 30—34, Bonn.

KEMPF, W., BERGTHALLER, W. und PUTZ, B. (1982): Die Bedeutung der Kartoffel als industrieller Rohstoff. Der Kartoffelbau, **33**, H. 9, 326—330, Gelsenkirchen-Buer.

KOCH, E. R. und VAHRENHOLD, F. (1983): Die Lage der Nation. Umwelt-Atlas der Bundesrepublik. Daten, Analysen. Konsequenzen. — Hamburg.
KÖLLER, K. (1984): Bodenerosion auch im Rheinland. — mais, **12,** H. 2, 36—38,Bonn.
KRÄTZIG, P. (1983): Vorschau auf die Pflanzguterzeugung 1983. Der Kartoffelbau, **34,** H. 8, 280, Gelsenkirchen-Buer.
KURATORIUM FÜR TECHNIK UND BAUWESEN IN DER LANDWIRTSCHAFT (Hrsg.) (1979): Datensammlung für die Betriebsplanung in der Landwirtschaft.

LEHMANN, H. (1982): Hohe Erträge sind die Voraussetzung für eine stabile Versorgung mit Kartoffeln. Feldwirtschaft, **23,** H. 7, 287—288, Berlin (O).
LESER, H. (1980): Geographie. — (= Das geographische Seminar), 1. Aufl., Braunschweig.
LESER, H. (1984): Diercke Wörterbuch der Allgemeinen Geographie. — Bd. 1—2, München u. a.
LESER, H., HAAS, H.-D., MOSIMANN, T. und PAESLER, R. (1984): Wörterbuch der Allgemeinen Geographie. — (= DTV/Westermann), 2 Bde., Braunschweig.
LIENAU, C. und UHLIG, H. (Hrsg.) (1972). Die Siedlungen des ländlichen Raumes. — (= Materialien zur Terminologie der Agrarlandschaft), Bd. 2, Gießen.
LINN, H. (1980): Kooperation in der Milchviehhaltung einschließlich arbeitsteiliger Färsenaufzucht. Überbetriebliche Zusammenarbeit in der Tierhaltung (= KTBL — Schrift 245, 25—43), Darmstadt.
MANSHARD, W. (1968): Einführung in die Agrargeographie der Tropen. — (= BI Hochschultaschenbücher 356/356a), Mannheim.
MARTIN, K.-H. (1980): Wie wirkt ein hoher Maisanteil in der Fruchtfolge? — mais, **8,** H. 2, 26—28, Bonn.
MATSCHKE, R. (1984): Eine hohe und stabile Maisproduktion - Grundlage für eine planmäßige Futterbereitstellung. — Feldwirtschaft, **25,** H. 2, 51—53, Berlin (O).
MATTIG, H. W. (1980): Mais, der ideale Gülleverwerter. — mais, **8,** H. 3, 26—27, Bonn.
MERKEL, K. (1963): Agrarproduktion im zwischenvolkswirtschaftlichen Vergleich — Auswertungsprobleme der Statistik am Beispiel des geteilten Deutschland. — Berlin.
MERKEL, K. (1979): Erzeugungsleistung der Landwirtschaft in der DDR. — Beiträge zur Entwicklung der Landwirtschaft in der DDR. Referate, gehalten auf einem Symposium am 25. und 26. April 1969 in Gießen. Hrsg. von E. Schinke und H.-U. Thimm. Gießen.
MERKEL, K. (1975): Entwicklungsvergleich der Landwirtschaft in der Bundesrepublik Deutschland und der Deutschen Demokratischen Republik. — Neuere Entwicklungen von Organisation und Technologie der Landwirtschaft in Ost und West. Hrsg. von A. Weber und M. Gregersen (= Agrarwirtschaft. Zeitschrift für Betriebswirtschaft, Marktforschung und Agrarpolitik, Sonderheft 61, 34—69), Hannover.

MERKEL, K. und SCHUHAUS, E. (1963): Die Agrarwirtschaft in Mitteldeutschland. „Sozialisierung" und Produktionsergebnisse. — (= Bonner Berichte aus Mittel- und Ostdeutschland). Hrsg. vom Bundesministerium für gesamtdeutsche Fragen. 2. Aufl., Bonn, Berlin.

MEYNEN, E. (1985): Internationales Geographisches Glossarium. — Stuttgart.

MÜLLER, K. (1983): Die Düngung der Frühkartoffel im Frühjahr. — Der Kartoffelbau, **34**, H. 2, 63—64, Gelsenkirchen-Buer.

NEANDER, E. (1983): Agrarstrukturwandlungen in der Bundesrepublik Deutschland zwischen 1960 und 1980. — Zeitschrift für Agrargeographie, **1**, H. 3, 201—238, Paderborn.

NIGGEMANN, J. (1983): Die Entwicklung der Landwirtschaft auf den leichten Böden Nordwestdeutschlands. — Zeitschrift für Agrargeographie, **1**, H. 1, 17—43, Paderborn.

NORDHOFF, B. (1982): Industriemäßige Agrarproduktion in der Sackgasse. — Deutschland Archiv, **15**, H. 5, 487—495, Köln.

OTREMBA, E. (1969): Allgemeine Agrar- und Industriegeographie. — (= Erde und Weltwirtschaft, Bd. 3). Hrsg. von R. Lütgens, Stuttgart.

OTREMBA, E. (1970): Der Agrarwirtschaftsraum der Bundesrepublik Deutschland. — (= Erdkundliches Wissen, **24**, Geogr. Z., Beihefte), Wiesbaden.

PAHMEYER, W. (1980): Wie wirtschaftlich ist Corn-Cob-Mix? — mais, **8**, H. 1, 32—33, Bonn.

PENTZ, W. (1983): Hafer: Lichtblicke? — top agrar, H. 7, 75, Münster-Hiltrup.

PENTZ, W. (1984): Die „Hellen Niedersachsen" wollen der Bintje Paroli bieten. — top agrar, H. 4, 138—143, Münster-Hiltrup.

PFLANZLICHE ERZEUGUNG 1979 (1980): Fachserie 3. Land- und Forstwirtschaft, Fischerei. Hrsg. vom Statistischen Bundesamt. Reihe 3, Stuttgart und Mainz.

PUTZ, B. (1983): Die Produktion von Chips und Sticks. — Der Kartoffelbau, **34**, H. 5, 170—173, Gelsenkirchen-Buer.

PUTZ, B. und KEMPF, W. (1983): Herstellung und Qualitätsbeurteilung von Pommes Frites. — Der Kartoffelbau, **34**, H. 7, 239—247, GelsenkirchenBuer.

REINER, L., BECKER, F. A., FRIMMEL, G., MARTIN, K.-H., WETZEL, M. u. a. (1983): Hafer aktuell. — Frankfurt (Main).

RIEMANN, A. (1984): Maishandel und vertraglicher Maisanbau. — mais, **12**, H. 2, 42—45, Bonn.

RÖTSCHKE, W., GEORG, R. und MÄRTIN, B. (1982): Grundsätze des Grünmaisanbaus nach späträumenden Zwischenfrüchten. — Feldwirtschaft, **23**, H. 4, 175—176, Berlin (O).

ROUBITSCHEK, W. (1969): Standortkräfte in der Landwirtschaft der DDR. Agrargeographische Gemeindetypen. — Gotha/Leipzig.

RÜBENSAM, E. (1975): Aufgaben zur erweiterten Reproduktion der Bodenfruchtbarkeit unter den Bedingungen des Übergangs zu industriemäßigen Produktionsmethoden. — Kooperation, **9**, H. 3, 114—118, Berlin (O).

SCHREIBER, J. (1982): Zur Verbesserung der Verlesequalität bei der Kartoffelaufbereitung. — Feldwirtschaft, 23, H. 7, 323—324, Berlin (O).
SCHUMACHER, K.-D. (1983): Silomais und Raps im Vordringen. — DLG-Mitteilungen, 24, 1341—1346, Frankfurt (Main).
SCHUPPENIES, R. und NEUBERT, G. (1981): Effektive Silomaisproduktion mit frühreifen Sorten. — Feldwirtschaft, 22, H. 2, 74—76, Berlin (O).
SCHUPPENIES, R. und WATZKE, G. (1981): Temperaturansprüche und Reifegruppenwahl bei Silomais. — Feldwirtschaft, 22, H. 5, 191—193, Berlin (O).
SICK, W.-D. (1983): Agrargeographie. — (= Das geographische Seminar), Braunschweig.
SIMON, W. und WEILAND, G. (1984): Grünmais — ein wertvolles Frischfutter. — Feldwirtschaft, 25, H. 2, 72—74, Berlin (O).
SPERLING, W. (1978): Landeskunde DDR. Eine annotierte Auswahlbibliographie. — (= Bibliographien zur Regionalen Geographie und Landeskunde, Bd. 1), München, New York.
SPERLING, W. (1984): Landeskunde DDR. Eine kommentierte Auswahlbibliographie. Ergänzungsband 1978—1983. — (= Bibliographien zur Regionalen Geographie und Landeskunde, Bd. 5), München, New York, London, Paris.
SPIEGELBERG, E. (1980: Kooperation in der Sauenhaltung einschließlich Arbeitsteilung zwischen Ferkelproduzent und Mäster. — Überbetriebliche Zusammenarbeit in der Tierhaltung (= KTBL-Schrift 245, 47—58), Darmstadt.
SPINDLER, B. (1984): Agrarpolitik durch Reform der Agrarpreise der DDR (Ziele, Maßnahmen und Erfolgsaussichten der Generalrevision der Agrarpreise für die Landwirtschaft und Nahrungsgüterwirtschaft der DDR). — (= Analysen und Berichte Nr. 7/1984 des Gesamtdeutschen Instituts, Bundesanstalt für Gesamtdeutsche Aufgaben), Bonn.
STÄNDIGE KOMMISSION DES RGW FÜR DIE ZUSAMMENARBEIT IN DER LANDWIRTSCHAFT (Hrsg.) (1983): Internationale Zeitschrift der Landwirtschaft, H. 3, Moskau.
STATISTISCHES JAHRBUCH DER DDR (Jge. 1960/61 — 1983). — Hrsg. von der Staatlichen Zentralverwaltung für Statistik. Berlin (O).
STATISTISCHES JAHRBUCH DER BUNDESREPUBLIK DEUTSCHLAND (Jge. 1961 — 1983). — Hrsg. vom Statistischen Bundesamt. Stuttgart und Mainz.
STATISTISCHES JAHRBUCH ÜBER ERNÄHRUNG, LANDWIRTSCHAFT UND FORSTEN DER BUNDESREPUBLIK DEUTSCHLAND (Jge. 1960 — 1984). — Hrsg. vom Bundesministerium für Ernährung, Landwirtschaft und Forsten. Münster-Hiltrup.
STEINHAUSEN, H. und KRAXNER, H. (1980): Körnermais betriebswirtschaftlich gesehen. Neue Entwicklungen belasten die Wettbewerbskraft. — mais, 8, H. 4, 20—23,Bonn.
STEINHAUSEN, H. und HEISSENHUBER, A. (1981): Entwicklung und Entwicklungstendenzen im Kartoffelanbau. — Der Kartoffelbau, 32, H. 4, 103—106, Gelsenkirchen-Buer.

STIBBE, K. (1983): Hafer — jetzt ein ernsthafter Wettbewerber! — top agrar, **2**, 63, Münster-Hiltrup.
STIEWE, H. (1980.): Corn-Cob-Mix-Fütterung in der Schweinemast. — mais, **8**, H. 4, 24—26, Bonn.

THALHEIM, K. C. (1978): Die wirtschaftliche Entwicklung der beiden Staaten in Deutschland, — Opladen.
TOUISSANT, E. (1981): Die Geschichte des Deutschen Maiskomitees. — mais, **9**, H. 4, 4—11, Bonn.
TÜMMLER, E., MERKEL, K. und BLOHM, G. (1969): Die Agrarpolitik in Mitteldeutschland und ihre Auswirkung auf Produktion und Verbrauch landwirtschaftlicher Erzeugnisse. — (= Wirtschaft und Gesellschaft in Mitteldeutschland, Bd. 3. Hrsg. vom Forschungsbeirat für Fragen der Wiedervereinigung Deutschlands beim Bundesminister für Gesamtdeutsche Fragen), Berlin.

UHLIG, H. (Hrsg.) (1972): Materialien zur Terminologie der Agrarlandschaft. — (= Internationale Arbeitsgruppe für die Geographische Terminologie der Agrarlandschaft), Gießen.

VIEHWIRTSCHAFT 1961 (1962): Fachserie B. Land- und Forstwirtschaft, Fischrerei. — Hrsg. vom Statistischen Bundesamt. Reihe 3. Stuttgart und Mainz.
VIEHBESTAND UND TIERISCHE ERZEUGUNG 1981 (1982): Fachserie 3. Land- und Forstwirtschaft, Fischerei. — Hrsg. vom Statistischen Bundesamt. Reihe 4. Stuttgart und Mainz.
VIEHBESTAND UND TIERISCHE ERZEUGUNG 1982 (1983): Fachserie 3. Land- und Forstwirtschaft, Fischerei. — Hrsg. vom Statistischen Bundesamt. Reihe 4. Stuttgart und Mainz.

WARENVERKEHR MIT DER DDR UND BERLIN (O) (Jge. 1979—1983): Fachserie 6. Handel, Gastgewerbe, Reiseverkehr. — Hrsg. vom Statistischen Bundesamt. Reihe 6. Stuttgart und Mainz.
WATZKE, G. (1984): Effektive Bodenbearbeitung zu Silomais unter Beachtung der Bodenbedingungen und der Einordnung in die Fruchtfolge. — Feldwirtschaft, **25**, H. 2, 56—57, Berlin (O).
WATZKE, G., SCHUPPENIES, R. und BOCKHOLDT, K. (1981): Produktion von Silomais mit hohem Trockensubstanzgehalt durch Einhaltung der optimalen Aussaatzeit. — Feldwirtschaft, **22**, H. 2, 71—74, Berlin (O).
WERSCHNITZKY, U. (1979): Die Entwicklung landwirtschaflicher Kooperationsformen in der Bundesrepublik Deutschland. — Zeitschrift für das gesamte Genossenschaftswesen, Bd. 29, H. 2, 101—118, Göttingen.
WINDHORST, H.-W. (1975): Spezialisierte Agrarwirtschaft in Südoldenburg. — Leer.

ZMP-BILANZ GETREIDE-FUTTERMITTEL 1976/77, 1978/79 und 1982/83 (1978—1984). — Hrsg. v. Zentrale Markt- und Preisberichtsstelle für

Erzeugnisse der Land-, Forst- und Ernährungswirtschaft. Bonn-Bad Godesberg.

ZMP-BILANZ KARTOFFELN 76/77 BIS 82/83 (1977 bis 1983):. — Hrsg. v. Zentrale Markt- und Preisberichtsstelle für Erzeugnisse der Land-, Forst- und Ernährungswirtschaft, Bonn-Bad Godesberg.

ZSCHEISCHLER, J. (1975) (1981): Erträge und Anbauflächen von Mais im Vergleich mit den konkurrierenden Feldfrüchten. Die Entwicklung in der Bundesrepublik Deutschland von 1950—1980/81. — mais, **9,** H. 4, 20—22, Bonn.

ZSCHEISCHLER, J., ESTLER, M. C., GROSS, F., BURGSTALLER, G., NEUMANN, H. und GEISSLER, B. (1984): Handbuch Mais. Anbau — Verwertung — Fütterung. — 3. Aufl., Frankfurt/Main